U0515037

本书受到四川师范大学出版资助

财务管理

理论与案例

FINANCIAL
MANAGEMENT

THEORIES AND CASES

主编 胡艳 符蓉 吴萌

社会科学文献出版社
SOCIAL SCIENCES ACADEMIC PRESS (CHINA)

C 目录
ONTENTS

第一章 财务管理导论

学习目标

1. 掌握财务管理的概念，了解企业的财务活动和财务关系。
2. 熟悉财务管理的价值创造和相关理论。
3. 掌握财务管理的目标，熟悉财务管理的内外部环境。

课程思政融入点

1. 通过案例引入，帮助学生把握数智时代下财务系统升级的基本方向；结合财务知识学习，帮助学生领悟现代企业财务管理可能实现的新模式。

2. 通过学习财务活动，帮助学生正确理解企业的财务关系，认识财务管理的本质，具体化财务框架。

3. 通过对财务管理目标及其实施环境的学习，引导学生构建财务管理的整体架构，了解企业财务管理所处的经济、法律、政治、文化环境，提高学生综合分析的能力。

4. 结合案例研究，明确企业应当承担的社会责任，帮助学生树立正确的价值观，以社会主义核心价值观为思想路线，帮助学生塑造积极的世界观，增强学生对国家经济发展的社会使命感。

引 例   财务转型：一体化财务管理全面支撑"数字机场"发展

"自 2015 年从海航集团回归为省属国有企业以来，甘肃省民航机场集团有限公司（下称'甘肃机场集团'）实行战略管理与业务指导相结合的人、财、物高度集中的混合型财务管控模式。截至目前，集团各项成本管控指标均达标，且实现扭亏为盈，初步统计，2019 年有望实现回归 5 年来的首次盈利。"全国先进会计工作者、甘肃省民航机场集团有限公司财务管理部部长张建忠在接受记者采访时表示，甘肃机场集团构建了集核算、预算、资金、税费筹划于一体的财务管理架构，实现了财务信息化网络平台管理，核算体系、全面预算、资产财务管理以及网上报销，在信息化系统中相互联动、相互制约，确保了财务数据真实、可靠，不仅为管理层决策提供了数据支持，也实现了企业高质量发展。

甘肃机场集团实行"四个中心"的管理模式，即各机场以成本管控为中心，形成"成本中心"；机场投资建设以投资预算为中心，形成"投资中心"；各经营公司以利润管理为中心，形成"利润中心"；集团层面整体以价值管理为中心，形成"价值中心"。

资料来源：韩福恒《财务转型：一体化财务管理全面支撑"数字机场"发展》，《中国会计报》2020 年 1 月 3 日，第 5 版。

第一节　财务管理的内涵

一　财务管理的概念

财务管理是基于企业再生产过程中客观存在的财务活动和财务关系而产生的，是通过组织企业财务活动、处理企业财务关系，实现企业价值产生的一项经济管理工作，是企业管理的重要组成部分。

（一）财务活动

1. 筹资活动

筹资活动是指企业筹集资金的活动，包括发行股票、发行债券、银行借款、赊购商品、租赁设备等。筹集到的资金表现为企业的资金流入，偿还借款、支付利息等表现为企业的资金流出。这种因资金筹集而产生的资金收付，即为企业筹资引起的财务活动。

资本成本是影响选择筹资方式的重要因素。财务人员在综合考虑企业所需要的资金规模、各种筹资方式的资本成本、企业经营模式等内外部因素后，选择最优的筹资组合，以达到降低综合资本成本的目的。

2. 投资活动

企业投资是指企业将筹集到的资金投入使用，分为内部投资和外部投资两方面。内部投资是指企业购买经营活动中所需要的固定资产、无形资产等；外部投资是指企业将部分资金用于非经营活动，即投资于其他企业的股票、债券，或与其他企业联营、收购等可能在未来为企业带来资金收入的活动。当企业变卖资产或收回对外投资时，会产生资金收入。这种因企业投资而产生的资金收付，就是由企业投资引起的财务活动。

由于投资活动存在一定风险，财务人员需要综合考虑时间报酬、项目风险等，并在企业资金限额的前提下思考投资组合，以求未来为企业带来最多的收益。

3. 营运活动

企业在日常经营活动中，会在各个环节中发生资金的收入和支出。例如，采购原材料和与生产相关的固定资产，出售商品或提供服务，等等。这种因企业经营而引起的财务活动，通常称为营运活动。

营运资金管理的关键是加快资金的周转速度。例如，加快现金、存货和应收账款的周转速度，尽量减少资金占用，降低资金占用成本。

4. 分配活动

企业需要对利润进行分配，按照《中华人民共和国公司法》规定，利润分配的顺序依次是弥补亏损、提取法定公积金和任意公积金、向投资者分配利润等。上述各种活动同样会产生资金收付，这是因企业利润分配而引起的财务活动。

（二）财务关系

企业财务关系是指企业在组织财务活动过程中与企业内外部利益相关者之间所发生的经济关系。财务关系主要有以下几个方面。

1. 企业与所有者之间的财务关系

这种财务关系是指企业所有者向企业投入资金，企业向所有者支付投资报酬所形成的经济关系。企业同其所有者之间的财务关系不只是资本收益分配关系的体现，也是所有权性质的体现，反映着经营权与所有权之间的关系。

2. 企业与被投资单位之间的财务关系

这种财务关系主要是指企业将闲置的自有资金投资到预期能为企业带来更多收益的投资项目而建立的与被投资单位的经济关系，主要形式有购买股票和直接投资。企业按约定向被投资单位投入资金，履行出资义务，同时参与被投资单位的利润分配。

3. 企业与债权人之间的财务关系

这种财务关系是指企业向债权人借入资金，并按照借款合同的规定按时支付利息和归还本金所形成的经济关系。

4. 企业与债务人之间的财务关系

这种财务关系主要指企业将其闲置资金用于购买债券、提供借款或以商业信用等形式出借给其他单位所形成的经济关系。企业将资金借出后，有权要求债务人按照约定的条件支付利息和归还本金。

5. 企业与内部各单位之间的财务关系

这种财务关系主要是指企业内部各单位之间在生产经营各环节相互提供产品或服务所形成的经济关系，体现着企业内部统一管理下的分工协作关系。

6. 企业与职工之间的财务关系

这种财务关系主要是指企业接受职工的劳动，并向职工支付劳动报酬的过程中形成的经济关系。企业按照职工提供的劳动数量和质量支付职工的劳动报酬，体现着企业和职工在劳动成果上的分配关系。

7. 企业与税务机关之间的财务关系

这种财务关系主要是指企业要按税法的规定依法缴纳企业所得税等相关税额而与国家税务机关之间形成的经济关系。任何企业都要按照国家税法的相关规定缴纳各种税款，不得偷税漏税，以保证国家财政收入的实现，满足社会各方面的需求。按时足额地缴纳税款是企业的责任，也是对社会应尽的义务，体现着国民收入分配与再分配所形成的特定分配关系。

二　财务管理的价值创造

（一）财务管理环节

现代企业财务管理有五个基本环节：①财务预测；②财务决策；③财务预算；④财务控制；⑤财务分析。财务管理环节的顺序如图1-1所示。

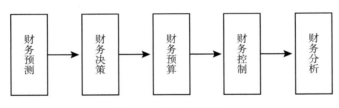

图1-1　财务管理环节

1. 财务预测

财务预测是指企业财务人员基于财务活动的历史资料，综合现实要求和条件，对企业未来的财务成果做出科学的预计和测算，主要工作包括：测算各项生产经营方案的经济效益，为财务决策提供可靠依据；预计财务收支变化情况，以确定经营目标；测定各项定额和标准，为编制计划、分解计划指标服务。

2. 财务决策

财务决策是指财务人员在财务管理目标的总体要求下，采用专门的方法，从多个备选方案中筛选出最佳方案。财务决策是财务管理的核心。

3. 财务预算

财务预算是指以财务预测提供的信息和财务决策确定的方案为依据，运用科学的技术手段和数学方法，对目标进行综合评价，制订主要计划指标，拟定措施，协调各项计划指标。财务预算是财务预测和财务决策的具体化，是组织和控制企业财务活动的依据。

4. 财务控制

财务控制是指以财务预算和财务制度为依据，对财务活动脱离规定目标产生的偏差实施干预和校正的过程。通过财务控制以确保财务预算的完成。财务控制的内容主要有筹资控制、投资控制、货币资金收支控制、成本费用控制和利润控制。

5. 财务分析

财务分析主要是根据财务报表等相关资料，运用特定方法，对企业财务活动的过程及其结果进行分析和评价的一项工作。财务分析既是对已完成的财务活动的总结，也是财务预测的前提，在财务管理的循环中起着承上启下的作用。

延伸阅读 1-1

智慧财务管理

智慧财务管理是一个具备与人类一样的辨别、分析、推理和学习能力，能够更加高效地对数据进行收集、处理和分析，同时能够自动化、智能化、自主化地模拟人类的行事风格和思维模式进行工作与决策的财务管理系统。其外延除了涵盖传统的财务管理功能之外，还涵盖数据资产管理、财务情景感知、决策者情感计算、前瞻性分析、智慧财务报销、智能化对账、智能合约、业务财务、战略财务、区块链共享财务和生态圈财务等功能。它具有去中心化、信息资源高度共享、财务管理边界模糊化、以企业价值最大化为目标、人类思维、人机协同、财务管理场景多样化和前瞻性决策等特点。它的应用框架主要分为数据基础层、智能技术引擎层和综合应用层三个层级，其中，数据基础层对应的应用岗位是信息需求岗、数据信息安全岗、数据资产岗等，智能技术引擎层对应的应用岗位是算法设计维护岗等，综合应用层对应的应用岗位是人机交互岗等。

资料来源：韦德洪、陈势婷《论智慧财务管理的内涵、外延、特点与应用》，《会计研究》2022 年第 5 期，第 40~48 页。

（二）财务管理活动的价值创造

现代信息技术的发展和市场竞争的加剧需要财务部门职能的变化和发展。财务管理部门全面融入业务流程中，通过事前计划、决策，事中监督到事后稽核等财务管理手段，全程参与企业的营运活动，并在这个过程中直接为企业创造价值服务。

1. 提高企业的决策效率

企业决策的正确与否是决定企业经营成败的关键。财务管理是企业战略规划的重要部分。财务管理是保证战略决策全面性、科学性和前瞻性的重要手段。财务人员通过梳理财务数据，发现问题并提出解决问题的建议，为企业管理层提供决策信息，辅助企业快速准确地做出长期和短期决策。在决策过程中，财务人员可以提供项目可行性分析报告，实施严格的项目收支管理，实现投资项目的事前与事中控制；同时，加强对投资项目的定期考核，对不具有增长潜力的投资项目进行限期清理。

2. 提高企业的财务能力

财务能力是企业目前以及未来的各项发展能力的综合体现。企业财务能力包括盈利能力、偿债能力、营运能力、成长能力与社会贡献能力等多个方面，是一个完整的能力体系。财务人员利用经营管理、投资管理、融资策略和股利分配策略，能够提升企业的综合财务能力，从而为企业带来更长期的利润回报。

延伸阅读与讨论 1-1

信息技术的普遍应用、金融工具的广泛引进、产品经营范围的多维扩展以及全球经济的一体化，使得企业经营管理的内部条件与外部环境发生了巨大的变化。请结合参考资料，思考在信息技术时代财务管理部门如何支持或促进公司整体价值的创造。

资料来源：张格领、陈志红《苏美达公司价值创造型财务管理案例研究》，《会计研究》2010年第 10 期，第 62~66、96 页。

3. 提升企业的资本运营效率

从财务管理各主体责任单位的角度来看，财务管理可从产品经营、商品经营、资产经营和资本经营四个方面进行研究，按照不同责任单位，明确其目标、界定其职责，提升企业整体的资本运营效率。具体如表 1-1 所示。

表 1-1　四种主体责任单位财务管理特征比较

主体责任单位	基本目标	核心指标	重点理财内容
产品经营单位	产值最大化	产量和产值	以成本管理为重心，减少资产占用，避免资本闲置、浪费；注重生产效率管理
商品经营单位	利润最大化	成本利润率	以市场为导向组织供产销活动，扩大销售、降低消耗；注重筹资、投资、利润和利润分配管理
资产经营单位	资产收益最大化	总资产报酬率	以合理配置资产、有效使用资产、追求资产增值为重心，将资产重组、资产结构优化等内容纳入理财重点
资本经营单位	资本增值最大化	净资产收益率	以优化资本配置、提高资本收益为核心，将资本流动、收购、重组、参股和控股等内容纳入理财重点

资料来源：王卫星《基于多学科视角的企业财务管理拓展与创新探讨》，《会计研究》2016 年第 11 期，第 30~37、95 页。

目前，大数据、云计算、区块链、人工智能等已成为新一代信息技术，信息获取和传输的便捷性打破了时间与空间的桎梏，以数据资源为代表的新经济要素激发了企业商业模式创新的热情。"互联网+"业态的发展也对财务管理产生了深远影响。

事例 1-1

"BAT"三个价值网的案例

价值网是以某一重点企业为核心，以顾客需求为导向，由产品流、信息流、资金流组成的多向流动的网络空间系统。国内已经形成多个价值网结构，如以电商平台为核心的阿里系、以社交平台为核心的腾讯系以及以搜索平台为核心的百度系等均是以企业的优势平台为核心搭建跨产业价值网络的典型案例。

价值网内主要有四类成员：与企业有股权关系的公司、企业外部的金融机构、存在业务关系的上下游企业及存在合作关系的战略合作伙伴（见图1-2）。各成员企业通过信息共享、资源共享等方式联合以实现价值网整体价值最大化。从主体特征来看，价值网的财务管理主体是以核心企业为中心，由多元化法人结构组成的复杂的利益共同体。价值网具有缓解融资约束、提高投资效率、降低试错成本和发挥协同效应四大财务管理功能。

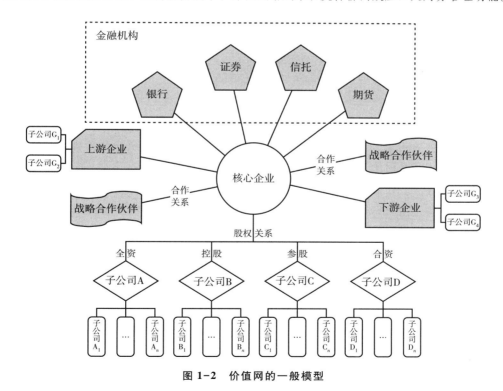

图 1-2　价值网的一般模型

资料来源：王化成、刘金钊、孙昌玲等《基于价值网环境的财务管理：案例解构与研究展望》，《会计研究》2017 年第 7 期，第 11～19、96 页。

三 财务管理的相关理论

（一）资本结构理论

1. MM 理论

MM（Modigliani-Miller）理论由莫迪里亚尼（Modigliani）和米勒（Miller）于 1958 年 6 月发表于《美国经济评论》。该理论指出，在无税收、无激励和信息问题的理想状态下，不管企业以何种方式融资，其效果都是相同的，即企业融资方式的选择以及由此产生的资本结构变化，对企业的价值不会产生影响。

1963 年，莫迪里亚尼和米勒将企业所得税因素引入 MM 理论，调整了资本结构与企业价值无关的结论。他们认为债务融资可以带来税务价值，企业价值随着债务比例的提高而增加，当企业达到 100% 负债水平时企业价值最大。

2. 权衡理论

权衡理论的代表人物为罗比切克（Robichek）、考斯（Kraus）、鲁宾斯坦（Krubinmstein）、斯科特（Sconet）等，权衡理论的代表作品为 1966 年罗比切克和梅耶（Myers）的《最优资本结构理论问题》。

权衡理论放松了 MM 理论中的假设条件，引入破产成本和均衡的概念，即债务增加不仅会带来税盾效应，也会引起财务风险的上升，以及破产的可能。企业资本结构决策需要均衡破产成本与税收利益。

3. 米勒模型

1977 年，米勒在《债务和税收》一文中提出，个人所得税的存在会在某种程度上抵消利息的减税作用。但在正常税率的情况下，负债利息免税利益的作用仍不会完全消失，所以，企业最优资本结构仍为 100% 的负债。该模型与 MM 理论的结论一致。

（二）委托代理理论

委托代理理论是契约理论的重要发展。这一理论的代表性学者包括威尔森（Wilson）、罗斯（Ross）、莫里斯（Mirrlees）、霍姆斯特姆（Holmstrom）、格罗斯曼和哈特（Grossman and Hart）等。委托代理理论的中心任务是研究在利益相冲突和信息不对称的环境下，委托人如何设计最优契约激励代理人。在企业内部，常见的利益冲突表现在以下方面。

1. 股东与管理层之间

股东作为企业的所有者，委托管理层代理经营管理企业，管理层努力工作后创造的财富由全体股东共享。管理层希望能够在增加股东财富的同时获得更多的收益（如报酬、闲暇时间和在职消费等），而股东希望获得更多的股东报酬。两者存在目标上的冲突。

2. 大股东与中小股东之间

大股东通常是控股股东，他们持有企业的大多数股份从而可以左右股东大会和董事会的决议，同时也有权利任用高级管理者从而掌握企业的重大经营决策，拥有对企业的控制权。而人数众多但持有股份少的中小股东基本没有机会接触到企业的经营管理层面，无法了解企业的真实经营情况。这造成了大股东和中小股东之间存在严重的信息不对称。

延伸阅读与讨论 1-2

"新技术""新模式""新制度""新文化"共同构成新经济时代的主要内涵，驱动经济和管理理论的每一领域发生巨大变革，理论和实践都不再囿于传统的理论框架和范式。比如，企业需要顺应新经济高质量发展的要求而承担起经济责任之上的社会责任。请结合参考资料，思考新经济时代财务管理理论和体系应如何创新与发展。

资料来源：何瑛、杨琳、张宇扬《新经济时代跨学科交叉融合与财务管理理论创新》，《会计研究》2020 年第 3 期，第 19～33 页；王卫星《基于多学科视角的企业财务管理拓展与创新探讨》，《会计研究》2016 年第 11 期，第 30～37、95 页。

第二节 财务管理的目标和环境

一 财务管理的目标

（一）利润最大化

利润最大化目标认为，利润代表了企业创造的财富。只有每个企业都最大限度地创造利润，整体社会财富才可能实现最大化。由于利润反映了当期经营活动中投入与产出对比的结果，在一定程度上体现了企业经济效益的高低。因而，利润最大化目标的优点是，企业追求利润增长，就必须加强管理、改进技术、提高劳动生产率、降低生产成本，以合理配置资源，提高经济效益。

这种财务管理目标具有实用性强、易于理解与操作的优点，但科学性受到一定的限制：①会计利润是会计分期的产物，容易产生短期行为；②利润通常是财务会计工作的结果，很难保证其结果的科学性；③没有考虑利润取得和资本投入的关系；④没有考虑风险；⑤没有考虑货币的时间价值。

（二）股东财富最大化

股东财富最大化是指通过财务上的合理经营，为股东创造最多的财富。对于上市公司而言，股东财富最大化目标可以转变为股票市场价值最大化目标。

股东财富最大化考虑了现金流量的时间价值和风险因素，反映了资本与报酬之间的关系，但是这种目标仍存在一定缺陷：①市场价值的科学性和可依赖性是采用股东财富最大化的前提，但资本市场受到多种因素影响，股票价格包含太多的非经营业绩与干扰项，难以准确体现股东的财富；②只适用于上市公司；③更多强调股东的利益，没有考虑其他利益相关者的利益。

（三）企业价值最大化

企业价值最大化是指实现企业价值最大。基于企业价值最大化目标对企业评价时，着重关注的不是企业已经获得的利润水平，而是企业潜在的获利能力。目前主要的计算方式为"企业未来创造的现金流量的现值"。这种方法充分考虑资金的时间价值以及风险与报酬的关系。

该方法将企业长期稳定的发展和持续获利能力放在了首位，克服了企业在追求利润上的短期行为。同时，该目标全面地考虑到了企业利益相关者和社会责任对企业财务管理目标的影响。但这一切的实现都以科学地计算企业价值为前提。在具体操作中，未来现金、与企业风险相适应的贴现率均较难准确预计，导致计算结果存在一定差异。

（四）相关者利益最大化

现代企业是多边契约关系的总和。管理者与员工提供的人力资本、供应商与客户提供的市场资本、政府与社会公众提供的公共资本也日益成为企业生存与发展的关键资源。企业是各方利益相关者共生共荣的社会性实体，因而企业目标包括了利益相关者在特定时期对企业关于经济、法律、伦理、慈善方面期望的总和。因此，企业在确定财务管理目标时，不能忽视相关利益群体的利益。

以相关者利益最大化为财务管理目标，有利于企业长期稳定发展，体现了合作共赢的价值理念。但鉴于该目标过于理想化，所以操作具有非常高的难度。

二　财务管理的环境

（一）经济环境

经济环境是指影响财务管理系统的各种经济因素，主要包括经济周期、经济政策和通货膨胀等方面。

1. 经济周期

经济发展通常带有一定的波动性，包括复苏、繁荣、衰退和萧条四个阶段的循环，这种循环叫作经济周期。企业需要针对经济周期的不同阶段做出相应的财务管理策略（见表1-2）。

表1-2　经济周期不同阶段采取的财务管理策略

经济周期	复苏	繁荣	衰退	萧条
财务管理策略	增加厂房设备 实行长期租赁 建立存货 开发新产品 增加劳动力	扩充厂房设备 继续建立存货 提高价格 开展营销规划 继续增加劳动力	停止扩张 处置闲置设备 停产不利产品 停止长期采购 减少库存 停止招聘	建立投资标准 保持市场份额 缩减管理费用 放弃次要利益 继续减少库存 裁减雇员

资料来源：陈玉菁主编《财务管理：实务与案例》（第4版），中国人民大学出版社，2019，第12页。

2. 经济政策

经济政策包括经济发展计划、产业政策、财税政策、金融政策、外汇政策、外贸政策、货币政策等。这些方面的变化深刻影响着企业财务管理。

事例 1-2

上市房企再融资政策优化　中国能建与东百集团增发

2022年11月28日，中国证监会决定在房企股权融资方面调整优化5项措施——恢复涉房上市公司并购重组及配套融资；恢复上市房企和涉房上市公司再融资；恢复以房地产为主业的H股上市公司再融资；推动保障性租赁住房REITs常态化发行；开展不动产私募投资基金试点等。这些举措传递的信号意义重大，上市房企不仅融资渠道得到拓宽，企业层面并购也有了新途径。

2022年10月20日，中国证监会方面表态，对于涉房地产企业，中国证监会允许部分存在少量涉房业务但不以房地产为主业的企业在A股市场融资。10月23日晚，中国能建与东百集团两家"符合条件"的涉房上市公司披露了非公开发行股票事项的提示性公告，抢抓政策机遇。其中，中国能建表示拟定增募资不超过150亿元，投向以新能源为主的新型综合能源项目。东百集团拟定增募资不超过10亿元，投向仓储物流业务的项目拓展、开发及建设等。

资料来源：曹卫新《上市房企再融资政策优化　多家公司跃跃欲试》，《证券日报》2022年11月30日，第A4版。

3. 通货膨胀

通货膨胀不仅会降低消费者的购买力，也会给企业的财务管理带来很大困难。通货膨胀会引起利率上升，引起企业的利润虚增等不良后果。财务人员需要分析通货膨胀对资本成本和投资报酬率的影响，适度调整投资和财务策略。

（二）法律环境

财务管理的法律环境是指影响财务管理的各种法律因素。企业必须在既定的法律环境下经营。

1. 税法

税法是国家法律的重要组成部分，规定了国家与各种纳税人之间征纳税的权利与义务，保障了国家和纳税人的合法权益。有关税收的立法分为三类。一是所得税的法规，如《中华人民共和国企业所得税法》《中华人民共和国个人所得税法》等，所得税根据纳税人的各项收入进行纳税。二是流转税的法规，如增值税、营业税、消费税等税收的暂行条例及其实施细则、补充规定等。三是其他地方税的法规。

任何企业都有依法纳税的义务。企业财务管理人员应当熟悉国家税收政策，了解差别税率的制定精神，减税、免税的原则规定，自觉按照税法导向进行财务活动。

2. 企业组织形式

企业组织必须依法成立，不同类型的企业在组建过程中适用不同的法律。企业类型通常有三类：独资企业、合伙企业和公司制企业。有关企业组织的法律包括《中华人民共和国公司法》《中华人民共和国个人独资企业法》《中华人民共和国外商投资法》《中华人民共和国合伙企业法》等。这些法律对企业的设立、组织机构、所有者与经营者、财务会计等方面做出了强制性的规定。它们既是企业组织法，又是企业的行为法。不同类型的企业要依照不同的企业组织法设立，并依照相应的企业组织法合法经营。

（三）金融环境

金融环境是指一个国家在一定的金融体制和制度下，影响经济主体活动的各种要素的集合。企业财务管理活动所面临的金融环境包括金融机构（主要是银行和非银行金融机构）、金融工具（包括基本金融工具和衍生金融工具两大类）与金融市场。

金融市场泛指资金供求双方运用各种金融工具，通过各种途径进行全部金融性交易活动的场所。金融市场包括许多具体的、相互独立但又紧密相连的市场，内容十分丰富，根据金融市场交易的性质和特点不同，可以从不同的角度进行分类。比如，按交易的性质不同，可分为发行市场（又称一级市场）和流通市场（又称二级市场）；按交易的地域范围不同，可分为地方性金融市场、全国性金融市场、区域性金融市场与国际性金融市场；按交易的对象不同，可分为现货市场与期货市场；

按交易的场所不同，可分为有形金融市场与无形金融市场；最常见的是按交易约定的偿还期限不同，可分为期限一年及以内的货币市场（又称短期资金市场）和期限一年以上的资本市场（又称长期资金市场），二者又可以细分为若干子市场。

延伸阅读 1-2

制度规则发布　股债市场均进入注册制时代

中国证监会近日对外发布《关于深化债券注册制改革的指导意见》以及《关于注册制下提高中介机构债券业务执业质量的指导意见》，深化债券注册制改革，健全资本市场功能，助力提高直接融资比例，推动债券市场更好地服务实体经济高质量发展。

债券注册制改革全面落地，对债券市场发展具有里程碑意义，意味着股债市场均进入注册制时代，将进一步提高债券市场的效率和流动性，吸引更多机构和个人投资者参与。《关于深化债券注册制改革的指导意见》对深化债券注册制改革做出系统性制度安排，提出了优化债券审核注册体系、压实发行人和中介机构责任、强化债券存续期管理、依法打击债券违法违规行为等4个方面，共计12条措施。大力发展债券市场，有助于提升企业融资效率、降低企业融资成本，也是提高直接融资比例的重要途径。

资料来源：王小霞《制度规则发布　股债市场均进入注册制时代》，《中国经济时报》2023年6月26日，第A02版。

（四）文化技术环境

文化环境包括教育、科学、文学、艺术、新闻出版、道德等与社会制度相适应的权利与义务观念、道德观念等。技术环境是指与企业所处领域直接相关的技术手段的发展趋势和应用前景，包括新技术的发明和进展、技术更新速度和传播速度、国家科技体制和政策等。企业的财务活动不可避免地受到文化技术环境的影响。例如，随着经济全球化的不断发展，财务管理活动越来越丰富，交叉学科对企业财务管理有重要的影响。如统计学、计算机学、人工智能等会使财务管理的手段更丰富，财务结果展示更清晰。文化是在一定文明的基础上，一个社会、一个群体的不同成员中一再重复的情感模式、思维模式和行为模式，包括人们的价值观念、信仰、态度、道德规范和民风习俗等，潜移默化地影响着企业的财务管理活动及其效果。

延伸阅读 1-3

慈善信托聚焦特色化发展

《2022年中国慈善信托发展报告》数据显示，截至2022年末，我国慈善信托累计备案数量达1184单。与去年相比，无固定期限慈善信托数量和占比持续提升，5年期以上（含永续型）慈善信托数量保持较大比例，满足了不同类型慈善项目的开展需求。慈善信托通过不断探索与实践，逐步进入规范化运营、特色化发展阶段，在努力服务人民美好生活、推动第三次分配、助力共同富裕等方面发挥了重要的社会价值。

根据我国《慈善法》相关规定，慈善活动的目的包括六大类，一是扶贫、济困；二是扶老、救孤、恤病、助残、优抚；三是救助自然灾害、事故灾难和公共卫生事件等突发事件造成的损害；四是促进教育、科学、文化、卫生、体育等事业的发展；五是防治污染和其他公害，保护和改善生态环境；六是符合《慈善法》规定的其他公益活动。

近年来，乡村振兴、共同富裕成为重要主题。2022年，乡村振兴主题慈善信托快速增长，新备案66单乡村振兴主题慈善信托，规模合计4.22亿元，累计备案117单，规模合计11.53亿元。

资料来源：胡萍《慈善信托聚焦特色化发展》，《金融时报》2023年4月24日，第8版。

第三节　案例分析：九洲药业的绿色财务管理

医药行业作为我国国民经济的重要组成部分，为我国经济发展做出了巨大贡献，但在药品生产、包装、存储、运输和销售等环节均对环境产生了较大压力。为此，医药行业企业纷纷加快绿色转型，推进绿色低碳、环保可持续的发展战略。在此背景下，财务管理也向"绿色"转型，环保产品、项目投资处于优先投资地位；扩大利益分配的利益人范围，重视相关激励，资源投向、建设效果、投资决策质量等得到清晰呈现，进而为生态环境治理效果服务。

一　案例概况

（一）九洲药业情况

1. 公司简介

浙江九洲药业股份有限公司（股票简称：九洲药业，股票代码：603456.SH）是全球领先的CDMO（Contract Development and Manufacturing Organization，合同研发与生产业务组织）企业。公司始创于1973年，1998年改制成立浙江九洲药业股份有限公司，总部位于浙江台州。公司为全球药企提供创新药临床前CMC，临床Ⅰ、Ⅱ、Ⅲ期，NDA至商业化上市的一站式的药物研发、生产解决方案和专业服务，树立了国内传统仿制原料药企业转型为创新药CDMO企业的成功典范。

作为绿色制药创新技术的领导者，九洲药业掌握了具有自主知识产权的前沿绿色制药技术，为客户提供了行业领先的技术解决方案，提高了研发效率和成功率，降低了研发成本；承担了数十项国家级与省部级科研项目，接轨全球最高药品质量标准，建立了符合中国、美国、欧盟、日本等国际标准的一流质控体系；在国内多地建有国际领先的生产基地、国家级企业技术中心、国家级博士后科研工作站、国家 CNAS 认证实验室等行业领先的创新平台，拥有全球合作伙伴 800 多家。

2022 年，公司业绩呈现快速增长势头。公司实现营业收入 54.45 亿元，较上年增长 34.01%；归属于母公司净利润 9.21 亿元，较上年增长 45.28%。公司获得 2022 年中国医药工业最具投资价值企业、2022 年最具影响力 CXO 企业 TOP20、2022 年度浙江省科技领军企业、2022 年度国家知识产权优势企业等多项荣誉。

2. 组织结构

九洲药业是一家典型的家族企业，创始人为花轩德。2021 年公开资料显示，浙江中贝九洲集团有限公司为公司第一大股东，花轩德、花莉蓉（大女儿）、花晓慧（二女儿）三人通过浙江中贝九洲集团有限公司合计持有公司 34.1% 的股份，通过台州市歌德实业有限公司间接持有公司 4.88% 的股份，成为公司的实际控制人，三者为父女关系。另外三名股东罗月芳、林辉潞、何利民为一致行动人，公司股权较为集中。公司股权结构如图 1-3 所示。目前，花莉蓉担任九洲药业的董事长和总经理，花晓慧担任董事。

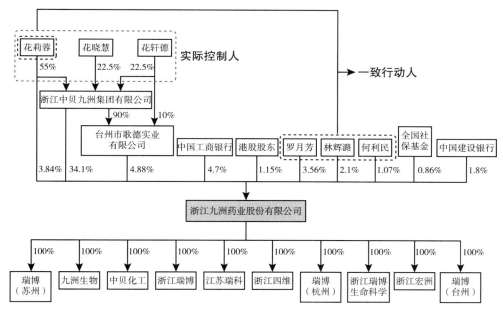

图 1-3　公司股权结构

资料来源：Wind；民生证券研究院；周超泽、许睿《深度报告：全产业链布局完成　CDMO 再度进化升级》，2022 年 2 月 23 日。

3. 九洲药业的发展历程

表 1-3 列出了九洲药业发展的大事记。其中，有两个重要节点。第一个节点是 2008 年，九洲药业正式踏入 CDMO 业务领域，确定了今后的深耕方向。第二个节点

是 2014 年，在上海证券交易所挂牌上市。上市后，公司通过"自建+并购"研发机构和生产基地的方式，不断加快业务布局和战略转型。2020 年，CDMO 业务营业收入首次超过特色原料药以及中间体业务，成功实现了战略转型。

表 1-3　九洲药业发展的大事记

年份	事件
1973	前身黄岩县东山味精厂成立
1975	更名为黄岩县东山化工厂
1985	卡马西平中间体首次投产成功
1989	更名为椒江九洲制药厂
1993	组建成立中贝集团公司
1998	九洲药业成立
2006	组建九洲药业临海分公司
2008	正式涉足创新药 CDMO 领域
2014	在上海证券交易所挂牌上市
2018	投建四维医药百亿片制剂工程
2019	收购诺华苏州工厂、收购美国 PharmAgra 公司
2020	浙江瑞博研究院投入使用、设立上药九洲合资公司
2021	投建瑞博（台州）生产基地、扩建杭州研发新基地、收购 Teva 杭州工厂、收购康川济医药 51% 的股份
2022	收购山德士（中国）中山工厂

（二）九洲药业的绿色转型之路

1. 发展初期，环保问题频出[①]

2011 年 6 月，九洲药业首次冲刺 IPO 失败。虽然被否原因未明确公布，但是市场普遍认为祸起环保，与上市环评有直接关系。2010 年 4 月 30 日，九洲药业上市环保核查情况在浙江省环保厅网站上公示，公示时间为 4 月 30 日至 5 月 9 日，然而直到 2010 年 8 月，浙江省环保厅才发布九洲药业的环保核查报告，据内部知情人士透露，位于台州市椒江区外沙路 99 号的九洲药业产品结构调整技改项目"三同时"竣工验收事项，浙江省环保厅审核未同意。直至 2010 年 10 月，浙江省环保厅才出具《关于浙江九洲药业股份有限公司上市环保核查情况的补充意见》：九洲药业生产过程中主要污染物排放基本达到国家的排放要求。

上述环保问题的主要原因是九洲药业环保投入不足。2011 年其招股说明书显示，2008~2010 年，九洲药业新增环保设备投入仅 1519.41 万元；流动比率分别为 0.85、0.91、0.97，资产负债率长期超过 60%，营运资金三年来也均为负数，分别

---

① 《九洲药业三分厂被停产整顿　环保顽疾再令 IPO 蒙尘》，人民网，2013 年 11 月 26 日，http://finance.people.com.cn/n/2013/1126/c70846-23663771.html；宋璇：《九洲药业 IPO 隐忧　美 FDA 禁令成"定时炸弹"》，《国际金融报》2014 年 8 月 18 日。

为 -6010 万元、-3435 万元、-1336 万元。当时，九洲药业已是全球最大的卡马西平原料药及中间体、酮洛芬原料药及中间体的生产厂商，格列齐特、柳氮磺吡啶、磺胺间二甲氧嘧啶及其钠盐等原料药销量在全球市场和出口市场中处于领先地位，九洲药业环保投入与其在原料药行业的地位差距甚远。

问题一：请结合财务情况和企业特征，思考九洲药业环保投入较低的原因。

2013 年 11 月 13 日，浙江省台州市环保局、椒江区政府联合发布对当地七家药企停产整治的公告，要求在限定期限内停产整治，整治内容包括废水处理设施改造、车间整治提升、末端废气处理装置建设等。二度闯关 IPO 的九洲药业因旗下三分厂涉及上述环保问题再遭"环保急刹车"。

2014 年 3 月 18 日，九洲药业收到美国 FDA（美国食品药品监督管理局）的进口警示函。警示函显示，九洲药业旗下处于外沙路 99 号的厂区及公司生产的制剂或原料药将不被美国接受。解除警示要求企业需重新经过美国 FDA 的审批。2014 年上市申报稿显示，九洲药业由该厂区和该进出口公司 2011~2013 年合计出口至美国市场的原料药收入分别为 2152.44 万元、4555.87 万元、2744.44 万元，占九洲药业营业收入的比例分别为1.64%、3.98%、2.93%。虽然所占份额不大，但九洲药业作为原料出口型企业，由此暴露出的 GMP（药品生产质量管理规范）问题隐患，为其海外市场业务前景蒙上了阴影。

2014 年 8 月 5 日，九洲药业再次提交了 IPO 申报材料。《浙江九洲药业股份有限公司首次公开发行股票（A 股）招股说明书》显示，在 2011~2013 年的三年间，九洲药业新增环保设备投入分别为 1884 万元、2381 万元、2129 万元，其环保投入似乎与其行业地位依旧不相符；流动比率分别为 0.98、1.01、1.01，速动比率分别为 0.50、0.53、0.49。但是，此次申报，公司吸取了教训，将募集资金投入环保设施中，同时撤掉了饱受争议的募投项目。

问题二：请结合上述资料，思考环保顽疾对九洲药业 IPO 产生了哪些影响。

2. 上市后，九洲药业推动绿色转型

（1）创新驱动业务转型

《"十四五"医药工业发展规划》指出，传统制药企业需要加快创新转型，增加企业研发投入，强化创新驱动；提高医药出口额，将中国药品的战略定位面向全球布局。

九洲药业积极顺应国家产业政策，基于对行业外部环境的分析，创建 CDMO 业务部，并购具有前沿技术的医药企业，打造面向全球的创新药、原料药研发与生产一站式。CDMO 主要是药品生产或研发企业接受医药企业的委托，提供产品研发、生产所需要的工艺开发、配方开发、临床试验用药、化学或生物合成的药品或工艺研发、原料药生产、中间体制造、制剂生产以及包装等产品或服务。通过协助医药企业从临床前阶段、临床阶段到上市后商业化生产过程开发和优化药品生产和制备工艺（见图 1-4），CDMO 企业和服务可以帮助目标客户减少处于试验期的产品向工厂车间转移所需的精力和花费，并能够在药品上市后的大量生产阶段降低制造成本，提高生产效率。

图 1-4 九洲药业 CDMO 业务覆盖医药研发与生产全流程

资料来源：《九洲药业：2022 年度可持续发展暨环境、社会及公司治理报告》。

九洲药业作为行业内较早接触 CDMO 的制药企业之一，依托原有的原料药及中间体业务，与客户企业定制新药全流程合同，药品涉及抗肿瘤类、抗心衰类、抗抑郁类、抗帕金森类等治疗领域。2020 年，九洲药业 CDMO 业务营业收入首次超过特色原料药及中间体业务，成功实现战略转型。2022 年，公司承接的项目中，已上市项目 26 个，处于Ⅲ期临床项目 61 个，处于Ⅰ期和Ⅱ期临床试验的项目有 764 个，项目涵盖抗肿瘤类、抗心衰类、中枢神经类、心脑血管类、抗病毒类等治疗领域，具体如表 1-4 所示。

表 1-4 CDMO 项目具体情况

单位：个

CDMO 项目状态	立项的 CDMO 项目数量	治疗领域
已上市	26	中枢神经类、抗肿瘤类、抗心衰类、心脑血管类、抗病毒类、肺癌类、乳腺癌类等治疗领域
Ⅲ期临床	61	抗肿瘤类、抗心衰类、中枢神经类、心脑血管类、抗病毒类、抗疼痛类、乳腺癌类、免疫系统、抗呼吸道感染、失眠类等治疗领域
Ⅰ期和Ⅱ期临床	764	抗肿瘤类、抗心衰类、中枢神经类、心脑血管类、抗病毒类、抗高血压等治疗领域

资料来源：《浙江九洲药业股份有限公司 2022 年年度报告》。

（2）建立 EHS 管理体系

2014 年上市后，九洲药业持续推进 EHS（Environment，Health and Safety）管理体系①建设。九洲药业设立"安全、环保、健康、消防管理委员会"（简称"委员会"）。委员会秉承"安全预防、绿色低碳、维护健康、持续发展"的 EHS 方针，

---

① EHS 管理体系是环境管理体系（EMS）和职业健康安全管理体系（OHSAS）两种体系的整合，企业或组织在其运作的过程中，按照科学化、规范化和程序化的管理要求，分析其活动过程中可能存在的安全、环境和健康方面的风险，从而采取有效的防范和控制措施，防止事故发生的一种管理体系，同时通过不断评价、评审和体系审核活动，推动体系的有效运行，达到安全、健康与环境管理水平不断提高的目的。

制定并持续优化环境管理体系，统筹环保工作的开展、管理与审核，助力公司完成制定的环境目标。建立"以环境绩效为导向"的激励制度，将环境绩效与管理层工作绩效挂钩，推动环境管理目标的实现。

目前，公司拥有一套一流的经国际实践认可的 EHS 管理体系，从工艺开发、工程设计等层面落实风险管控，不断引入工艺安全风险分析装置；持续推行工程设计的自动化控制系统、连续化生产装置的升级改造；构建脱碳及净零排放评估框架，推动公司碳中和发展；不断提高职业健康安全管理水平，引入先进的高活性密闭控制装置，实现"以人为本"的企业理念。

2022 年，公司累计投入 2.68 亿元用于环保支出。公司引入"液氮深冷"以及"树脂吸附"技术，持续优化含卤素废气及苯类物质的处置，不断提升工艺废气处置能力，满足产品结构多样化对废气处理的需求；同时公司新增环保废水分析实验室，计划对所有项目开展废水生化毒性检测，提升废水处置能力，满足产能提升对废水处置的需求。报告期内，公司及子公司通过了 Novartis、Roche、Zoetis 等重要客户的 EHS 审计。

（3）可持续发展理念

九洲药业将环境、社会及公司治理（Environmental，Social and Governance，ESG）融入公司的经营管理，恪守对股东、客户及消费者、员工、公众及社区、政府及监管部门等利益相关方的承诺，积极履行 ESG 责任。公司建立了自上而下的 ESG 管理体系以确保 ESG 工作高效推进。公司战略决策委员会总领全局，由公司董事长兼总裁花莉蓉担任主任委员，直接负责企业 ESG 管理事宜，研究分析 ESG 相关政策，制定相关战略与目标，组织协调公司 ESG 政策、管理以及目标进度的检查监督等；下属 ESG 执行委员会由公司董事、董事会秘书兼副总裁林辉潞担任主任委员，负责制定 ESG 目标、管理 ESG 工作计划以及相关绩效考核，并定期向战略决策委员会汇报；ESG 执行委员会下设 ESG 工作小组，负责协调、完成 ESG 日常工作，开展 ESG 专项工作，并定期监控、汇报 ESG 目标完成情况。ESG 管理架构如图 1-5 所示。

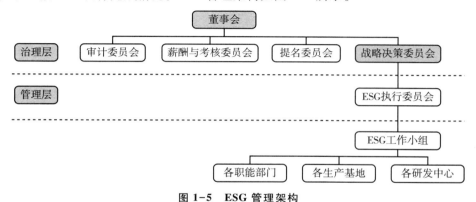

图 1-5　ESG 管理架构

资料来源：《九洲药业：2022 年度可持续发展暨环境、社会及公司治理报告》。

2022 年，浙江瑞博、瑞博（苏州）、药物科技生产基地加入了联合国契约组织。九洲药业将联合国全球契约十项原则纳入企业战略、政策和程序流程，建立诚信文化，履行对人类和地球的责任，并为自身的长期成功奠定基础。同时，公司通过持续的研发投入、稳健的人才队伍建设和广泛的行业与产学研合作，打造多领域、国际化的高层次人才研发团队，实现自身研发能力的不断提高。2022 年，公司持续保持技术创新和自主研发核心技术的投入力度，研发投入 3.35 亿元，较上年同期增长 77.85%。图 1-6 列示了 2020~2022 年研发投入和人员情况。

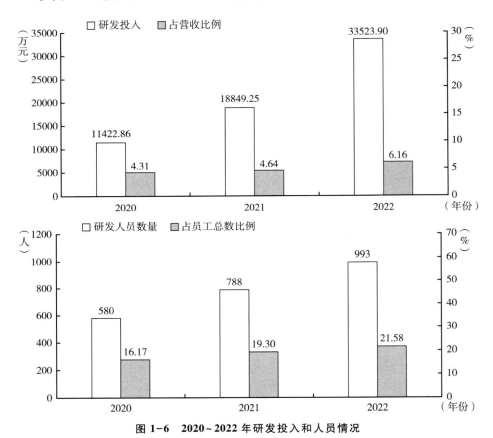

图 1-6　2020~2022 年研发投入和人员情况

资料来源：《九洲药业：2022 年度可持续发展暨环境、社会及公司治理报告》。

问题三：在九洲药业绿色转型过程中，思考公司的财务管理活动有怎样的改变。

二　案例分析

（一）问题一：请结合财务情况和企业特征，思考九洲药业环保投入较低的原因

1. 资金掣肘环保投入

2011 年，九洲药业披露的招股说明书显示，2008~2010 年，九洲药业的流动比

率分别为 0.85、0.91、0.97，资产负债率长期超过 60%，营运资金分别为 -6010 万元、-3435 万元、-1336 万元，均为负值。公司有较大的财务压力。

《浙江九洲药业股份有限公司首次公开发行股票（A 股）招股说明书》显示，2011~2013 年九洲药业的流动比率分别为 0.98、1.01、1.01，速动比率分别为 0.50、0.53、0.49，资产负债率分别为 63.08%、60.13% 和 57.33%。与 2008~2010 年相比，公司依旧面临着较高的资产负债率，且流动比率和速动比率较低，低于同行业水平。可见，公司自身积累无法满足对资金的需求，有较大的资金需求量。在融资方式上，短期负债是构成公司负债总额的主体，占比（合并报表）分别为 80.55%、82.77% 和 85.28%。公司主要通过银行贷款的方式解决资金需求，且以短期借款为主的方式。依赖短期负债融资方式会给公司带来短期偿债能力不足的风险。

2. 企业初期不重视环保

医药制造业作为重污染行业之一，普遍存在生产品种多、生产工序长、原材料利用率低等问题，导致行业生产过程中产生的"三废"量大，废物成分复杂，治理难度大且处理成本高。作为家族企业，初始资金较为紧张，资金融通渠道有限。除此之外，九洲药业起初的环保意识不强也是其环保投入不足的主要原因之一。从前述资料推断，九洲药业是在上市辅导期才突击补救环保问题，以应对环评要求。显然，短期的投入难以满足环评要求。对环保问题的不重视以及粗放式发展方式，也使得环保问题成为九洲药业屡次 IPO 失败的重要原因。

（二）问题二：请结合上述资料，思考环保顽疾对九洲药业 IPO 产生了哪些影响

尽管目前实施了 IPO 注册制，但我国上市首发是从审批制到核准制演化而来的。2014 年，IPO 采用核准制，主要审核要点可以划分为实质性和规范性两部分。其中，实质性方面包括关联交易的影响、持续经营能力、行业政策风险等；规范性方面包括业务规范运行（如环保、危险废弃物处置等）、财务合规性、商业模式合法性等。具体到本案例，环保顽疾主要对九洲药业 IPO 产生了如下影响。

1. 行业政策风险

2010 年 7 月 1 日，环保部发布并全面强制实施《制药工业水污染物排放标准》，这是我国首次对制药污水制定行业标准，标准严格度基本与发达国家相同。

2015 年 1 月 1 日，修订后的《中华人民共和国环境保护法》将正式实施，加大了对违法排污行为的处罚力度，这将给公司带来更重的环保压力，一旦发生重大环保问题、安全事故，不仅客户可能会中止与公司的合作，而且公司还将面临被国家有关部门处罚、责令关闭或停产的可能。

原料药和制剂产业作为医药制造业中污染严重、产能低以及创新程度低的产业之一，是药品监督、环保监督的重点审查对象。根据表 1-5，2014~2015 年的原料药和制剂企业数量增加。随着 2015 年修订的《中华人民共和国环境保护法》的实施，2016 年淘汰原料药和制剂企业近 1000 家；与此同时，2016 年，因环保安全事故而受罚的企业数量大幅增加，2017 年达到峰值，有 6.38% 的公司受罚。随着原料药和制剂企业对绿色技术的重视与发展，2021 年该类企业受罚情况取得显著改善，仅有 0.38% 的公司受到处罚。

表 1-5　2014～2021 年国内原料药和制剂企业数量与受罚情况

单位：家，%

指标	2014 年	2015 年	2016 年	2017 年	2018 年	2019 年	2020 年	2021 年
原料药和制剂企业数量	5000	5065	4176	4376	4441	4529	4460	4462
原料药和制剂企业受罚数量	54	123	205	279	242	146	127	17
受罚占比	1.08	2.43	4.91	6.38	5.45	3.22	2.85	0.38

资料来源：《药品监督管理统计年度数据（2021 年）》，中国食品药品网。

2. 业务规范运行

九洲药业屡次在 IPO 关键时期出现环保问题，停产整顿和进口警示函均对公司形象产生负面影响，废水处理设施改造、车间整治提升、末端废气处理装置建设、环保与安全生产的内控制度是否健全并有效执行等问题，均是九洲药业 IPO 的重点关注内容。显然，连续处罚严重影响外界对公司的环保、危险废弃物处置等方面的信心。

3. 持续经营能力

停产整顿和进口警示函不仅影响业务规范运行方面的判断，更会影响公司持续经营能力的判断。即便公司声称受影响业务所占比例不大，仍会给市场带来负面预期。具体表现在以下方面。

第一，三分厂停产整顿和出口警示函，势必会影响相关业务，以及整个公司的业绩表现。比如，2014 年上市申报稿显示，九洲药业由警示函涉及的厂区和进出口公司 2011～2013 年合计出口至美国市场的原料药收入分别为 2152.44 万元、4555.87 万元、2744.44 万元，预期会影响 2000 万元以上的收入。

第二，美国 FDA 对于九洲药业现有两个厂区出示进口警示函后，对其他工厂GMP 的调查只会更加严格，影响了公司出口业务的可持续发展。

第三，九洲药业不得不投入资金去完善排污系统，这对于本来资金就紧张的九洲药业来说无疑是一个沉重打击。如何在不加重企业财务风险的前提下，募集到足够的环保资金，是九洲药业亟须解决的问题。

上述这些问题不仅影响外界对于九洲药业持续经营能力的判断，也会对其上市估值产生影响。

（三）问题三：在九洲药业绿色转型过程中，思考公司的财务管理活动有怎样的改变

肖侠梳理了不同学者对绿色财务管理的定义，认为绿色财务管理是基于资源与环境保护导向的财务管理，以循环经济与低碳经济为指导原则，假设前提是"社会人"而非"经济人"，追求可持续发展、突出社会责任、追求多重效益目标。[①] 九洲药业在绿色转型过程中，其财务管理活动也呈现出绿色财务管理的特征。

1. 财务管理目标贯彻可持续发展理念

九洲药业建立了自上而下的 ESG 管理体系，在管理架构上由公司战略决策委员会总领全局，由公司董事长兼总裁花莉蓉担任主任委员。秉持诚实守信的价值观念，坚持合规经营与规范化运作，将合规经营与商业道德原则渗入公司营运活动的方方面面，不断完善负责营销与知识产权管理制度，有效防控与应对合规风险，保持企业持续健康发展。

2. 绿色创新、践行环保责任

九洲药业肩负环境保护的社会责任，通过应用新工艺和加强过程控制，从源头减少和消除工业生产对环境的污染，减少污染物的排放。公司研发伊始即考虑绿色设计，保证后续能按照绿色标准实行。公司引入 PMI（工艺物质强度）指标，以量化评估工艺的绿色程度，并把药品生产全过程涉及的原材料、溶剂按照最终燃烧产生的 CO_2 当量来衡量，从而选择最优生产路径。

九洲药业重视连续流反应技术平台建设。连续流反应技术是一种借助反应器进行连续进料、连续反应和连续出料的反应技术，具有反应效率高、安全节能、无缝放大等优点，能从源头解决化工合成安全环保的问题，实现合成药物的绿色、高效、清洁、安全生产。公司的"酶法制备左旋帕罗醇的新工艺"获中国化学制药行业绿色制药特设奖。

3. 价值共享、践行社会公民责任

（1）产品质量与安全

建立基于风险管理严格的、科学的和系统化的质量保证体系；提供高附加值的产品和服务；优先采购和使用节能、节水、节材等有利于环境保护的原材料、产品；重视供应链的稳定性和连续性。

（2）员工权益与服务

九洲药业致力于使用工程技术措施来防控职业危害，率先引入了先进的高活性密闭控制装置，从原辅料分装到产品包装，实现全流程密闭化操作，改善职工工作环境，不断提高职业健康安全管理水平，降低职工职业损害。公司重视人才的培养，制定《培训管理制度》《外部培训流程及费用管理制度》《职业技能等级认定管理制度》等管理制度，设立"九洲大学堂"员工培训体系，为全体员工提供从入职到各个发展阶段的员工培训方案。九洲药业制定《留任奖金管理制度》《股权激励计划》等福利制度，回馈和公司长期共同发展、并肩奋斗的员工。2022 年，公司依据《2022 年限制性股票激励计划（草案）》向 283 名中高层管理人员及核心骨干授予 177.3 万股。

---

① 肖侠：《我国企业实施绿色财务管理模式的问题与对策》，《学术论坛》2011 年第 12 期，第 119~123 页。

（3）社区沟通与公益

九洲药业秉承"关爱生命，维护健康"的企业使命，积极参与各项社会公益项目。近年来，公司持续推进东西部协作，积极参与乡村振兴工作，助力对口帮扶峨边彝族自治县提高当地医疗及教育水平。公司还组织员工参加当地敬老院拜访、驻军海警慰问等活动。2022 年，公司获得了日内瓦药品专利池组织（Medicines Patent Pool，MPP）授予使用相关专利和专有技术生产 Paxlovid（Nirmatrelvir 和 Ritonavir）中 Nirmatrelvir（奈玛特韦）的仿制药原料药的非独家许可，旨在帮助 95 个中低收入国家可负担地获取合作药物，为全球健康事业贡献力量。

三　案例讨论

第一，请上网查找九洲药业的《浙江九洲药业股份有限公司首次公开发行股票（A 股）招股说明书》《浙江九洲药业股份有限公司 2022 年年度报告》《九洲药业：2022 年度可持续发展暨环境、社会及公司治理报告》，结合案例资料，分析九洲药业的发展战略，并判断其财务管理活动是否与其战略相符。

第二，在 ESG 管理架构下，公司主要的财务关系有哪些？

第三，结合公司 2019～2023 年的财务指标，分析在本案例中，股东财富是否和利益相关者的利益保持一致。

四　案例拓展阅读

中国宝武的系列并购：供给侧改革下的强强联合

2015 年 12 月 18 日，中央经济工作会议提出要加大产能过剩行业的改革力度，钢铁行业便是其中典范，要求在产品生产的供给端提高产品质量以及全要素生产率，使得供给能够紧随需求的快速变化，全面做到供需平衡。在此背景下，中国钢铁行业进行了系列并购。其中，中国宝武的重组最具有代表性。

（一）中国宝武概述

中国宝武钢铁集团有限公司（简称"中国宝武"）由原宝钢集团有限公司（简称"宝钢集团"）和武汉钢铁（集团）公司（简称"武钢集团"）联合重组而成。根据官网介绍，宝钢股份以"成为全球最具竞争力的钢铁企业和最具投资价值的上市公司"为愿景，致力于为客户提供超值的产品和服务，为股东和社会创造最大价值，实现与相关利益主体的共同发展。宝钢股份将秉承和落实中国宝武"成为全球钢铁业引领者"的愿景和"共建高质量钢铁生态圈"的使命，坚持精品发展、绿色转型和智慧升级，深入探索钢铁企业与现代都市的共融共生之道，积极与员工、用户、投资者和社会公众共享企业发展所收获的丰硕成果，奋力书写新时代钢铁报国、钢铁强国的崭新篇章。2016 年 7 月 16 日，宝钢股份公告称，控股股东宝钢集团正与武钢集团筹划战略重组事宜。如表1-6和表1-7所示，联合重组前双方的上市公司资产规模和净利润差距较大，产品差异明显，容易形成规模效应和协同效应。

表1-6 联合重组前双方概况

单位：万元

母公司	宝钢集团	武钢集团
上市公司	宝钢股份	武钢股份
实际控制人	国务院国资委	国务院国资委
资产规模（2016年6月30日）	26626532.20	9586857.67
净利润（2016年1~6月）	362140.88	−12943.90

资料来源：《宝山钢铁股份有限公司换股吸收合并武汉钢铁股份有限公司暨关联交易报告书（草案）》，2016年10月1日。

表1-7 联合重组前双方的优势

宝钢集团		武钢集团	
优势特征	具体内容	优势特征	具体内容
四大基地	上海宝山、武汉青山、湛江东山、南京梅山	生产工艺	世界一流水平钢材制造工艺
全球排名	取向电工钢产量第1名、粗钢产量第2名、汽车板产量第3名	名牌产品	冷轧硅钢片、精品长材、汽车板等
特色产品	汽车高强钢、桥梁用钢、取向电工钢等	相关成就	获得多个世界级认证、国内高速用轨第一等

（二）重组后的股权结构

如图1-7所示，2016年12月1日宝钢集团改名为中国宝武，作为重组后的母公司，武钢集团作为全资子公司无偿划入，与此同时，武钢股份退市并且将全部资源整合到宝钢股份。

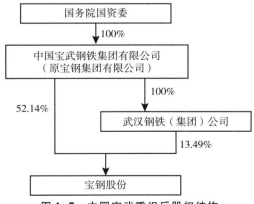

图1-7 中国宝武重组后股权结构

资料来源：《宝山钢铁股份有限公司换股吸收合并武汉钢铁股份有限公司暨关联交易报告书（修订稿）》，2016年12月30日。

（三）二者重组原因

宝钢股份和武钢股份重组前的部分财务指标如表 1-8 所示。可以看出，重组前宝钢股份的总资产规模是武钢股份的 2.5 倍，且宝钢股份的债资比为 47.83%，而武钢股份的债资比已经超过 70%。这说明宝钢股份不仅规模远大于武钢股份，且其资产结构表现比武钢股份好，财务风险远小于武钢股份。此外，从表 1-8 中数据还可以得知，武钢股份在合并重组之前净利润为 -745737.09 万元，已成亏损态势，亟须通过重组来改善公司的财务状况和经营状况。

表 1-8　2015 年宝钢股份和武钢股份部分财务指标

单位：万元

指标	宝钢股份	武钢股份
总资产	23412314.70	9336447.64
总负债	11197672.20	6586191.43
所有者权益	12214642.49	2750256.21
利润总额	185413.07	-782605.79
净利润	71407.02	-745737.09

资料来源：《宝山钢铁股份有限公司换股吸收合并武汉钢铁股份有限公司暨关联交易报告书（修订稿）》，2016 年 12 月 30 日。

重组后，宝武的强强联合有利于实现双方资源的优化配置，更有利于改善 2015 年武钢股份净利润巨亏的局面。由于在技术和管理方式上各有优势，所以此次重组有利于双方优势互补，整体淘汰过剩产能，减少同业竞争，优化产品结构，重点发展双方优势产品，利用协同效应加快钢铁高端产品的技术创新，提高我国钢材产品的核心竞争力。

（四）重组后的系列并购

宝钢集团和武钢集团的重组是为了响应国家政策以及打造世界一流的钢铁企业，并继续进行了如表 1-9 所示的系列并购，逐步将中国宝武的经营规模和盈利能力提升至全球第一。

表 1-9　宝武重组后并购历程

时间	事件
2019 年 9 月	中国宝武重组马钢集团
2020 年 8 月	中国宝武重组太钢集团
2020 年 10 月	中国宝武托管中钢集团
2020 年 12 月	中国宝武重组重庆钢铁

其中，2019 年中国宝武重组马钢集团，将中国宝武送上世界第一钢铁企业的位置，也是时隔宝钢集团和武钢集团合并 3 年后开启的一系列对钢铁行业兼并重组的第一步，是钢铁行业供给侧改革以及国企中打造世界一流钢企的典范。马钢（集团）控股有限公司（简称"马钢集团"）与其名下上市子公司马鞍山钢铁股份有限公司（简称"马钢股份"，股票代码：600808）为安徽省国有企业。在被中国宝武重组前，安徽省国资委通过马钢集团持有马钢股份 45.54% 的股份。马钢股份的优势概况如表 1-10 所示。

表 1-10　马钢股份的优势概况

优势特征	具体内容
地理位置	处于长三角经济圈、原材料资源丰富、交通方便等
设备先进	国内最先进生产线、最大的专业生产厂
产品结构	板、型、线、轮
名牌产品	车轮轮箍和 H 型钢等

（五）系列并购后的协同效应和规模效应

宝钢集团和武钢集团合并后 2017 年实现协同效益 20 亿元，2018 年实现 22 亿元。中国宝武和马钢集团重组后 2019 年实现协同效益 30 亿元，取得了超出预期的成效。

由于钢铁产业本身有着极高的资本和资源密集度的特点，所以高集中度对于钢铁产业来说是比较理想的状态，也能充分发挥企业市场结构的高效率。宝钢集团和武钢集团合并之后，我国钢铁产业集中度（CR10）由 2016 年的 35.90% 上升至 2017 年的 36.90%，整体上升 1 个百分点。中国宝武和马钢集团重组之后，我国钢铁行业集中度由 2018 年的 35.47% 上升至 2019 年的 36.79%，整体上升 1.32 个百分点。宝钢前后两次大规模的并购重组对钢铁行业集中度的整体提升起到了很大的作用，未来我国钢铁行业的集中度目标是 60%~70%，钢铁行业并购重组势在必行。

要求：

1. 结合行业环境，思考中国宝武的并购活动是否符合自身发展愿景。

2. 结合案例，思考国有企业如何发挥国有经济战略支撑作用。

3. 比较九洲药业和中国宝武财务管理活动的异同，思考应如何落实企业的财务管理目标。

小　结

企业财务管理作为企业管理的重要组成部分，一直是企业管理的核心。企业财务管理的准确性和及时性对管理者的决策有着决定性作用。良好的财务管理会促使管理者结合企业战略和市场运作情况，预测可能出现的风险和机会，做出适当的决策，使企业在千变万化的市场中生存下来，并推动企业未来的长期发展。

关键词

财务管理　社会责任　利益相关者　财务管理目标　权衡理论

思考题

1. 公司主要的财务关系有哪些？

2. 委托代理问题的主要表现形式有哪些？企业如何缓解委托代理难题？

3. 财务管理目标有哪几种？优缺点是什么？

4. 企业利益相关者与股东利益是否存在冲突？如何看待和解决二者之间的矛盾？

5. 企业内部环境对财务管理会产生什么影响？

第二章 企业价值与理财环境

学习目标

1. 掌握企业价值评估方法，了解各种评估方法的原理、适用环境及优缺点。

2. 理解环境对企业财务决策的影响及其对企业价值的作用，并能用于对现实问题的思考。

课程思政融入点

1. 通过"专业认知—案例剖析—辩论甄别—思政升华"的行动学习，提高学生对国家经济政策的理解能力，引导学生形成财务分析思维，提升财务素养。

2. 培养学生关注时事、关注企业价值创造的习惯，塑造资本向善的理念，以及"守规则""肯担当""会思辨"的公民人格。

3. 通过解析案例，引导学生思考企业价值创造的源泉，以及法律、市场公平的重要性，帮助学生树立正确的"三观"和法治意识，提高明辨是非的能力。

4. 通过本章内容的讲解，引导学生认识和思考国家政治、经济、法律等对企业价值创造的影响，帮助学生树立"四个自信"。

引 例　　　　　**俄乌局势冲击南亚国家经济**

世界银行最新发布的南亚地区经济简报指出，受俄乌冲突影响，原本面临诸多挑战的南亚经济，增速较先前恐有所放缓。报告预测，2022 年和 2023 年该地区经济将分别增长 6.6% 和 6.3%，前一数值比 2022 年 1 月所做的预测下降了足足 1 个百分点。

新冠疫情大背景下，南亚许多国家本就面临大宗商品价格上涨所带来的困难，外部压力传导至国内，使本国金融市场更趋不稳。俄乌局势升级无疑加剧了这些国家面临的挑战，包括通胀走高、财政赤字继续扩大等，有可能引发更多问题。

对各国而言，摆脱当前困局的关键在于谋求协作，同时加速推动国内经济转型，提升"造血"能力，以减少对外部环境的依赖。当前，"一带一路"框架下的各个项目正在帮助相关国家提升经济动能，南亚许多国家亦是受益者。因此，各国应借"一带一路"东风，努力提升自身经济"硬实力"以及抗风险能力，如此方能更好应对复杂多变的全球局势。

资料来源：施普皓《俄乌局势冲击南亚国家经济》，《经济日报》2022年4月23日，第4版。

第一节 企业价值理念与评估方法

一 企业价值理念

（一）企业价值的含义①

目前国内外经济学家对企业价值的概念难以保持一致的意见，形成了多种理论。

根据交换价值理论，企业价值是企业在市场中的交换价值总和，代表企业整体生产能力的价值，而企业生产能力是通过市场交换来实现和体现的。生产是创造企业价值的根本，资本和劳动是生产的方式和手段，二者相互整合、融合、创造形成企业价值，并受市场因素的影响。

根据现金净流量理论，企业价值就是企业可以创造的现金净流量的净现值。这种理论认为，企业作为一种以营利为目的的组织，也是一个特殊的商品，它的价值应当用企业现有和未来预计的现金净流量来计算。

根据产权结合理论，企业价值分为税赋价值、借入资本产权价值和自有资本产权价值。税赋价值是根据法律法规向国家所必须交纳的部分企业价值。借入资本产权价值是指企业根据合同向其债权人所支付的部分企业价值。自有资本产权价值是指企业价值除去上述企业的税赋价值和借入资本产权价值所剩的价值。

（二）企业价值的主要表现形式

从财务管理角度来看，企业价值具有多种不同的表现形式。从企业价值归属主体来看，企业价值分为所有制权益价值、债权价值等；从计量方式来看，企业价值分为账面价值、内在价值、市场价值以及清算价值等。客观地讲，每一种价值表现形式都有其独立性、合理性与适用性。

---

① 本部分参考杨根龙《企业价值及其实现的思考》，《经济问题》2014年第12期，第15~22页。

1. 账面价值

账面价值是指以会计的历史成本原则为计量依据，按照权责发生制的要求来确认企业价值。财务报告可以提供相关的信息，其中资产负债表最能集中反映企业在某一特定时点的价值状况，揭示企业所掌握的资源、所负担的债务及股东在企业中的权益，因此资产负债表上各资产项目的净值总和即为企业的账面价值。

账面价值可以直接根据企业的财务报表资料取得，具有客观性强、计算简单、资料易得等特点。但由于各企业间、同一个企业不同会计期间所采用的会计政策不同，账面价值较易被企业管理当局所操纵，从而使不同企业之间、同一企业不同会计期间的账面价值的可比性较差。例如，在通货膨胀时期，运用后进先出法存货计价的结果会使得当期费用高于采用先进先出法的情况，长期使用后进先出法将使存货的价值低于采用先进先出法的企业；加速折旧法相对于直线折旧法在开始使用的年份，会更快地减少固定资产账面价值。因此，在运用账面价值时，必须密切关注企业的人为因素，一般来说，账面价值最适用于那些资产流动性较强且会计政策统一稳定的行业，比如银行业、保险业等。

此外，账面价值的数据来源是财务报表，而其净值数据代表的是一种历史成本，它与企业创造未来收益的能力之间的相关性很小或者根本不相关，这与企业价值的内涵不符合，而且企业存续的时间越长，市场技术进步越快，这种不相关性就越突出。

2. 内在价值

内在价值，又称为内含价值、投资价值等。企业的内在价值是企业自身所具有的价值，它是一种客观存在，是由企业内在的品质所决定的。内在价值的计算公式是通过预期企业未来现金流收益，并用适当的折现率折现的现值。由此可见，企业内在价值的大小取决于专业分析人士对未来经济景气程度的预期，企业生命周期阶段、现阶段的市场销售情况，企业正在酝酿的扩张计划或缩减计划，以及市场利率变动趋势等因素。由于大多数因素取决于专业人士的职业判断，所以在使用时需要设定一些假设条件，比如现金流收益按比例增长或固定不变等。一般投资者在对企业债券、股票等进行投资时，常使用内在价值作为决策依据。

企业内在价值侧重于企业经营的未来预期，符合经济决策信息相关性的基本要求。但是，内在价值的计算是一个难点，从而导致算出来的内在价值是估计数，而不是精确值，因为不同的评估者即便是对同一家企业未来现金流的预测和折现率的估计都可能大相径庭。

3. 市场价值

市场价值，又称市场价格，是指企业出售所能够取得的价格。当企业在市场上出售时，其买卖价格即为该企业的市场价值。市场价值通常不等于账面价值，其价值大小取决于市场的供需状况，以及通过投资者对企业未来获利能力的预期而形成的市场评价。从本质上看，市场价值亦是由内在价值所决定的。正如马克思学说中价格与价值的关系，市场价格由内在价值决定，是内在价值的表现形式，企业的市场价格围绕其内在价值上下波动，完美的状况是市场价格等于内在价值。但由于人们的主观因素或市场信息不完全等诸多因素的影响，企业的市场价值往往会偏离其内在价值，这种偏离程度在不成熟市场上往往会非常之大。事实上，正是由于存在企业价值被低估的情形，才有了通过资本运作等手段来获取企业内在价值与市场价格之间的价差空间，因此，如何准确判断企业内在价值便成为问题的关键。

4. 清算价值

清算价值是指企业由于破产清算或其他原因，要求在一定期限内将企业或资产变现，在企业清算日预期出售资产可收回的快速变现金额，即为该企业的清算价值。对于企业股东而言，企业清算价值在优先偿还债务后的剩余价值才是股东的清算价值。企业清算时，既可整体出售企业，也可拆零出售单项资产，采用的方式以变现速度快、收入高为原则。企业在清算倒闭时价值的性质及其计量与在持续经营中的企业价值是截然不同的，企业清算价值是静态的。这时的企业已经不能创造持续的收益，不能满足各利益方所要求的基本回报。这种价值对提高企业的管理水平不具有指导意义。

5. 企业价值的主要表现形式之间的关系

一般情况下，企业内在价值会高于账面价值。内在价值既包含了历史成本会计信息验证部分，也包含了企业未来获利能力与新增投资收益的折现价值。市场价值是现实可以获得的价值概念，它是真实可交易的价格，代表了某一具体时点的财富，它由市场状态所决定，围绕内在价值上下波动。它们之间的关系如图 2-1 所示。

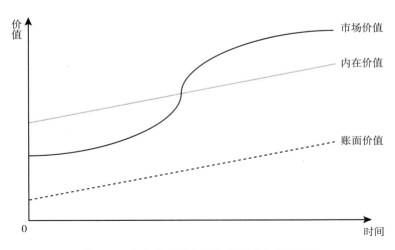

图 2-1　企业价值的主要表现形式之间的关系

在财务决策中，主要使用市场价值和内在价值作为评判依据，因为只有这两种价值形式充分考虑了企业的未来收益能力、发展前景以及竞争优势，尤其是内在价值，在重视现金流量的今天，将可以预期到的未来现金流量换算成今天的现值，既考虑了预测的前瞻性，又有可以具体操作的现金流量折现模型来衡量企业的价值。

二　企业价值评估及其方法

企业价值评估可以用于投资分析、战略分析和以价值为基础的管理，帮助经营管理者更好地了解企业的优势和劣势，判断企业拟定的各项经营决策是否有利于达成企业的经营目标；也可用于兼并、出售等商业行为，帮助买卖双方确定兼并价格，并判断交易是否顺利，以实现双赢。[①]

（一）企业价值评估的含义

企业价值评估是指资产评估师对评估基准日特定目的下企业整体价值、股东全部权益价值或部分股东权益价值进行分析、估算并发表专业意见、撰写报告书的行为和过程。企业价值评估是将一个企业作为一个有机整体，依据其拥有或占有的全部资产状况和整体获利能力，充分考虑影响企业获利能力的各种因素，结合企业所处的宏观经济环境及行业背景，对企业整体公允市场价值进行的综合性评估。

企业价值评估实际上也是一个综合考虑企业内外部因素以及投资者的主观预期等多方面条件，对企业持续发展潜力和投资价值的认识和评判过程。所以，企业价值评估是财务管理理论体系和实践业务的重要组成部分。实践业务中，企业价值评估有多种方法，即便对同一家企业的价值评估和计量的结果也很可能不同，因此，应正确理解企业价值评估这一概念。

第一，企业整体价值不是各项资产的简单相加，而是来源于各要素的结合方式。企业单项资产价值的总和不等于企业整体价值。企业整体能够具有价值，在于它可以通过特定的生产经营活动带来现金净流入，这些现金净流入是所有资产联合起来运用的结果，而不是各种资产分别出售获得的现金净流入。所以，企业是一个有机整体，各部分的有机联系是企业整体价值形成的关键。企业各种资源结合方式的不同，可以产生不同效率的企业，从而形成不同价值的企业。

第二，企业价值评估所使用的方法均带有一定的主观估计成分，其结论不可能绝对正确。一方面，它可能使用许多定量分析模型，具有一定的科学性和客观性；另一方面，它又可能使用许多主观估计的数据，带有一定的主观估计性质。

第三，企业价值评估不否认资本市场的有效性，即资本市场在一定程度上是有

---

① 本书的第八章中涉及企业并购的价值评估方法等相关内容，可以与该部分结合起来，以获得更全面的信息。

效的，市场上企业股权的价格能够充分反映公开可得的信息，市场价格能够在很大程度上反映出企业的内在价值；同时，企业价值评估不承认资本市场的完善性，即并非完全有效。故利用市场的缺陷寻找被低估的资产的过程就是用不同的方法评估企业内在价值的过程。

第四，企业价值受企业状况和市场状况的影响，随时都在变化。企业价值评估所依赖的市场状况、企业经营等信息也在不断变化，新信息的出现很可能会改变当初的企业价值评估结论。因此，企业价值评估结论具有很强的时效性。

第五，企业价值评估所提供的信息不仅仅是一个数据，还包括评估过程中产生的大量信息。由于估值需要对企业的财务状况及资源利用、获利能力做出判断分析，这个过程必然成为发现企业经营优势、寻找经营劣势及确定管理漏洞的过程，进而为企业实现价值目标提供建设性意见。不要过分关注最终结果而忽略了评估过程中产生的信息。

（二）企业价值评估的基本程序

一般而言，企业价值评估有以下五个基本步骤。

1. 明确评估目的和评估基准日

评估目的不相同，选择的价值表现形式和价值评估方法也不一样，最后的评估结果也不尽相同。评估基准日则反映评估价值的时点定位，一般应考虑选择某一个结算期的终止日。

2. 展开估值分析的基础工作

对企业进行评估必须了解该企业所处的宏观经济环境和市场、监管及竞争环境，以及其在行业中所处的地位，据此判断企业的生存能力和发展前景。具体包括：①了解目标公司所处的宏观经济环境和市场、监管及竞争环境；②了解目标公司的特征及行业特征；③了解目标公司在行业中的竞争能力；④了解目标公司的技术革新能力；⑤把握目标公司的市场定位，研究目标公司的治理结构与控制权。

3. 现场考察，实施绩效预测

企业价值是对企业持续发展潜力的认识和评价。对企业进行绩效预测、明确企业关键的价值驱动因素——增长率与投资资本回报率是必不可少的步骤。在实施绩效预测时，应该对未来现金流量构成要素值和现金流量值分布概率进行估计，或结合预测期限和通货膨胀影响，预测企业的资产负债表和损益表的具体项目，并将这些项目综合起来，用以预测现金流量、投资资本回报率及其他关键的企业价值驱动因素以及估价所用的贴现率。

4. 选择财务估价模型

企业价值的评估模型因其评估目的不同、被评估企业的特点不同而不同。对于同一企业，不同的评估模型可以得出相差很远的评估结果。在实践当中，许多主客观不确定性因素对企业价值评估无法避免地产生影响，因此企业价值的确定往往要综合考虑多种方法所得的结果。

5. 结果校验与解释

企业价值评估结果出现后，应检验结果的合理性，这一检验过程通常是通过将企业价值与其价值驱动因素、关键的经营假设（如资本支出计划、毛利率假定、新产品研制计划等）进行对照完成的。

（三）企业价值评估的基本方法

1. 相对估值法

（1）各种相对估值法比较

相对估值法是用可以比较的其他公司（可比公司）的价格为基础，来评估目标公司的相应价值的方法。相对估值法的特点是比较简便，主要采用乘数方法。相对估值法具体又分为 P/E 估值法、P/B 估值法、P/S 估值法、PEG 估值法等（见表 2-1）。

表 2-1　各种相对估值法简介

名称	计算方法	适用范围
市盈率（P/E）	股价（P）/每股收益（EPS）	连续盈利，并且 β 值接近于 1 的企业
市净率（P/B）	股价（P）/每股净资产（Book Value）	需要拥有大量实物资产、净资产为正值、高风险的企业
市销率（P/S）	股价（P）/每股销售额（S）	销售成本率较低的服务类企业、销售成本率趋同的传统行业的企业、销售收入为正的创业企业
EV/EBITDA	企业价值（EV）/息税折旧摊销前利润（EBITDA）	充分竞争和没有巨额商誉的企业、营业利润不亏损的企业
PEG	市盈率（P/E）/［企业年盈利增长率×100（G）］	成长型企业、新型企业

（2）相对估值法的使用步骤

第一步，选择可比公司。可比公司是指所处的行业、主营业务或主导产品、资本结构、资产规模、市场环境、风险程度以及盈利能力等方面相同或相近的公司。

第二步，选择相对估值法，并计算可比公司的可比指标。常见的相对估值法有 P/E 估值法、P/B 估值法、P/S 估值法、PEG 估值法等。

第三步，选择可比指标值。如果是多个可比公司，通常选用它们可比指标的均值或中位数作为目标公司的指标值。

第四步，按相对估值法，计算目标公司的价值。用这个可比指标值乘以目标公司相应的财务指标，从而计算出目标公司的价值。

第五步，结果校验与解释。

事例 2-1

问题：A 汽车 2023 年的平均股价为 6.03 元，每股收益和每股净资产分别为 0.06 元和 1.92 元。为评估 A 汽车的估值是否合理，选择了 2023 年汽车制造业六家上市公司作为可比公司，其每股收益、每股净资产和平均股价见表 2-2。请用相对估值法评价 A 汽车的价值。

表 2-2　2023 年六家上市公司的相关数据

单位：元

公司名称	每股收益	每股净资产	平均股价
B 汽车	0.53	3.43	11.98
C 汽车	0.37	2.69	6.26
D 汽车	0.52	4.75	15.40
E 汽车	0.23	2.34	6.10
F 汽车	0.19	2.54	6.80
G 汽车	0.12	2.01	5.99

解析：本次 A 汽车的价值评估选用 P/E 估值法和 P/B 估值法，分别计算六家可比公司的 P/E 和 P/B，结果如表 2-3 所示。

表 2-3　2023 年六家上市公司的市盈率和市净率

公司名称	市盈率	市净率
B 汽车	22.60	3.49
C 汽车	16.92	2.33
D 汽车	29.62	3.24
E 汽车	26.52	2.61
F 汽车	35.79	2.68
G 汽车	49.92	2.98
平均	30.23	2.89

按照市盈率模型，A 汽车的价值 = 0.06×30.23 = 1.81 元。

按照市净率模型，A 汽车的价值 = 1.92×2.89 = 5.55 元。

由于汽车制造业是一个重资产行业，市净率模型能更好地反映 A 汽车的价值。但是 5.55 元依然低于 A 汽车的平均股价 6.03 元，因此 A 汽车股价存在高估的风险，不适合投资购入。

2. 绝对估值法

绝对估值法，又叫作贴现法，是通过对企业历史及当前的基本面分析，对未来反映企业经营状况的财务数据进行预测，获得企业的内在价值。绝对估值法更符合价值投资关于企业内在价值的定义。常见的绝对估值法主要有贴现定价模型估值法和 B-S 期权定价模型估值法（主要应用于期权定价、权证定价等）。这里将以贴现定价模型为例做进一步阐述。

（1）贴现定价模型的基本思路

这里的贴现，也叫作折现，是指将未来收入折算成等价的现值。该过程是将一个未来值乘以一个折现率（未来的现金流折算为现在的现金流量时所使用的利率）加以缩减。贴现率计算时会选取不同的标准。从投资者角度来说，贴现率就是投资者资金的机会成本或者期望的投资报酬率。贴现定价模型计算企业价值的基本思路如图 2-2 所示。

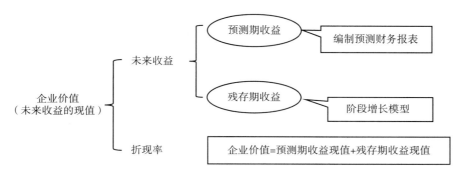

图 2-2　贴现定价模型计算企业价值的基本思路

（2）未来收益的参数选取

在财务管理学中，未来收益通常是指未来的现金流量，也可以用经济增加值表示。常见的未来收益的参数选取如表 2-4 所示。

表 2-4　未来收益的参数选取

类型	名称	含义
股权价值	股利现金流量	企业分配给股东的现金流量,对应股利贴现模型
	股东自由现金流量	也称股权自由现金流量,代表一定期间内企业可以分配给股东的现金流量,计算公式： 股权自由现金流量=税后利润-(净投资-债务净增加)
企业价值	经营性现金流量	企业经营活动所产生的现金流量,计算公式： 经营性现金流量=营业收入-营业成本费用(付现)-所得税 =息税前利润(EBIT)(1-所得税税率)+折旧
	企业自由现金流量	企业全部现金流入扣除成本费用和必要的投资后的剩余部分,它是一定期间内企业可以提供给股东和债权人的税后现金流量,计算公式： 企业自由现金流量=经营性现金流量-资本性支出-营运资本净增加额
	经济增加值	税后净营业利润扣除包括股权和债务在内的全部投入资本成本后的所得,计算公式:经济增加值=税后净营业利润-加权平均资本成本×平均资本占用

（3）折现率的确定方法

折现率作为未来预期收益折算成现值的比率，其确定方法如表 2-5 所示。

表 2-5　折现率的确定方法

方法	计算公式	含义
加权资本成本	加权平均资本成本＝债务资本利息率×（1－税率）（债务资本/总资本）＋股本资本成本率×（股本资本/总资本）	对各种长期成本要素的单项资本成本进行估计，包括普通股、优先股、债务等
投资现金流量报酬率	$\sum_{t=1}^{n} \dfrac{I_t}{(1+CFROI)^t} - \sum_{t=1}^{n} \dfrac{O_t}{(1+CFROI)^t} = 0$	I_t 和 O_t 分别表示第 t 期经通货膨胀调整后的现金流入和流出，n 为可折旧资产的经济寿命，满足该公式的 $CFROI$ 即为投资现金流量报酬率
资本资产定价模型	股权资本成本＝股本资本成本＝无风险收益率＋β×（市场平均收益率－无风险收益率）	探求风险资产收益与风险的数量关系，即为了补偿某一特定程度的风险，投资者应该获得多少的报酬率
估计折现率	以被估计企业的所属行业的平均投资报酬率或者以投资者需要的最低投资报酬率作为估计折现率	

注：查阅王化成等的教材，虽然关于资本成本的指标是比率指标，但一般称为"资本成本"。

3. 估值方法的选用

不同的估值方法适用于不同行业、不同财务状况的公司。对于不同公司要具体问题具体分析，谨慎择取估值方法。在选择企业价值评估方法时，应注意以下几点：

①对同一企业而言，采用不同的评估方法常常会使企业价值评估结果大相径庭；

②有许多主观性很强的因素影响着评估结果；

③为避免一种评估方法对企业价值认识的片面性，可将各种不同的评估方法计算出的价值进行加权计算；

④必须对目标公司做详细的审查，充分考虑各种风险因素，才能确定真实的企业价值。

延伸阅读与讨论 2-1

请结合参考资料，思考科创板上市公司 IPO 定价时采用何种方法。

资料来源：《上海南芯半导体科技股份有限公司首次公开发行股票并在科创板上市投资风险特别公告》；《上海南芯半导体科技股份有限公司首次公开发行股票并在科创板上市发行公告》；巨潮资讯网，http://www.cninfo.com.cn。

第二节　理财环境与价值创造的关系

一　理财环境的特点

要全面了解企业所面临的各种理财环境，首先需要研究理财环境的特点。理财环境的特点主要表现为复杂性、交互性、动态性及不确定性等。

（一）复杂性

企业财务管理的环境包括经济环境、法律环境、金融环境、文化技术环境等因素。这些因素均对企业财务管理产生重大影响，是企业财务决策难以改变的外部约束条件。财务管理人员需要提高对环境变化的适应性和应变能力，高度重视和正视环境中的不利因素，防范风险；同时，不能忽略向好的趋势因素，促进企业趁势而上，使得企业的财务决策更好地适应环境的要求和变化。

（二）交互性

构成理财环境的各因素既相互依存，又相互制约。一个因素发生变化，有可能直接或间接地引起其他因素的改变，从而很可能产生叠加效应，或者是始料未及的风险。比如，消费者结构变化会导致市场需求发生变化，而市场需求发生变化会影响企业的投资和融资，等等。也就是说，各种环境因素的交互作用均会对企业财务管理活动产生连锁反应。

（三）动态性

企业所面临的财务管理环境并不是一成不变的，而是不断变化的。财务管理人员应当随时关注环境的变化趋势和特征，及时采取对策，制定有弹性的财务管理战略和财务决策，因地制宜、与时俱进地调整财务决策。

（四）不确定性

现实中环境的变化往往是企业财务管理者难以事先准确预料的，甚至根本无法预知和掌控环境的变化，这就构成了企业财务管理环境的不确定性。市场本身就是众多参与者角逐的场所，但无论是商品市场，还是资本市场，价格的变动都将影响企业的经营成本和利润，使得企业始终存在投资失败、经营亏损的风险。因此，企业的财务管理者既要根据所掌握的信息追求企业价值最大化，又要考虑到在现实条件的约束下，如何防范风险、合规合理地实现企业目标。

延伸阅读 2-1

美对俄制裁或刺激中国芯片自给自足

据《环球时报》报道，新加坡媒体《海峡时报》刊布了一篇名为《美国制裁俄罗斯可能刺激中国推动芯片自力更生》的文章，指出由于中国缺少先进芯片的制造能力，因此中国政府便将实现半导体产业独立与自力更生当作了国家最重要的长期政策目标之一。又由于当下美国因为俄罗斯对乌克兰发起特别军事行动一事，对俄罗斯实施了全面制裁，包括阻止俄罗斯从全球市场进口芯片、电子产品等，因此中国极有可能会因此加快在半导体产业领域实现自力更生的步伐。

中国最大的芯片制造商中芯国际此前被美国划进了制裁范围，在过去 10 年里，身为全球最大的芯片进口国，中国更是在半导体上花费了大量的资金，为此中国势必会在未来加大在半导体产业的投入，争取早日在半导体产业领域实现自给自足的目标。在政府相关政策的激励下，中国的芯片产业发展速度很快，不久的未来，中国半导体行业的现状极有可能会发生翻天覆地的改变。

资料来源：康宁译《美对俄制裁或刺激中国芯片自给自足》，《环球时报》2022 年 3 月 9 日，第 6 版。

二　理财环境对企业财务决策的影响

（一）宏观环境对财务决策的影响

1. 经济环境与财务决策

经济环境是影响企业财务决策最直接的因素之一。结合第一章相关内容，可以从经济周期、经济政策和通货膨胀三方面进行分析。

（1）经济周期

经济周期是总体经济扩张与紧缩的交替或周期性波动变化的现象。经济周期会对企业的投资意愿、现金持有量、投资收益等产生影响。一般而言，在经济复苏期和繁荣期，公司会加大投资，同时会持有部分现金，预防融资约束造成的投资不足；在经济萧条期和衰退期，公司会减少投资，同时减少现金持有量，以降低机会成本。

（2）经济政策

经济政策的有效性有赖于政策出台者对经济形势的理解与预判。随着全球经济不确定性的增加，经济政策本身存在着高度不确定性。经济政策不确定性（Economic Policy Uncertainty，EPU）指政府或监管机构政策决定的时间、内容和潜在影响的不确定性。经济政策不确定性会影响投资者的信心，进而对资本市场产生冲击，这会引发社会融资成本上升以及管理层风险规避，从而抑制企业投资活动。

同时，经济政策不确定性会使得企业面临严重的信息缺失和经营风险，为了缓解信息不对称问题以及应对风险，管理层会选择与行业同伴的投资决策保持一致，即企业会更多地模仿行业同伴的投资决策。

延伸阅读与讨论 2-2

同伴效应是指单个企业均处在一定的关系网络中，网络内部同伴企业之间相互学习、相互模仿的现象。请结合参考资料，思考经济政策不确定性影响企业投资同伴效应的内在逻辑是什么。

资料来源：胡刘芬、修宗峰《企业投资为何会"随波逐流"？——基于宏观经济政策不确定性影响的视角》，《南开管理评论》2023 年第 4 期，第 89~100 页。

（3）通货膨胀

通货膨胀是一种重要的宏观经济现象。为减轻通货膨胀的不利影响，企业应采取措施加以防范。在通货膨胀初期，进行投资避免风险，投资固定资产或保值类资产，实现资本保值；或与客户签订长期购货合同，以减少物价上涨造成的损失；获取长期负债，保持资本成本稳定；等等。在通货膨胀持续期，采取比较严格的信用条件，减少企业债权；等等。

2. 法律环境与财务决策

法律环境对于财务决策的影响主要集中在两个方面。第一，整体法律环境的影响。良好的法律环境可以维护法律的震慑力，遏制犯罪动机，约束违法和违规行为。上市公司会自觉遵守各项制度，提高会计信息质量，降低信息不对称，减少委托代理问题，提高决策效率，在规范企业行为等方面具有突出作用。第二，单个法律的影响。公司法、证券法、税法、环保法等，均是与财务决策相关的法律法规。比如，2018 年 1 月 1 日，《中华人民共和国环境保护税法》正式实施后，重污染企业会增加环保投资。营业税改征增值税对企业固定资产和无形资产投资均产生显著影响。

3. 金融环境与财务决策

金融市场风险的上升会抑制企业储蓄动机，同时刺激其资产配置的投机性。具体而言，金融市场风险的上升会降低投资者的信心，刺激企业的投机动机，此时固定资产长期回报的吸引力降低，进而强化渠道获利对企业固定资产投资意愿的挤出。另外，当市场波动增强时，企业管理层有较强的动机通过短期金融套利、盈余管理等手段刺激企业经营业绩短期提升。相比于固定资产投资机会，管理层更看重短期利益，进一步强化金融渠道获利对投资效率的"挤出效应"。

4. 文化技术环境与财务决策

（1）文化环境

随着全球化的不断推进，国际的交流与合作持续增强。在对外投资过程中，文化因素作为非正式制度，能够弥补东道国制度建设的不足，为双方展开高效的合作与交流打下了良好的基础。同时，如果双方具有相似的历史与文化，会产生共有文化印记，减少双方不必要的谈判，加快合约的签订，降低监督成本，也为双方的合作提供制度以外的保障。中国企业走出国门，要发挥中华传统文化的优势，加强与外国的文化交流，促进民心相通，取得彼此互信，共同开创互利共赢的良好局面。

（2）技术环境

随着互联网、大数据和人工智能等新一代信息技术的出现，数据资源成为新的生产要素，并驱动实体经济发生深刻变革。企业数字化转型离不开信息技术的应用，而信息技术的应用将改变企业的劳动力技能需求结构，因此，数字化转型企业会增加人力资本投资。同时，数字化转型本身会影响企业的投资决策，通过提高企业交易效率、为企业提供理性决策依据、抑制投资不足等途径提升企业投资效率。具体到投资周期方面，准备实施数字化转型的企业，可能在数字化转型初期延缓投资，而在完成数字化转型后加大投资，从而影响企业的投资周期。

（二）内部环境对财务决策的影响

1. 公司治理与财务决策

不同的公司治理结构会对企业财务决策活动产生不同影响。企业所有权和控制权相分离导致了所有者和管理层的委托代理关系和公司治理结构问题。企业经理的报酬主要来自企业内部控制权收益和提高企业业绩后获得的薪酬，而公司治理结构的不同安排会导致经理在两种收益来源之间进行权衡，最终会影响企业的决策活动。一般而言，公司治理结构越完善，经营团队的投资能力越强，决策效率越高。

2. 公司战略与财务决策

公司战略规划了企业的经营管理和发展方向，是企业进行资本投资和市场扩张的依据。一般而言，根据公司战略不同可分为进攻型公司、防御型公司和分析型公司。进攻型公司偏好新产品的研制、技术的革新和新市场的扩展；防御型公司通常更加关注主要的几类产品或业务，从而降低资金成本，优化产品，但其市场占有面通常较小；分析型公司则处于两者之间。不同的战略在经营方式和组织结构层面存在着很大的不同，会对公司的投资行为产生不同的影响。显然，进攻型公司更重视投资，以扩张市场、加大新产品的研发。

事例 2-2

中国移动并购巴基斯坦 Paktel 公司

2007 年 2 月 14 日，中国移动宣布已经成功完成收购米雷康姆（Millicom）旗下巴基斯坦移动运营商——巴科泰尔有限公司（Paktel）88.86% 的股份，作价 2.84 亿美元，其中包括偿还内部债务。

中国移动为拓展新的业务增长空间，把国际化的目标定位在具有高增长潜力、庞大人口规模的亚、非、拉等新兴市场国家，此次并购 Paktel 与中国移动的战略定位相匹配。中国移动此前曾试图直接并购 Millicom，后来考虑到自身跨国运营经验的缺失，整合管理 Millicom 公司遍及全球的网络资产会给自身带来风险，以及高额支付价格会带来巨大财务风险，最终中国移动选择了放弃。

此次并购 Paktel 公司前的三个月，中国移动多次组织团队赴巴基斯坦开展详尽的尽职调查，同时与国际知名投资银行合作，获取各方面的信息和建议。与此同时，中兴、华为等国内电信设备商早已进驻巴基斯坦市场。这一切对中国移动并购成功后计划如何去整合运营相关资产提供了有价值的信息和参考。从某种意义上可以说，中国移动的友商已经为中国移动进军巴方市场打下了良好的硬件基础。收购 Paktel 为中国移动进一步国际化拓展搭建了良好的运营平台。

资料来源：吴茹月《企业跨国并购战略中的财务风险控制研究——基于中国移动并购巴基斯坦 Paktel 公司案例》，《财经问题研究》2013 年第 S1 期，第 103～107 页。

3. 组织结构与财务决策

企业组织结构是企业组织内部各个有机构成要素相互作用的方式或形式，以求有效、合理地把组织成员组织起来，为实现共同目标而协同努力。任何企业组织结构都不是一成不变的，是随着企业环境的变迁、管理目标的变化而不断演化发展的。与多层级制的垂直结构相比，扁平化的组织结构更能激励和保护企业专用性人力资本投资、节约交易成本。

4. 内部控制与财务决策

内部控制可通过其一系列的制度安排来提高企业经营效率和效果，促进企业实现发展战略，从而给投资者带来显著的利益。因此，强化企业内部控制已日益成为世界各国特别是发达国家提高企业治理水平的重要手段。当企业具有良好的内部控制体系时，由信息不对称或代理问题导致的投资不足和过度现象可得到有效的抑制。内部控制质量的提高将有助于提高企业投资效率，反之，内部控制缺陷与企业投资效率负相关。

（三）财务决策对企业价值创造的影响

宏观环境的变迁直接推动甚至决定着行业环境和内部环境的形成与发展，而企业宏观环境与内部环境又共同作用于企业财务决策。因此，理财环境对企业价值存在较为完整的影响路径：宏观环境—行业环境—内部环境—财务决策—企业价值。具体如图 2-3 所示。

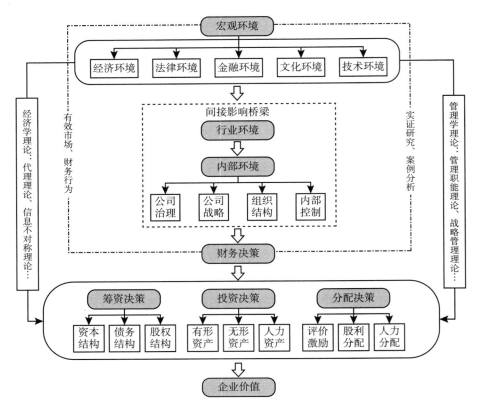

图 2-3　理财环境对财务决策和企业价值的影响路径

资料来源：王化成、彭文伟、张顺葆《宏观环境对财务决策的影响研究——基于广义财务管理理论体系的分析视角》，《东南大学学报》（哲学社会科学版）2013 年第 2 期，第 44~49、135 页。

第三节　案例分析：阿里巴巴 IPO 定价

一　案例概况

（一）阿里巴巴 IPO 定价过程

2014 年 5 月，阿里巴巴集团向美国证券交易委员会提交了首次公开招股的招股书，融资规模预计在 150 亿美元以上。2014 年 9 月 6 日，阿里巴巴提交更新后的招股文件，确定其股票的发行价格区间为 60~66 美元，拟募集资金 200 亿美元。按此定价估算，阿里巴巴的市值将近 1550 亿美元，远超 Facebook（纳斯达克：FB）2011 年 IPO 时的市值 800 亿美元，成为美国历史上融资规模最大乃至全球资本市场上规模最大的一宗 IPO，让市场看到了中国互联网企业的强劲发展态势。

（二）阿里巴巴的估值

1. 达摩达兰及其对阿里巴巴的估值

艾斯沃斯·达摩达兰是纽约大学斯特恩商学院（Leonard N. Stern School of Business）金融学教授，曾获得包括纽约大学杰出教学奖在内的多项教学奖。他被《商业周刊》杂志评为美国最佳商学院优秀的教师之一。另外，达摩达兰还为很多大型投资银行讲授公司理财和估价方面的培训课程，他是诸多主要财务学著作的作者，著作包括《达摩达兰论估价》（第一版）、《投资估价》、《公司理财》、《投资管理》、《投资哲学》、《实用公司理财》等。

2014 年 5 月，达摩达兰在《阿里巴巴：中国式财富故事》（Alibaba：A China Story with a Profitable Ending）中给出了对阿里巴巴的分析估值。该文中，他认为阿里巴巴在中国线上零售市场的主导地位、在市场中的规模和高成长性、无出其右的经营利润，为天价估值提供了基础。经过计算后，达摩达兰给出了每股接近 61 美元的估值。此后 5 个月里，阿里巴巴更新了招股说明书，反映了最新一季度的信息。所以，2014 年 9 月 2 日，达摩达兰根据阿里巴巴 2014 年 8 月 24 日发布的文件，重新对阿里巴巴进行估值，将估值微调至每股 66 美元。

2. 估值前收集的信息

达摩达兰收集了与阿里巴巴股权估值相关的信息，包括但不限于以下几类主要资料。

第一，阿里巴巴的最新财报信息，主要指标如表 2-6 所示。

表 2-6　阿里巴巴的最新财报信息

单位：百万美元

指标	金额
营业收入	9268
息税折旧摊销前利润（EBITDA）	4245
息税前利润（EBIT）	4246
利息费用	246
净利润	5054
账面净资产	8283
负债账面价值	10012
现金及其等价物	9330
非经营性资产	5087
少数股东权益	0

资料来源：2014 年阿里巴巴招股说明书。

第二，达摩达兰通过分析中国宏观经济形势、阿里巴巴在中国的发展及其战略，认为阿里巴巴在中国线上零售市场占据主导地位，拥有最大的市场规模和高成长性，以及稳定、丰厚的经营利润。经预测和计算，阿里巴巴股权估值涉及的相关数据如表 2-7 所示。

表 2-7　阿里巴巴股权估值涉及的相关数据

单位：%

指标	数据
实际税负	11.92
所得税税率	25.00
未来 5 年的复合年均收入增长率	25.00
目标 EBIT 与收入的比率	40.00
销售资本比率（用于计算再投资）	200.00
无风险报酬率	2.41
加权综合资本成本	8.56

资料来源：http：//www.stern.nyu.edu/~adamodar/pc/blog/AlibabaIPOSept14.xls。

第三，选择可比公司，并收集可比公司的最新财报信息。

问题一：企业价值评估前应该做哪些准备工作？

3. 相对估值法下的估值结果

达摩达兰选择了中国互联网企业百度，以及所有归属为线上广告公司 51 家，所有归属为线上零售公司 134 家，所有归属为线上软件公司 92 家，所有归属为线上服务的网络公司 544 家，共计 822 家公司作为同类可比公司；选择市盈率（P/E）、市净率（P/B）、企业价值（EV）/息税折旧摊销前利润（EBITDA）、EV/销售额（Sales）和 EV/投资资本（Invested Capital）作为可比指标；选择简单平均值、中位数、加权平均值作为比值标准（见表 2-8）。

表 2-8　可比公司的可比指标

	可比指标	百度	51 家线上广告公司	134 家线上零售公司	92 家线上软件公司	544 家线上服务的网络公司
简单平均值	P/E	22.54	39.73	132.12	186.71	140.45
	P/B	3.63	4.08	23.96	15.23	14.16
	EV/EBITDA	17.37	12.36	60.50	139.67	89.71
	EV/Sales	4.09	7.45	22.71	72.51	96.21
	EV/Invested Capital	5.51	11.83	10.65	20.05	22.66
中位数	P/E	22.54	19.76	43.31	31.06	32.01
	P/B	3.63	2.21	3.88	3.56	3.18
	EV/EBITDA	17.37	8.27	18.23	17.57	15.04
	EV/Sales	4.09	0.88	1.29	3.30	2.45
	EV/Invested Capital	5.51	2.31	4.00	4.31	3.60
加权平均值	P/E	22.54	24.50	129.14	62.78	53.98
	P/B	3.63	1.99	7.42	6.58	5.55
	EV/EBITDA	17.37	10.16	35.94	30.15	26.14
	EV/Sales	4.09	0.81	2.59	7.53	4.35
	EV/Invested Capital	5.51	2.02	8.30	7.42	5.94

资料来源：http：//www.stern.nyu.edu/~adamodar/pc/blog/AlibabaRelValue.xls。

根据阿里巴巴最新财报数据，可以计算出阿里巴巴的股权价值范围，具体如表2-9所示。

表2-9 阿里巴巴的股权价值范围

单位：亿美元

相对估值法		百度	51家线上广告公司	134家线上零售公司	92家线上软件公司	544家线上服务的网络公司
简单平均值	P/E	1139	2008	6677	9436	7098
	P/B	300	338	1984	1262	1173
	EV/EBITDA	879	638	2953	6759	4357
	EV/Sales	423	734	2149	6764	8961
	EV/Invested Capital	538	1105	998	1841	2076
中位数	P/E	1139	999	2189	1570	1618
	P/B	300	183	321	295	264
	EV/EBITDA	879	442	921	889	767
	EV/Sales	423	125	163	350	271
	EV/Invested Capital	538	251	403	431	366
加权平均值	P/E	1139	1238	6526	3173	2728
	P/B	301	165	615	545	460
	EV/EBITDA	879	533	1772	1494	1301
	EV/Sales	423	119	284	742	447
	EV/Invested Capital	538	225	788	709	577

资料来源：http：//www.stern.nyu.edu/~adamodar/pc/blog/AlibabaRelValue.xls。

问题二：用相对估值法对阿里巴巴进行股权价值评估，得到的估值为119亿~9436亿美元，这是否说明相对估值法不可靠？

4. 绝对估值法下的估值结果

达摩达兰对阿里巴巴的股权价值评估也采用了绝对估值法，具体采用的是自由现金流量折现模型。达摩达兰以最新财报数据作为基础，预测期确定为10年，之后进入永续期。

（1）预测自由现金流量（见表2-10）

表2-10 阿里巴巴的自由现金流量

单位：百万美元，%

时期		收入	收入增长率	EBIT收入比	EBIT	税率	息税前利润	资本性支出	自由现金流量
观察期		9268		50.73	4702	11.92	4141		
预测期	1	11585	25.00	49.66	5753	11.92	5067	1159	3908
	2	14481	25.00	48.58	7036	11.92	6197	1448	4749

续表

时期		收入	收入增长率	EBIT收入比	EBIT	税率	息税前利润	资本性支出	自由现金流量
预测期	3	18102	25.00	47.51	8600	11.92	7575	1810	5765
	4	22627	25.00	46.44	10507	11.92	9255	2263	6992
	5	28284	25.00	45.36	12831	11.92	11301	2828	8473
	6	34077	20.48	44.29	15093	14.54	12899	2897	10003
	7	39517	15.96	43.22	17079	17.15	14149	2720	11429
	8	44040	11.45	42.15	18561	19.77	14892	2262	12630
	9	47091	6.93	41.07	19342	22.38	15012	1526	13487
	10	48226	2.41	40.00	19290	25.00	14468	567	13900
永续期		49388	2.41	40.00	19755	25.00	14816	4463	10353

资料来源：http：//www.stern.nyu.edu/~adamodar/pc/blog/AlibabaIPOSept14.xls。

（2）预测期自由现金流量折现值（见表2-11）

表2-11　阿里巴巴预测期自由现金流量折现值

预测期	自由现金流量（百万美元）	资本成本（%）	折现系数	自由现金流量折现值（百万美元）
1	3908	8.56	0.9211	3600
2	4749	8.56	0.8485	4029
3	5765	8.56	0.7816	4506
4	6992	8.56	0.7200	5034
5	8473	8.56	0.6632	5619
6	10003	8.45	0.6115	6117
7	11429	8.34	0.5645	6451
8	12630	8.22	0.5216	6588
9	13487	8.11	0.4824	6506
10	13900	8.00	0.4467	6209
合计				54660

资料来源：http：//www.stern.nyu.edu/~adamodar/pc/blog/AlibabaIPOSept14.xls。

（3）计算阿里巴巴的股权价值，计算过程如表2-12所示

表2-12　阿里巴巴每股价值预测

指标	数据	指标	数据
永续期自由现金流量（百万美元）	10353	加：现金及其等价物（百万美元）	9330
永续期资本成本（%）	8	IPO募集资金（百万美元）	20000
永续期价值（百万美元）	185205	非经营资产（投资）（百万美元）	5087
永续期折现值（百万美元）	82731	阿里巴巴股权价值（百万美元）	161739
预测期折现值（百万美元）	54660	减：优先股（百万美元）	696

续表

指标	数据	指标	数据
阿里巴巴经营资产价值(百万美元)	137390	阿里巴巴普通股股权价值(百万美元)	161043
减：负债(百万美元)	10068	发行在外股数(百万股)	2441
少数股东权益(百万美元)	0	预测的每股价值(美元)	65.98

资料来源：http：//www.stern.nyu.edu/~adamodar/pc/blog/AlibabaIPOSept14.xls。

问题三：绝对估值法下的估值结果是可靠的吗？为什么？

2014 年 9 月 19 日，阿里巴巴集团将其 IPO 价格确定为每股 68 美元，也就是此前定价区间的上限，正式在美国纽约证券交易所挂牌交易，股票代码 BABA。

2014 年 9 月 20 日，阿里巴巴在美国纽约证券交易所挂牌上市首日报收于 93.89 美元，较发行价上涨 38.07%，以收盘价计算，其市值破 2300 亿美元。

问题四：投行对于 IPO 公司股票价值的评估结果与企业实际的 IPO 定价之间存在什么关系？

二 案例分析

(一) 问题一：企业价值评估前应该做哪些准备工作？

在企业价值评估中，评估人员可能会因所选评估途径和方法的需求不同，选取部分或全部收集数据资料，大体有两个方面。

第一，企业外部信息，包括宏观经济信息、行业经济信息、产品市场信息、技术发展趋势等。

第二，企业内部信息，包括企业的财务信息和经营信息等。其中，财务信息包括企业的财务报表、纳税记录、过渡期的报表、关联交易信息、表外资产与负债、其他财务信息等；经营信息包括企业概况、核心管理人员、发展状况和发展战略、客户与原料供应商的信息、关于未来经营的预算或预测信息。

(二) 问题二：用相对估值法对阿里巴巴进行股权价值评估，得到的估值为 119 亿~9436 亿美元，这是否说明相对估值法不可靠？

第一，不能说明相对估值法不可靠。对同一企业而言，采用不同的评估方法常常会使企业价值评估结果大相径庭，本案例中利用 51 家线上广告公司加权平权 EV/Sales模型得到的阿里巴巴估值是 119 亿美元，而利用 92 家线上软件公司的简单平均市盈率模型得到的阿里巴巴估值是 9436 亿美元，相差巨大，这是因为有许多主观性很强的因素影响着评估结果，而且事实上很难找到完全相同的可比公司。

第二，企业价值评估仍有必要采用包括相对估值法在内的各种估值法进行价值评估，从而避免一种评估方法对企业价值认识的片面性，达到相互佐证的目的。具体操作中，可将各种不同的评估方法计算出的价值进行加权计算。本案例中，将表 2-9 中阿里巴巴的股权估值结果进行简单算术平均，得到的平均股价为 1552 亿美元，与绝对估值法下的估值结果 1610.43 亿美元是非常接近的。

（三）问题三：绝对估值法下的估值结果是可靠的吗？为什么？

绝对估值法下的估值结果不是绝对可靠的。以自由现金流量折现模型为例，现金流量贴现法作为评估企业内在价值的科学方法更适合并购评估的特点，很好地体现了企业价值的本质，最符合价值理论，能通过各种假设，反映企业管理层的管理水平和经验。尽管如此，现金流量贴现法仍存在一些不足：首先，从折现率的角度看，这种方法不能反映企业灵活性所带来的收益，这个缺陷也决定了它不能适用于企业的战略领域；其次，这种方法没有考虑企业项目之间的相互依赖性，也没有考虑到企业投资项目之间的时间依赖性；最后，使用这种方法，结果的正确性完全取决于所使用的假设条件的正确性，这种应用是切不可脱离实际的。而且如果遇到企业未来现金流量很不稳定、企业亏损等情况，现金流量贴现法就无能为力了。

（四）问题四：投行对于 IPO 公司股票价值的评估结果与企业实际的 IPO 定价之间存在什么关系？

一家公司 IPO 的定价通常经过四个环节。①投行对发行公司的股价进行估值。②测量需求。本案例中，投行抛出估价专家达摩达兰的估值，测试潜在投资者的反应。如果投资者对于投行提出的价格反应强烈，就提高价格，反应平平就会降低价格。③路演再评估需求。尽管认为路演是为了帮助发行公司及其投行向投资者宣传销售，信息是双向传播的，但投资者的观点和反应能够帮助投行重新定价开盘区间。④制造"宠儿"。投行热衷的并不是得到合适的股价，而是偏离的价格。定价合适的 IPO 是开盘日股价上涨 10%～15%，从而减轻投行承购的责任，迅速地回报核心客户（愿意按照开盘价认购的客户），为媒体制造轰动话题，为发行者留有价格上涨的空间以便后续再融资。阿里巴巴的开盘价定于每股 63 美元，在达摩达兰看来，暗示了投行们认为阿里巴巴的公允价值应该在 1800 亿～2000 亿美元。

由此可见，企业 IPO 定价是各方博弈的结果，虽然 IPO 定价决定于企业的内在价值，但是也必然会受到市场上参与各方的影响。

三 案例讨论

第一，请上网查找阿里巴巴年报等相关数据，并结合案例资料和表 2-10 中的数据，思考在自由现金流量折现模型中如何确定收入增长率。

第二，2019 年 11 月 26 日，阿里巴巴集团（09988.HK）在香港交易所上市，定价 176 港元/股，成为第一家同时在美股和香港上市的中国互联网公司。请结合香港交易所招股说明书，讨论互联网企业估值的重要指标有哪些。

第三，截至 2023 年 8 月，阿里巴巴集团美股股价最高为 319 美元/股（2020 年 10 月 31 日），港股股价最高达到 309 港元/股（2020 年 10 月 31 日），对应市值约为 8600 亿美元（纽约证券交易所）和 6 万多亿港元（香港交易所），此后一直处于下降趋势。请结合宏观、行业和公司等资料，思考阿里巴巴的股票估值基础在 2020 年之后发生了怎样的改变。

四　案例拓展阅读

司南导航的 IPO 定价：科创板估值问题

2023 年 8 月 16 日，上海司南卫星导航技术股份有限公司（股票简称：司南导航，股票代码：688592）在上海证券交易所科创板上市。截至上市首日收盘，司南导航报收于 64.46 元，涨幅 27.64%，成交额 7.95 亿元，换手率 83.72%，振幅 53.31%，总市值 40.07 亿元。

司南导航此次公开发行 1554 万股，占发行后总股本的 25%，发行价格为每股 50.50 元，发行市盈率为 143.58。募集资金总额为 78477.00 万元，发行费用总额为 9366.63 万元（见表 2-13，相关费用均不含增值税），扣除发行费用后，募集资金净额为 69110.37 万元，比原计划多 13460.21 万元。募集资金计划用于新一代高精度 PNT 技术升级及产业化项目、管理与服务信息系统建设项目、营销网络建设项目、补充流动资金。

表 2-13　发行费用具体情况

单位：万元，%

发行费用种类	金额	占比
承销保荐费用	7062.93	75.41
审计验资费用	1300.00	13.88
律师费用	500.00	5.34
用于本次发行的信息披露费用	483.49	5.16
发行手续费用及其他费用	20.21	0.22
合计	9366.63	100.00

资料来源：《上海司南卫星导航技术股份有限公司首次公开发行股票并在科创板上市发行结果公告》。

2023 年 8 月 9 日发布了《上海司南卫星导航技术股份有限公司首次公开发行股票并在科创板上市招股说明书》，简要信息如下。

（一）公司概况

司南导航全称为"上海司南卫星导航技术股份有限公司"，成立于 2012 年，股票代码为 688592，是国内自主掌握高精度北斗/GNSS 模块核心技术并成功实现规模化市场应用的高新技术企业，集研发、生产、销售、服务于一体，致力于为全球用户提供全方位、多领域的高精度北斗/GNSS 芯片、板卡、终端和系统解决方案。

公司从成立之初一直致力于高精度北斗/GNSS 芯片设计及实时动态差分（RTK）定位技术的研究，基于自主研发的高工艺、高性能卫星导航定位芯片及核心 RTK 定位算法，公司研制出多款能够兼容北斗卫星导航系统及其他卫星导航系统（包括 GPS、GLONASS、Galileo 等）的高精度 GNSS 板卡/模块，定位精度可实时达到厘米级、事后达到毫米级。板卡/模块作为高精度卫星导航定位领域产业链的上游基础器件，主要面向有高精度位置需求的以测量测绘为代表的传统行业，以及以智能驾驶、无人机、机器人为代表的新兴行业等广泛用户。同时，基于在上游基础器件的核心技术，发行人也拓展了其他应用领域，利用自主研发的板卡/模块集成了数据采集设备、农机自动驾驶系统，且能够全方位、多领域为客户提供与高精度应用相关的数据应用及系统解决方案。

（二）公司上市前财务情况

1. 盈利情况

根据《上海司南卫星导航技术股份有限公司首次公开发行股票并在科创板上市招股说明书》，2020～2022 年，公司实现净利润分别为 2820.30 万元、2915.12 万元、3617.90 万元，实现归属于母公司所有者的净利润分别为 2820.30 万元、2915.12 万元、3617.90 万元，实现扣除非经常性损益后归属于母公司所有者的净利润分别为 1324.97 万元、1227.00 万元、2186.36 万元。

经计算，2022 年，公司营业收入同比增长 16.47%；净利润和归属于母公司所有者的净利润均同比增长 24.11%；扣除非经常性损益后归属于母公司所有者的净利润同比增长 78.19%。

2. 营业收入情况

2023 年 1~3 月，公司营业收入为 2961.93 万元，较上年同期增长 35.40%（见表 2-14）；净利润为 -1298.89 万元，上年同期为 -347.73 万元；扣除非经常性损益后归属于母公司股东的净利润为 -1377.37 万元，上年同期为 -847.12 万元；经营活动产生的现金流量净额为 -2452.59 万元，上年同期为 -5057.17 万元。

表 2-14　2023 年营业收入同比增长率

单位：万元，%

指标	2023 年 1~3 月	2022 年 1~3 月	同比增长率
营业收入	2961.93	2187.51	35.40

资料来源：《上海司南卫星导航技术股份有限公司首次公开发行股票并在科创板上市招股说明书》。

2023 年 1~6 月，公司预计营业收入为 12712.00 万元，较上年同期增长 6.37%；公司归属于普通股股东的净利润预计为 1195.96 万元，较上年同期增长 19.43%；公司扣除非经常性损益后归属于普通股股东的净利润预计为 439.40 万元，较上年同期增长 20.34%。2020~2022 年，公司主营业务收入按产品及服务分类情况如表 2-15 所示。

表 2-15 2020~2022 年公司主营业务收入按产品及服务分类情况

单位：万元，%

类别	2022 年		2021 年		2020 年	
	金额	占比	金额	占比	金额	占比
高精度 GNSS 板卡/模块	8158.79	24.33	8795.26	30.54	8311.32	28.89
数据采集设备	17737.91	52.89	14520.80	50.43	10187.05	35.41
农机自动驾驶系统	2513.88	7.50	2431.33	8.44	2191.54	7.62
数据应用及系统解决方案	4986.54	14.87	2814.06	9.77	8030.98	27.91
其他	139.52	0.42	233.24	0.81	50.67	0.18
合计	33536.64	100.00	28794.69	100.00	28771.56	100.00

资料来源：《上海司南卫星导航技术股份有限公司首次公开发行股票并在科创板上市招股说明书》。

3. 主要财务指标（见表 2-16）

表 2-16 2020~2022 年公司财务情况

指标	2022 年 12 月 31 日	2021 年 12 月 31 日	2020 年 12 月 31 日
流动比率	2.78	2.88	2.90
速动比率	1.87	2.22	2.34
资产负债率（母公司,%）	36.34	37.43	37.39
归属于发行人股东的每股净资产（元）	6.41	5.76	5.17
指标	2022 年	2021 年	2020 年
应收账款周转率（次）	1.75	1.91	2.38
存货周转率（次）	1.12	1.44	1.66
息税折旧摊销前利润（万元）	4030.15	3372.29	3326.90
利息保障倍数	53.56	27.52	22.16
归属于发行人股东的净利润（万元）	3617.90	2915.12	2820.30
归属于发行人股东扣除非经常性损益后的净利润（万元）	2186.36	1227.00	1324.97

资料来源：《上海司南卫星导航技术股份有限公司首次公开发行股票并在科创板上市招股说明书》。

（三）可比公司情况

1. 行业内主要企业情况

发行人所处行业是高精度卫星导航定位产业，行业内主要企业情况如表 2-17 所示。发行人主营业务产品和服务包括各类高精度 GNSS 板卡/模块、数据采集设备、农机自动驾驶系统、数据应用及系统解决方案。行业内主要企业中，振芯科技、华力创通、北斗星通（和芯星通母公司）、华测导航和中海达等国内上市公司与发行人主营业务相似或重叠，系发行人同行业可比上市公司。

表 2-17 同业内主要企业情况

序号	企业名称	企业概况
1	Trimble Inc.（天宝导航）	世界知名的 GPS 技术和应用开发供应商
2	NovAtel Inc.（诺瓦泰导航）	全球卫星导航领域的领先企业之一，其母公司为瑞典著名精密测量企业海克斯康（Hexagon）
3	振芯科技（300101）	主要产品及业务包括集成电路、北斗导航终端关键元器件、北斗导航终端销售及运营服务，是一家专注于"元器件-终端-系统-服务"的一体化产品研发、生产、销售和运营的卫星导航产品供应商
4	华力创通（300045）	专注卫星应用、雷达信号处理、仿真测试和无人系统等业务领域，在卫星应用、雷达信号处理和仿真测试领域具有雄厚技术优势
5	和芯星通	专业从事高性能卫星定位与多源融合核心算法、高集成度芯片研发的企业，其母公司系上市公司北斗星通（002151）
6	华测导航（300627）	致力于提供高精度数据的采集和应用解决方案，专业从事高精度卫星导航定位相关软硬件技术产品的研发、生产和销售
7	中海达（300177）	专注于高精度定位技术产业链相关软硬件产品和服务的研发、制造和销售
8	南方卫星导航（未上市）	南方测绘旗下从事卫星导航相关产品的子公司，是集研发、生产销售、服务于一体，在测绘地理信息、国土调查、地质监测、地灾预防、农业等领域提供全面的高精度位置解决方案的企业

资料来源：《上海司南卫星导航技术股份有限公司首次公开发行股票并在科创板上市招股说明书》。

2. 与同行业可比上市公司关键数据对比

2022 年，发行人与同行业可比上市公司在经营情况、衡量核心竞争力的关键指标数据方面的比较结果如表 2-18 和表 2-19 所示。

表 2-18 2022 年经营情况

单位：万元

指标	司南导航	振芯科技	华力创通	北斗星通	华测导航	中海达
总资产	49386.54	260587.09	227915.95	760855.41	401755.97	380024.10
归属于母公司的所有者权益	29862.72	152835.39	172027.72	433565.35	253253.08	211167.67
营业收入	33565.02	118236.67	38509.62	381607.77	223624.68	131844.54
归属于母公司股东的净利润	3617.90	30011.83	-11025.58	14521.55	36111.30	-10971.38

资料来源：《上海司南卫星导航技术股份有限公司首次公开发行股票并在科创板上市招股说明书》。

表 2-19 2022 年衡量核心竞争力的关键指标数据

单位：%，项

指标	司南导航	振芯科技	华力创通	北斗星通	华测导航	中海达
综合毛利率	57.11	55.38	35.53	30.23	56.64	41.21
加权平均净资产收益率	12.76	21.83	−6.95	3.32	15.30	−4.85
研发费用占营业收入的比例	20.48	11.62	19.01	11.45	18.02	16.41
专利数量（截至2022年末）	66	172	318	670	400+	489

资料来源：《上海司南卫星导航技术股份有限公司首次公开发行股票并在科创板上市招股说明书》。

（四）市盈率对比

本次发行价格为每股 50.50 元，此价格对应的市盈率为 143.58。截至 2023 年 7 月 31 日（T-3 日），可比 A 股上市公司市盈率情况如表 2-20 所示。

表 2-20 截至 2023 年 7 月 31 日可比 A 股上市公司市盈率情况

股票代码	股票简称	T-3 日股票收盘价（元）	2022 年扣非前 EPS（元）	2022 年扣非后 EPS（元）	对应的静态市盈率（扣非前）	对应的静态市盈率（扣非后）
300101	振芯科技	21.48	0.5316	0.3289	40.41	65.32
300045	华力创通	10.07	−0.1664	−0.1765	——	——
002151	北斗星通	33.18	0.2669	0.1252	124.33	264.97
300627	华测导航	32.17	0.6697	0.5266	48.03	61.09
300177	中海达	6.92	−0.1474	−0.2730	——	——
均值					70.92	130.46

资料来源：《上海司南卫星导航技术股份有限公司首次公开发行股票并在科创板上市发行公告》。

要求：

1. 结合可比公司的市盈率情况，判断司南导航的发行定价情况是否合理。

2. 请上网查找《上海司南卫星导航技术股份有限公司首次公开发行股票并在科创板上市招股说明书》，结合其"发行人符合科创板定位相关情况"，思考科创板企业上市基本的条件有哪些。

3. 结合阿里巴巴和司南导航的 IPO 定价案例，思考哪些方法适用于科创板企业的估值。

小　结

　　企业价值最大化是企业财务管理的目标，而要实现这一目标就要从分析并顺应企业所面临的各种环境入手。本章主要研究了企业价值的含义、主要表现形式以及企业价值评估的理论与方法，财务环境理论和企业相关的经济环境、法律环境、金融环境、文化环境、技术环境等因素对财务决策乃至对企业价值的影响。通过学习应该理解企业理财环境与企业价值之间的关系，确定企业价值的驱动因素，通过基于价值的管理促进企业价值的增长。

关 键 词

理财环境　企业价值　财务决策　价值评估

思考题

1. 分析并评价我国当前企业所面临的理财环境。
2. 对于中小微企业而言，影响其生存和发展的关键性理财环境有哪些？
3. 企业价值的各种表现形式各用于哪些场景？各有何优缺点？
4. 比较企业价值评估的各种方法。

第三章 公司治理与财务决策

学习目标

1. 了解公司治理产生的根源，掌握公司治理的内涵以及公司治理的机制和结构。

2. 了解不同的公司治理模式、基本特点，熟悉各种治理模式的优缺点及适用范围。

3. 理解公司治理与财务决策的关系，并能用于实际案例分析和指导。

课程思政融入点

1. 通过理论与案例相结合的方式，了解公司治理的相关背景和理论知识，厘清公司治理与公司管理的关系，提升学生的专业知识水平和专业综合素养。

2. 通过本章的学习，了解不同国家和类型的公司治理模式及优劣势；理解中国现代国有企业制度，以及党组织嵌入公司治理结构的必要性，树立"四个自信"，进一步培养学生的实操能力。

3. 通过实际案例的学习和思考，理解公司治理对财务决策的影响，帮助学生形成批判思维，同时对学生进行警示教育，进一步培养和树立学生的职业道德观。

引例　中国平安：完善公司治理　实现金融科技融合"聚变"

中国平安的公司治理具有鲜明的现代企业特征——实现了股权结构多元化，有成熟而规范的公司治理组织架构和治理运作机制。

中国平安没有控股股东和实际控制人。作为一家集团整体上市的企业，中国平安的股权分散且全流通，其中60%是内地市场流通的A股，40%是香港市场流通的H股。为避免董事会、监事会职能重叠、权责冲突，同时坚持党的领导与国际化公司治理相结合，中国平安逐步建成股东大会、董事会、党委会、监事会、执行委员会"五会一体"，各司其职，规范运作的治理结构。中国平安"五会一体"的治理结构，是既有中国特色又符合国际规则的现代企业制度。这一治理运作机制，充分保障了企业的"生产力"发展要求。

除此之外，中国平安搭建了一套"制度建在流程上，流程建在系统上"的管理体系，以技术为依托，以平台为载体，以制度为标准，将管理层意志层层贯彻下达，使合规、规范的经营理念落实在经营管理的各个环节，确保综合金融集团的战略决策在各子公司、各层级的执行过程中不走样、不变形，进而以高效的治理保障促进公司稳健发展。通过统一 IT 和后援平台的搭建，借助 AI 工具在业务流程中的应用，中国平安智能风控已具备从宏观、中观、交易对手、债项层面的"七大能力"，成功地通过大数据、人工智能、云计算、区块链等技术重塑金融风险管理能力。技术不仅为中国平安进行战略决策提供数据、信息支持，而且帮助中国平安管理层提高风险识别能力，有效预警风险、隔离风险、控制风险。

资料来源：肖扬《中国平安：完善公司治理　实现金融科技融合"聚变"》，《金融时报》2020 年 8 月 26 日，第 10 版。

第一节　公司治理的基本原理

一　公司治理概述

（一）公司治理产生的根源

1. 公司制企业的产生

公司治理实践是随着公司制企业的出现而产生的。公司制企业是依法成立的、以营利为目的的经济组织。与传统的自然人企业相比，公司制企业一般是指由一定人数以上的股东共同出资设立，股东以其出资额为限对公司负责，公司以其资产对外负责的具有法人资格的公司形式。公司制企业的基本特征包括有限责任和法人地位。

2. 所有权与经营权的分离

随着生产力的发展，公司制取代合伙制成为现代企业的主要形式。公司所有权与经营权相分离是现代公司的重要标志，是促使资本和人力有效结合的重要举措。两权分离在促进企业快速成长的同时，也带来了如下问题。

（1）委托代理问题

1932 年，美国经济学家伯利（Berle）和米恩斯（Means）首次对所有权和控制权这一公司治理核心概念进行了论述，被学术界认为是公司治理产生的标志。他们认为在股权极其分散的情况下，经理实际上掌握了公司的控制权，即"所有权与控制权分离"。

由于所有权和控制权的分离，以研究委托代理关系为核心的委托代理理论出现了。主要逻辑是：基于有限理性和效用最大化原则，委托代理双方的目标利益并不完全一致,从而产生一系列的代理成本问题。作为委托人的资本所有者,其目标是追求资本收益即利润最大化;作为代理人的经营者,其目标是追求个人报酬的最大化。代理人为了实现自己的目标有可能损害委托人的目标,为此委托人必须对代理人进行有效的激励和约束,既包括公司的内部规范、监督体制和管理者报酬等,也包括外部经理人市场、股票市场、产品市场的竞争压力以及法律、道德的约束等,以降低代理成本。

延伸阅读 3-1

两类代理冲突

上市公司广泛存在两类代理冲突。第一类代理冲突指经理层与股东之间的利益冲突,也被称为传统的公司治理问题。近年来,来自股东内部的利益冲突逐渐引起学术界的关注,控股股东通过金字塔型控股结构、交叉持股以及不平等的投票权等形式,借助隧道行为实现资源的转移,形成对外部中小股东利益的损害,此类控股股东和中小股东的利益冲突被称为第二类代理冲突。

资料来源:汪昌云、孙艳梅《代理冲突、公司治理和上市公司财务欺诈的研究》,《管理世界》2010 年第 7 期,第 130~143、188 页。

(2)信息不对称问题

委托代理理论建立的基础是非对称信息博弈论,在市场经济活动中,谁能掌握及时、充分、有效的信息,谁就能在市场经济活动中占据有利地位。在委托代理关系中,委托代理双方由于所处的位置不同,往往所获取的信息是不完全一致的。信息不对称是出现委托代理问题的关键。

信息不对称主要有两类:逆向选择和道德风险。逆向选择是指公司经营者比外部投资者掌握更多的有关公司当前状况及未来前景的信息,他们可以通过各种途径,以牺牲外部投资者的利益来谋取自己的信息优势利益。道德风险是指与经营者签订聘用合同后,投资者不能有效地直接观察到经营者的努力程度和工作效率,于是经营者就有可能偷懒,或将公司状况的恶化归结为他们不可控制的因素,这将对投资者和整个经济的有效运作产生严重的影响。

(二)公司治理的界定

1. 公司治理的内涵

学术界对于公司治理的内涵存在多种解释,将公司治理解释为制度安排是一种很具有代表性的观点。

吴敬琏教授在他的《现代公司与企业改革》一书中指出:所谓公司治理结构,是指由所有者、董事会和高级经理三者组成的一种组织结构,在这种结构中,上述三者之间形成一定的制衡关系。通过这一结构,所有者将自己的资产交由公司董事会托管;公司董事会是公司最高决策机构，经理人受雇于董事会，在董事会授权范围内进行经营。①

张维迎教授认为，公司治理结构狭义地讲是指有关公司董事会的功能、结构、股东的权力等方面的制度安排；广义地讲是指有关公司控制权和剩余索取权分配的一整套法律、文化和制度性安排。这些安排决定公司的目标、谁在什么状态下实施控制、如何控制、风险和收益在不同企业成员之间如何分配等问题，并认为公司治理结构只是企业所有权安排的具体化，企业所有权是公司治理的一个抽象概括。②

南开大学李维安认为，公司治理是指通过一套包括正式或非正式的、内部或外部的制度或机制来协调公司与所有利益相关者之间的利益关系，以保证公司决策的科学化，最终维护公司各方面利益的一种制度安排。③

2. 公司治理的概念

不同学者从不同角度出发，得出不尽相同的公司治理定义，但综合起来可以认为，公司治理是一个多角度、多层次的概念，可以从狭义和广义两方面理解。

从狭义上讲，公司治理是指所有者（主要指股东）对经营者的一种监督与制衡的机制，即通过一种制度安排来合理地配置所有者与经营者之间的权利与责任关系，以实现股东利益最大化这一公司目标。

从广义上讲，公司治理是指通过一套包括正式和非正式的制度安排或机制设计，来协调公司与所有利益相关者之间的利益关系。广泛的利益相关者包括股东、债权人、供应商、员工、政府和社区等与公司有利害关系的各个方面。

公司治理的实质是权力分配制衡机制，即明确股东、董事、监事、经营者和其他利益相关者之间权利和责任的分配，规定公司议事规则和程序，并决定公司目标和组织结构以及实施目标和进行监督的手段；也是为实现公司最佳经营业绩，公司所有权与经营权基于信托责任而形成相互制衡关系的结构性制度安排。

二 公司治理机制和结构

（一）公司治理机制

公司治理机制可以分为内部治理机制（Internal Governance Mechanism）和外部治理机制（External Governance Mechanism）两个部分。

1. 内部治理机制

内部治理机制是指公司控制权在由股东、董事会、经理和监事会组成的内部机构之间的分配达成的一套制度安排。通过公司内部机构之间的分权制衡，保障企业

---

① 吴敬琏：《现代公司与企业改革》，天津人民出版社，1994。

② 张维迎：《所有制、治理结构及委托—代理关系——兼评崔之元和周其仁的一些观点》，《经济研究》1996 年第 9 期，第 3~15、53 页。

③ 李维安等：《公司治理》，南开大学出版社，2001。

的高效运行。公司治理借助委托代理理论构成现代企业制度最重要的内部治理机制，主要包括董事会治理、管理层激励、公司章程等。

2. 外部治理机制

外部治理机制是指来自公司外部的监督机制。良好的外部治理机制有利于对管理层的行为进行监督和制约，从而抑制管理层的寻租行为。外部治理机制包括产品市场竞争、控制权市场、外部大股东的监督、经理人市场、行政干预水平、法治化水平、市场化进程等。

延伸阅读与讨论 3-1

健全的外部治理机制，如司法保护制度、媒体治理机制和资本市场惩罚机制等，可以发挥积极的治理作用；而当外部治理机制缺失时，则可能产生更多代理成本。请结合参考资料，思考外部治理机制如何才能发挥有效治理效应。

资料来源：杨国超《外部治理机制缺失下制度创新的代价——基于阿里巴巴"合伙人制度"的案例研究》，《会计研究》2020 年第 1 期，第 126～134 页。

（二）公司治理结构

1. 股东大会

股东大会（Shareholders Meeting）是公司的最高权力机关，由公司全体股东组成，对公司经营管理的重大事项进行决策。股份有限公司是由全体股东出资组成的，公司财产的所有权属于全体股东，因此，公司的最高权力属于全体股东。但由于公司是独立的法人，股东要表达自己的意志、行使自己的权利，必须通过股东大会来实现。

2. 董事会

董事会（Board of Directors）是公司法人的经营决策和执行业务的常设机构，接受股东大会的委托，对公司的资产经营和重大战略进行决策，并对股东大会负责。作为一个重要的内部控制和公司治理的核心组织，董事会为公司的权益资本和管理雇佣契约提供了法律治理层面的安全措施。董事会是由股东大会选举、全体董事组成的公司经营决策机构。

3. 监事会

监事会（Board of Supervisors）是公司治理结构中的一个重要组成部分。监事会是一个企业内部的监督和管理机构，主要负责对公司的经营管理活动、财务状况以及董事会和高级管理人员的履职情况进行监督。监事会的权力来源于股东大会，其监督权是由股东所有权决定的，是股东所有权的延伸。监事会的职责是确保公司的合规经营，保护股东和其他利益相关方的合法权益。

监事会成员通常由公司股东选举产生，可以包括独立监事、代表股东利益的监事和代表员工利益的监事等。监事会成员需要具备一定的专业知识和经验，以便有效地履行监督职责。

4. 管理层

管理层（Executive Management）负责公司日常经营和管理活动，在公司治理结构中具有核心作用，负责制定公司战略、业务发展规划，并执行董事会制定的方针政策。管理层的工作直接关系到公司的运营效果和企业价值的实现。

第二节　公司治理的模式

一　股东至上的英美公司治理模式

（一）英美公司治理模式的内涵

1. 定义

英美公司治理模式（Anglo-American Corporate Governance Mode），又称为股东至上治理模式，是一种在英美国家广泛应用的公司治理模式。这种模式强调股东利益至上，关注公司治理的透明度、公司对股东的问责和股东对公司的控制。英美公司治理模式的核心目标是实现企业价值最大化，保护股东利益。

2. 英美公司治理模式的主要特点

（1）权力分散

英美公司的股权结构呈现高度分散化特征。股东将日常决策权委托给董事会，董事会向股东承诺公司健康经营。董事会成员通常包括内部董事和外部董事，以确保董事会能够独立、公正地对管理层进行监督和评估。

（2）单层治理结构

英美公司秉持的是"股东大会-董事会-管理层"这一基本模式，即实行单层治理结构，不设监事会。在这种模式下，公司以外部监控型治理为主。公司内部的权力分配通过公司章程限定。董事会下设的各种委员会为董事会的具体决策机构。

（3）独立董事占多数

为了最大限度地维护股东利益，增强决策的科学性和有效性，英美公司董事会中的独立董事占比较高。

（4）外部治理机制较为完善

英美两国资本市场发达，投资者权益保护等相关制度完善，控制权市场和经理人市场的治理程度高。当管理层不努力经营使得公司股票价格下降时，股东会"用脚投票"；同时，公司可能会被并购，由此带来的控制权转移迫使管理层不得不重视股东利益最大化，提升公司业绩。

（二）英美公司治理模式的优缺点

1. 优点

第一，股东通过市场机制来监督公司的经营和实现利益最大化，资本流动性比较强，可以有效实现资本的优化配置，并保障小股东的利益。

第二，独立董事制度可以使董事会更加独立于管理层，发挥独立监督的作用。专业委员会的设置可以提高董事会的决策效率。

2. 缺点

第一，由于股权分散在众多股东手中，股东大会"空壳化"比较严重，内部人侵害中小股东利益的概率增加。

第二，股权过于分散，"搭便车"的情况比较严重。大部分股东缺乏监督意愿，过于追求短期收益。

二　利益相关者至上的德日公司治理模式

（一）德日公司治理模式的内涵

1. 定义

德日公司治理模式（German-Japanese Corporate Governance Mode），又称为银行中心治理模式或者利益相关者治理模式，是一种在德国和日本等国家广泛应用的公司治理模式。这种模式强调公司在追求经济效益时，兼顾各利益相关者如员工、供应商、客户和政府的利益。德日公司治理模式注重公司的长期发展，以及公司与各利益相关者之间的协作和互利共赢。

2. 德日公司治理模式的主要特点

（1）以银行为中心

在德日公司治理模式下，公司股权高度集中，银行通常扮演着关键角色。银行既是公司的主要融资渠道，也是公司的股东和监事会成员。银行对公司的经营和治理产生重要影响，以保障公司的长期稳定发展。

（2）双层治理结构

德日公司治理模式通常采用双层治理结构，分为管理委员会（或称执行委员会）和监事会（或称董事会）。管理委员会负责公司的日常经营管理，而监事会则负责对管理委员会的监督和指导。这种双层治理结构有助于实现权力的分散和制衡。

（3）利益相关者参与

德日公司治理模式强调各利益相关者的参与。除了股东外，公司还需关注其他利益相关者，如员工、供应商、客户和政府。公司需要平衡各利益相关者的利益，维护良好的利益相关者关系。

（二）德日公司治理模式的优缺点

1. 优点

第一，股权集中度高，股东有动力和能力积极参与公司的治理，防止经理层利用"内部人控制"做出损害股东利益的行为。

第二，公司股东通过一个能信赖的中介组织或股东当中有行使股东权力的人或组织（通常是一家银行）代替他们控制与监督公司经理的行为，从而达到监督的目的。

第三，德日公司员工也积极参与治理，员工的忠诚度高。

2. 缺点

第一，股权的高度集中和高度稳定影响了股票的流动性，中小股东的利益缺乏保障。

第二，股票流动性差导致缺乏市场的力量来进行资源配置，从而难以彻底纠正公司内部的管理、监督机制上的积疾。

三　血缘关系至上的家族公司治理模式

（一）家族公司治理模式的内涵

1. 定义

家族公司治理模式（Family-Based Corporate Governance Mode）是一种常见的公司治理模式，指的是在公司管理和治理中，家族成员控制主要管理职位、重要决策权和公司股权。家族企业在全球范围内都非常普遍，许多著名的公司以家族企业起家，在市场占有重要的地位。家族公司治理模式在一定程度上能保持公司稳定、保护家族利益，但也可能面临管理效率低下、治理风险增大等问题。

2. 家族公司治理模式的特点

（1）家族成员控股

公司股权与控制权没有真正实现分离，家族成员（包括以血缘、亲缘、姻缘为纽带组成的家族体系）通常持有公司的大部分股份，对公司具有较强的控制权。

（2）决策家长化

家族企业往往具有独特的家族文化和价值观传承。在家族企业中，通常由家族中的家长（通常为企业创始人）进行决策，比如开拓业务、人事任免、确定接班人等；家族成员在公司担任主要管理职位，如 CEO、CFO 等，这有助于家长决策的贯彻，也有利于决策权威的树立。

（3）经营者激励和约束双重化

在家族企业中，经营者受到家族利益和亲情的双重激励和约束。经营者既要思考如何维护家族利益，并将其发扬光大，又要思考如何维护家庭成员之间的亲情，增强家族凝聚力。这种建立在家族利益和亲情基础上的激励和约束机制，会在一定程度上降低企业经营者的道德风险，但是家族企业依旧存在解体的风险。

延伸阅读与讨论 3-2

2023 年 3 月 30 日,碧桂园召开 2022 年业绩会,首次亮相的碧桂园董事会主席杨惠妍表示:"我没觉得碧桂园是家族企业,我 25 岁回来,父亲找我深谈了一次,我们认为企业可持续发展就必须依赖社会上优秀的人,而不是家族,家族 100 年都出不了优秀的人才。虽然是杨国强先生创立了这家公司,但我们都不是把这家公司当作一个家族企业去经营。当时我可以选择留在公司,也可以选择离开,这些年我一直把自己定位成职业经理人。"请结合参考资料和碧桂园公司年报,讨论碧桂园是否为家族企业。

资料来源:曾冬梅《杨惠妍上任后首次亮相:碧桂园不是家族企业》,《中国房地产报》2023 年 4 月 10 日,第 9 版。

(二) 家族公司治理模式的优缺点

1. 优点

第一,所有权与经营权合一,可以减少委托代理成本。家族公司治理模式下,不存在所有者缺位问题,家族成员持有绝大多数股份。

第二,利用家族人际关系,可以降低配置交易成本和内部整合成本。基于血缘、亲缘关系的合作,可以降低企业创业初期的融资成本、信息搜索成本和用人成本。

第三,决策与执行效率高。由于股权较为集中,家族企业的家长往往集所有权与经营权于一身,具有高度权威。

2. 缺点

第一,决策机制独断,易造成高经营风险。虽然家长制的"一言堂"提高了决策效率,但是个人决策不可能永远正确,当出现重大决策失误时,会对企业经营造成致命打击。

第二,忽视对包括中小股东和债权人在内的外部投资者利益的保护。家族企业存在着严重的"一股独大"问题,加上固有的任人唯亲、透明度低和外部监督缺乏等弱点,导致这类公司在治理结构本身存在无法克服的缺陷,易对中小股东和债权人的利益造成损害。

第三,缺乏人才选拔和激励机制。家族企业通常对外部职业经理人缺乏足够信任,也缺少对家族外人力资本的激励机制,易导致人才危机;同时,接班人的选择倾向于家族的内部传承,当接班人的能力和威望不足时,容易引起企业震荡。

事例 3-1

新希望六和股份有限公司的代际传承

新希望六和股份有限公司创始人刘永好之女刘畅自幼出国留学,2002 年回国后,其接班意愿不强,选择独立创业来证明自己。然而,她第一次创业最终以失败收场。此后,刘畅主动增加与父亲的交流。此外,她还参加了 MBA 课程的学习,以弥补自身商业知识的不足。

2006 年，刘畅回归家族企业，开始了依托于家族企业的第二次创业。这次创业中，家族不仅给予了刘畅资金和信用的支持，还在家族背景、市场建议、人脉资源等方面提供了隐性支撑。与父亲刘永好的积极沟通和交流也降低了刘畅二次创业失败的风险。刘畅独立带领团队组建了新希望集团在新加坡的海外投资总公司，并最终将海外工厂拓展到 24 家。这次创业的成功使得刘畅对家族企业的业务更加了解；同时，让她在新希望六和股份有限公司内部树立了良好的威望，为她的成功接班奠定了很好的基础。

2013 年，年仅 33 岁的刘畅正式接管新希望六和股份有限公司，担任董事长一职。刘永好为了解决部分高层"功高震主"的问题，特意聘请了陈春花担任公司联席董事长与首席执行官来辅佐刘畅，组建了新的领导班子。目前，在刘畅的领导下，新希望六和股份有限公司的营业收入稳定持续增长，始终保持着中国农牧业企业领军者的地位。

资料来源：孙秀峰、宋泉昆、冯浩天《家族企业企业家隐性知识的代际传承——基于跨代创业视角的多案例研究》，《管理案例研究与评论》2017 年第 1 期，第 20~33 页。

四 党组织嵌入的中国国有公司治理模式

（一）中国国有公司治理模式的内涵

1. 混合所有制改革

改革开放以来，国有企业不断进行改革，逐步完善自身公司治理结构。2015 年 8 月，中共中央、国务院出台的国企改革的纲领性文件——《关于深化国有企业改革的指导意见》明确指出，到 2020 年在国有企业改革重要领域和关键环节取得决定性成果；之后，国有企业改革"1+N"顶层设计方案逐步出台，国有企业混合所有制改革逐步推进。通过混合所有制改革，国有企业已经逐步实现股权结构的多样化，减少国有股"一股独大"的情况。

具体而言，混合所有制改革是指通过一系列国企改革政策形成以公有制经济为主体，多种所有制经济共同发展的经济形态。从微观层面上则是指通过引入非公有资本，实现企业投资主体的多样化，形成国有、民营、外资等资本相互融合的产权结构。根据《国务院关于国有企业发展混合所有制经济的意见》，混合所有制改革的路径包括鼓励非公有资本参与、支持集体资本参与、推广政府和社会资本合作（PPP）模式、实行员工持股等。

事例 3-2

云南白药的混合所有制改革

云南白药集团股份有限公司（简称"云南白药"）是整个云南省盈利能力最为出众

的上市国有企业，其控股股东为云南白药控股有限公司（简称"白药控股"），实际控制人为云南省国有资产监督管理委员会（简称"云南省国资委"）。云南白药是在集团层面进行的混合所有制改革。2016 年 12 月 28 日，白药控股采用增资入股的形式引入战略投资者新华都实业集团股份有限公司（简称"新华都实业"）。云南省国资委、新华都实业及白药控股三方签署了合作协议，云南省国资委与新华都实业将各自持有白药控股 50% 的股权。

2017 年 6 月，在新华都实业和云南省国资委共同控制白药控股的背景下，白药控股进一步推动了混合所有制改革。白药控股审议通过江苏鱼跃科技发展有限公司（简称"江苏鱼跃"）作为增资方取得白药控股 10% 股权的事项。交易完成后，云南省国资委、新华都实业和江苏鱼跃分别持有白药控股 45%、45%、10% 的股权。董事会层面，白药控股董事会将由 5 名董事组成，其中云南省国资委、新华都实业各提名两名董事，江苏鱼跃提名一名董事。从资本力量对比来看，江苏鱼跃的入局，使得白药控股整体上的民营资本大于国有资本力量。2017 年 11 月 27 日，云南白药上市公司又进一步实施了高管薪酬改革方案。至此，云南白药的混合所有制改革基本完成。

资料来源：沈红波、张金清、张广婷《国有企业混合所有制改革中的控制权安排——基于云南白药混改的案例研究》，《管理世界》2019 年第 10 期，第 206～217 页。

2. 中国国有公司治理模式的特点

（1）股权结构逐步多样化

混合所有制改革引入了非国有资本，在产权多元化的基础上，逐步建立科学的公司治理结构和有效的公司治理机制，提高企业决策民主化和科学化水平。同时，非国有资本和国有资本代理人按照市场化运作规则，相互制衡和监督，促使市场机制在国有企业中发挥积极作用，有效提高国有企业的资源配置效率。

（2）强调利益相关者的利益保护

我国国有企业是国民经济的主导力量和重要支柱，在国民经济中占有绝对优势。由于特殊的产权性质，国有企业需要承担相应的社会责任，在提供公共服务、反哺社会和人民、供给公共产品等方面承担重要责任。2020 年 6 月通过的《国企改革三年行动方案（2020—2022 年）》中强调，国有企业要坚持改革创新，促进高质量发展，积极承担社会责任。"承担社会责任"是国有企业深化改革的重要内容。因此，国有企业治理目标需要更关注人民群众和利益相关者的整体利益。

（3）党组织嵌入公司治理

2016 年 10 月 10 日，习近平总书记在全国国有企业党的建设工作会议上指出：坚持党对国有企业的领导是重大政治原则，必须一以贯之。党对国有企业的领导是政治领导、思想领导、组织领导的有机统一。中国特色现代国有企业制度，"特"就特在把党的领导融入公司治理各环节，把企业党组织内嵌到公司治理结构之中，明确和落实党组织在公司法人治理结构中的法定地位，做到组织落实、干部到位、职责明确、监督严格。

（二）中国国有公司治理模式的优缺点

1. 优点

（1）有利于带动企业履行社会责任，推动共同富裕

国有企业与利益相关方之间可以通过"正和博弈"，实现价值共创与共赢；同时，国有企业可以引领开发综合价值空间，持续做大蛋糕，在促进经济社会发展中贡献国有企业的力量，在可持续发展领域实现共同富裕。

（2）党组织发挥领导核心作用，有助于提升公司治理水平

党委会最主要的职能是监督和制衡，除了体现在企业要依法经营、依法治理等方面外，还能弥补国有企业内部治理结构的不完善以及外部监督机制的不足。我国《宪法》《公司法》《中国共产党章程》等赋予党委会参与公司治理的主体资格后，党组织以"双向进入、交叉任职"的方式能更直接地作用于企业内部，有效发挥其监督和制衡作用，提升公司治理效率。

2. 缺点

（1）独立董事职责不能充分发挥

中国国有上市公司与美国上市公司具有完全不同的股权结构、治理结构和本土治理文化，因此，独立董事制度存在适用性问题。王曙光和王彬认为，在目前中国国有上市公司中，独立董事的实际职能以信息与知识咨询为主，参与实际决策的话语权和监督权较弱。[①]

（2）监事会职能较弱

监事会在监管公司财务方面发挥着积极作用，对企业良性运转有所裨益；但在独立董事制度引入国内之后面临监督身份雷同的窘境。国有企业监事会监督作用稍显乏力，独立性较弱，存在监督权旁落的现实问题，容易沦为"受到董事会控制的议事机构"。《公司法》对监事会的职权设定比较模糊，涉及违法违规行为处理的职权多为建议、要求等柔性处理手段，权威性不足。

第三节 公司治理对财务决策的影响

公司治理结构是现代企业制度中最重要的架构。财务管理作为企业管理系统中的核心子系统，又存在和运行于公司治理结构框架中。深刻理解公司治理结构这一

---

① 王曙光、王彬：《独立董事制度、公司治理与国有企业治理文化》，《社会科学战线》2022年第9期，第101~112页。

现代企业制度的核心和正确认识公司治理的逻辑，对于合理进行财务决策，实现财务管理的良性循环，具有重大的现实意义。

一　公司治理和公司财务的融合

（一）二者目标一致

1. 股东至上主义

公司治理的诞生源于公司所有权与经营权的分离，以及股东与公司经理层之间的代理冲突，因而，在 20 世纪 80 年代以前，公司治理更加关注如何保护股东利益，普遍观点是：股东为公司的所有人，承担着公司运营的最后风险，因此股东享有公司的控制权和剩余索取权。在处理股东与债权人、职工等关系上，股东的利益处于优越地位，即"股东利益至上"。

各国公司的各项制度正是在这样的理论下进行设计的，其目的在于保护公司股东利益，实现股东投资收益的最大化。这也是公司财务管理的目标。

延伸阅读与讨论 3-3

早在两百多年前，美国纽约州就允许推出一种名为渐减投票权（渐进投票权）的股票以限制大股东的权力，防范大股东剥削小股东。在这样的设计下，如果股东持股较少，那么股东拥有一股一票的投票权，如果持股较多，则投票权就要打折，即"同股不同权"。目前，谷歌、Facebook 等众多高科技企业上市时采用 AB 双重股权结构。请结合参考资料，思考"同股不同权"构架是不是对"股东至上主义"的肯定。

资料来源：郑志刚《利益相关者主义 V.S. 股东至上主义——对当前公司治理领域两种思潮的评析》，《金融评论》2020 年第 1 期，第 34~47、124 页。

2. 利益相关者主义

20 世纪 80 年代以来，包括青木昌彦、布莱尔等在内的一批学者利用现代合作博弈论等成熟理论分析工具，发展利益相关者理论，对"股东利益至上"的传统公司法理念提出了挑战。核心观点是：既然企业的经营决策影响到所有利益相关者，经理人就应该向所有利益相关者负责，而不能只向股东（一部分利益相关者）负责。因此，公司治理的目标应该是维护所有利益相关者的而不仅仅是股东的利益。《OECD 公司治理准则（2004）》大大扩展了"利益相关者"的定义范围和提高了对它的重视，公司财务目标相应地演化为企业价值最大化。

延伸阅读与讨论 3-4

2022 年 1 月 18 日，全球最大资管公司贝莱德集团董事长及首席执行官劳伦斯·芬克在年度致全球 CEO 信中称，"在现今这个全球互联的世界里，企业必须为其所有的利益相关者创造价值，并取得他们的认同，才能够为其股东提供长期投资价值"。他强调，资本市场让企业和国家得以蓬勃发展，但是获得资本并不是必然，而是一种特权，必须以负责任和可持续发展的方式为企业引资。特别是面对气候变化的风险，每家企业和每个行业都需要思考在全球净零排放的转型过程中将会经历的转变。请结合参考资料，思考利益相关者和股东的利益是否相悖。

资料来源：郑青亭《发挥资本力量解决"最棘手的挑战"》，《21世纪经济报道》2022年1月20日，第5版。

（二）二者理论融合

随着罗斯（Ross）的信号传递模型①、阿洪和博尔顿（Aghion and Bolton）的控制权模型②等企业融资理论的形成与发展，有关公司财务与公司治理的理论开始融合。威廉姆森（Williamson）1988年在《公司财务与公司治理》一文中比较分析了"交易成本经济学"与"代理理论"，阐明公司融资方式选择不仅受交易成本和资产特性的影响，还取决于治理结构的主要特征。

所以，企业理论的发展以及委托代理理论和契约理论等新制度经济学方法在企业财务理论研究中的应用，推动现代公司财务理论和公司治理理论逐步形成了交叉融合的统一理论体系。企业投资和融资问题的研究逐步从以新古典经济学为指导的研究框架与分析方法向以新制度经济学为指导的研究框架和分析方法过渡；研究的视角逐步由简单的完全市场均衡分析发展为融合条件下的治理结构分析。③

二 公司治理结构对融资决策的影响

（一）公司治理与融资决策

公司金融中关于公司治理与最优融资选择的研究存在两种代表性观点：一是詹森和麦卡林（Jensen and Meckling）的权衡理论，以不完全信息为基础，认为所有权差异能够影响公司的融资选择④；二是梅耶和马基卢夫（Myers and Majluf）的优序融资理论（即啄食顺序理论），以不对称信息理论为基础，认为信息披露差异影响融资选择⑤。

---

① Ross, S. A., The Determination of Financial Structure：The Incentive Signaling Approach. *The Bell Journal of Economics*，1977，8（1）：23–40.

② Aghion, P., Bolton, P., An Incomplete Contracts Approach to Financial Contracting. *The Review of Economic Studies*，1992，59（3）：473–494.

③ 郝颖、刘星：《基于公司治理视角的企业投资行为研究》，《财经科学》2010年第9期，第63~70页。

④ Jensen, M. C., Meckling, W. H., Theory of the Firm：Managerial Behavior, Agency Costs and Ownership Structure. *Journal of Financial Economics*，1976，3（4）：305–360.

⑤ Myers, S. C., Majluf, N. S., Corporate Financing and Investment Decisions When Firms Have Information That Investors Do Not Have. *Journal of Financial Economics*，1984，13（2）：187–221.

1. 内部治理层面

公司的融资决策首先与其自身特质相关，包括预期盈利能力、资产流动性、企业规模、成长性、信息披露质量等。除此之外，股权结构、高管激励和特征等对融资决策产生影响。

（1）股权结构

股权结构是代理成本的重要影响因素。吴国鼎认为大股东控制下两权分离度越大，大股东越能够通过债务融资进行更多的掏空。[①] 王运通和姜付秀发现，多个大股东能够通过对控股股东的监督作用降低公司内部的代理问题，缓解股东与债权人之间的利益冲突，进而降低公司的债务融资成本。[②]

（2）高管激励和特征

薪酬激励与股权激励能够通过缓解所有者与投资者之间的代理冲突而提升决策效率。同时，高管的性别、年龄、学历、职业经历等特征以及公司的董事网络关系、独立董事的独立性等方面都会对融资决策产生影响。

延伸阅读与讨论 3-5

　近些年来，在政策和市场导向的作用下，越来越多上市公司组成系族集团（如"中粮系""复星系"等）。在系族集团内部，某些成员企业的其他股东与控股股东存在通过多种形式的契约建立的各种关联关系，例如产权同源关系、亲缘关系以及任职关系等，他们被称为控股股东的关系股东（简称"关系股东"）。这些成员企业除了依靠控股股东所持股权与实际控制人联结，还存在有关联关系的其他股东与实际控制人联结。请结合参考资料，讨论关系股东会对融资决策产生怎样的影响。

　资料来源：李文文、黄世忠《关系股东与融资约束——基于系族集团的经验证据》，《会计研究》2020 年第 2 期，第 74~89 页。

2. 外部治理层面

企业融资决策和资本结构必定处于特定的宏观经济环境与行业竞争环境中，受正式制度和非正式制度的影响。

（1）宏观经济环境

经济环境和经济运行周期塑造了企业的整体融资环境。比如，经济繁荣时期，金融市场供给较足，资本结构调整成本较低。

---

① 吴国鼎：《大股东控制下的债务融资：抑制还是便利了大股东掏空?》，《中央财经大学学报》2022 年第 9 期，第 104~117 页。
② 王运通、姜付秀：《多个大股东能否降低公司债务融资成本》，《世界经济》2017 年第 10 期，第 119~143 页。

（2）行业竞争环境

产品市场的竞争程度影响了企业偏离目标资本结构的"逆向选择成本"。在产品市场竞争更为充分的行业中，选择向上偏离资本结构的企业的财务风险更大，即当企业的市场势力和盈利空间受到挤压时，该企业会具有更大的流动性风险。

（3）正式制度和非正式制度

企业的资本结构还会受到法律环境、资本市场发展环境等正式制度的影响，以及银企关联、政治关联、社会资本等非正式制度的影响。这些非正式制度的关联关系能在其嵌入的社会网络中通过拓展企业融资渠道、促进信息传递和强化外部监督的方式弥补正式制度的缺失，对融资决策产生影响。

（二）公司治理的融资效应

1. 公司治理和资本结构

资本结构作为企业财务决策的重要组成部分，影响所有权的安排；而公司治理反映的是企业不同要素所有者（主要是股东和债权人与经理人）之间的关系，因此，公司治理水平的提高能够促进企业内部结构调整，进而影响资本结构。

2. 公司治理和债务期限结构

债务期限结构是指在债权融资中短期负债与长期负债的选择及其比例关系。公司债务期限结构的选择直接影响负债成本和财务风险，是公司融资决策的重要组成部分。债务期限结构有关研究有两种不同观点。一种观点认为，短期债务经常续借，较长期债务更能发挥监督效应，约束内部人行为。因此，为了降低外部人监督程度和减少短期债务中潜在的更高的流动性风险，大股东和经理层倾向于选择长期债务。另一种观点认为，长期债务具有更强的债务治理作用。债权人会在贷出资金前对企业进行更为谨慎的评估，在借款契约中规定更为严格的约束条件，在债务存续期间也会经常对企业进行监督，而短期债务的限制相对较少，在这种情况下，大股东和经理层会偏好短期借款。无论哪种选择，均属于内部人行为选择，而良好的公司治理能够约束内部人行为，进而优化债务期限结构。

3. 公司治理和资本成本

通常，资本成本受公司特征（公司规模、流动性、市场-账面价值等）和宏观经济因素（利率水平、经济周期和通货膨胀）等的影响。公司财务研究的结果表明，资本成本受公司治理结构的影响，普遍观点是公司治理水平的提高有助于降低资本成本。公司治理机制越完善，公司的债务资本成本和权益资本成本相对越低。

三 公司治理结构对投资决策的影响

（一）公司治理与投资决策

按照产权结构划分，公司治理结构对企业投资决策的影响大体可以分为三类。

1. 股东-管理者代理冲突下的投资决策

由于代理冲突和治理机制不完善，管理者基于控制权收益、额外津贴、挥霍浪费等会出现过度投资、盲目多元化等行为；也可能会基于人力资本声誉和职业安全偏好，选择财务保守等行为。以上行为都会直接影响公司的投资决策。

2. 股东-债权人代理冲突下的投资决策

公司股东、管理者和债权人之间存在基于负债契约的委托代理关系。一般情况下，如果债务水平过高，管理者将放弃有利可图的投资项目，特别是长期投资项目，从而导致投资不足。

3. 大小股东代理冲突下的投资决策

大股东消除了股权分散下的"搭便车"现象，在增加有效监督的同时，提高了对中小股东利益侵占的可能性。在控制权价值和利益攫取动机的驱动下，获取并控制更大规模的资源是控制性股东财务决策中考虑的重要因素，但外部监管措施和投资者法律保护程度的强弱将影响大股东自利性财务决策的实现程度。

（二）公司治理的投资效应

1. 投资效率

就投资决策安排而论，强调短期利润的投资决策方案往往以局部或短期的市场信息为决策依据，信息的收集、整合、加工、处理、形成认知过程的不充分等，均可能会引致非理性决策。良好的公司治理结构以有效率的委托代理为前提，能在一定范围内影响投资决策安排，进而提升投资效率。

2. 融资方式、公司治理与投资效率

根据现代企业融资结构理论，不同的融资方式（包括股权融资和债务融资）具有不同的企业所有权配置特征。当企业为投资而选择筹集资金方式时，不仅代表对投资收益流量的分配权，更是对与企业所有权相关的剩余索取权和剩余控制权的配置。因此，融资成本的变化和融资方式的选择亦会影响企业经营管理者的投资决策和企业利益相关者的行为。如果企业的治理机制不完善，选择不恰当的融资方式就会增加代理成本，降低投资效率。

延伸阅读 3-2

关系投资

关系投资是机构投资者参与公司治理和长期投资融合的产物，既是一种公司治理模式，又是一种投资模式和策略。关系投资有三个相互影响的要素：大量的股票所有权、长期持有股票的承诺，以及与管理层就公司的业务政策、决策进行商讨。

作为一种公司治理模式，关系投资可以用作敌意收购等治理机制的替代机制或补充机制，以减少公司治理中的外部扭曲和内部扭曲，发挥"价值发现"和"价值创造"的功能；作为一种投资策略，与相对集中投资策略结合在一起，就能成为一种风险控制机制。关系投资追求股东利益至上，以实现股东长期利益最大化和公司长期价值最大化的统一为目标。

资料来源：李有彬《公司治理与投资理论视角下的关系投资述评》，《外国经济与管理》2006年第2期，第30~37页。

第四节 案例分析：国企逆向混改的"双向奔赴"
——长信科技引入铁元投资

2018年，资本市场爆发流动性危机，不少民营企业陷入融资困境，经营受阻。安徽省芜湖市第一家创业板上市公司——长信科技同样遇到融资困难、投资回报率低、业绩下滑等问题。为了响应国家"纾困"政策，同时打造安徽省"芯屏器合""集终生智"的产业名片，2018年10月由安徽省国资委设立的铁元投资出资13.9亿元，购买新疆润丰、德普特投资直接持有的芜湖长信科技股份有限公司16.81%的股份，成为长信科技的控股股东。

依托国有资本的资源整合，长信科技深度融入京东方OLED新显示的产业链，强化在车载触控显示产品方面的先发优势，不断增强公司发展潜力和壮大资本发展实力，成功入选2021年全国电子信息竞争力百强企业名单，成为安徽省"强芯亮屏"上的一颗璀璨明珠。

一 案例概况

（一）长信科技

芜湖长信科技股份有限公司（简称"长信科技"，成立于2006年）于2010年5月在创业板上市（股票代码：300088），是芜湖市第一家创业板上市公司。主营业务分为四大板块：一是ITO导电玻璃板块；二是中大尺寸触控显示一体化业务板块；三是TFT面板减薄业务板块；四是小尺寸触控显示一体化业务板块。其中，ITO导电玻璃的产销量常年稳居行业第一，主要客户是苹果、华为和特斯拉等。长信科技先后承接了多个国家级和省级的高新技术专项项目，在高端制造领域具有很强的模范带头作用。

根据图3-1，在引入铁元投资前，新疆润丰股权投资企业（有限合伙）（简称"新疆润丰"）持有长信科技18.97%的股权，为长信科技的控股股东。公司实际控制人为陈奇等9名自然人，共持有新疆润丰65.30%的股权。

（二）铁元投资

1. 芜湖铁元投资有限公司

芜湖铁元投资有限公司（简称"铁元投资"）于2018年10月正式成立，控股

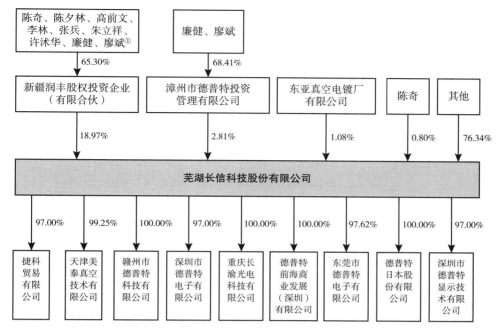

图 3-1　长信科技被并购前的股权结构

注：①除李林离职外均在上市公司担任董监高职务，9 人共同组成一致行动人。
资料来源：根据长信科技 2017 年年报整理。

股东为持股 70.82% 的安徽省铁路发展基金股份有限公司（简称"安徽铁路基金"），实际控制者为安徽省投资集团控股有限公司（简称"安徽投资集团"），最终控制者为安徽省国有资产监督管理委员会（简称"安徽省国资委"）。铁元投资是安徽省国资委旗下的三级子公司，专为收购长信科技而设立。

2. 安徽投资集团

安徽投资集团成立于 1998 年 6 月，经历了两次重组，是安徽省首家国有资本投资运营公司改革试点企业，确保了重要基础设施的建设，引领产业升级，承担着重要战略任务。目前，由陈翔担任公司法定代表人，受安徽省委管理，由安徽省国资委行使职权。集团定位为省级重点项目投融资机构和市场竞争主体。近年来，公司不断扩大投资领域，优化资产结构，逐步构成以铁路、化工、汽车、金融、建材、矿业、服务贸易和房地产为主的产业框架。

3. 安徽铁路基金

2013 年 3 月，在安徽省政府的领导下，安徽省国资委、安徽投资集团、安徽省国家开发银行共同成立了安徽铁路基金。2016 年 8 月，安徽铁路基金改制为股份有限公司，注册资本达 300 亿元。由安徽投资集团控股并持有其 89.04% 的股份。在安徽省政府的支持下，以财政资金为引导，建立多元化的铁路投融资市场，重点发展高端制造业。近年来，安徽省国资委在汽车（奇瑞、江淮、安凯）、液晶面板（京东方）、家电（惠而浦、长虹美菱）等领域培育了一批极具市场竞争力的企业。

铁元投资的股权结构如图 3-2 所示。

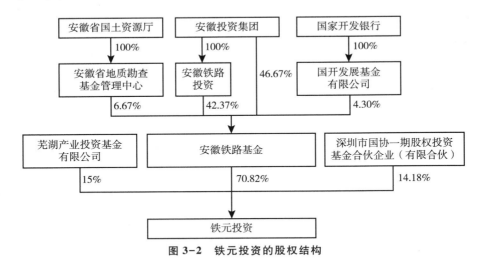

图 3-2　铁元投资的股权结构

资料来源：《芜湖长信科技股份有限公司详式权益变动报告书》，2018 年 10 月 29 日。

（三）长信科技面临的发展情况

1. 系列并购和投资活动

长信科技奉行着外延式和内涵式同时发展的战略，在 2014～2016 年开展了大规模的并购和投资活动。根据长信科技公告整理的内容可知，长信科技先后投资和收购德普特电子、比克电池、宏景电子等（见表 3-1），其中多家企业处于天使融资和循环融资的阶段，并购面临着较高的投资风险。

表 3-1　长信科技系列并购和投资活动

单位：万元

时间	收购或投资类型	收购或投资对象	金额	业绩承诺	
				是否存在业绩承诺	业绩承诺是否达标
2014 年 4 月 18 日	投资	德普特电子	5700.00	是	是
2016 年 2 月 5 日	收购	比克电池	2285.99	是	否
2016 年 9 月 8 日	收购	宏景电子	3029.10	否	—

资料来源：根据长信科技公告整理。

以比克电池为例，2016 年 2 月 5 日，长信科技与比克电池及比克动力签订的增资扩股协议约定，长信科技以 8 亿元人民币向比克动力增资，获得比克动力 10% 的股权。比克动力及其股东比克电池承诺：比克动力 2016 年、2017 年、2018 年净利润（扣除非经常性损益）分别不低于人民币 4 亿元、7 亿元、12 亿元。但实际情况是比克动力除了 2016 年净利润为 4.37 亿元，兑现了业绩承诺外，2017 年、2018 年均未实现承诺，2017 年和 2018 年的净利润分别为 4.91 亿元、4479.15 万元，均大幅低于其业绩承诺。2019 年 3 月 7 日，比克电池将其持有比克动力 3.3055% 的股权转让给长信科技，以弥补业绩承诺。2018 年，比克动力的业绩补偿款还未收到，长信科技只有将比克动力 1.5% 的股权进行质押。投资没有得到相应的回报，加重了长信科技的资金压力。

2. 股票增发情况

为了满足企业发展和缓解并购的资金压力，长信科技多次增发股票，具体如表 3-2 所示。

表 3-2　长信科技系列股票增发情况

公司或项目	首次		调整后		实施
	预案公告日	方案	公布时间	方案	公告日
德普特电子	2013 年 6 月 8 日	非公开发行股份购买 100% 的股权+募集配套资金	2013 年 10 月 15 日	非公开发行股份购买 100% 的股权	2014 年 1 月 20 日
触控显示一体化项目	2014 年 7 月 22 日	非公开募集资金额 12 亿元			2015 年 4 月 1 日
比克电池	2017 年 3 月 9 日	非公开发行股份+支付现金购买 75% 的股权+募集首期支付的配套资金	2017 年 8 月 8 日	宣告中止	

资料来源：根据长信科技公告整理。

3. 债务融资情况

根据长信科技年报披露，长信科技 2017 年短期借款为 15.17 亿元，利息支出 0.77 亿元；2018 年短期借款高达 21.64 亿元，利息支出高达 1.13 亿元，其中包含大量的短期负债。由于流动负债占比大，长信科技债券融资信用等级下降，筹集的资金较少，融资成本较高。表 3-3 列示了改革调整前长信科技短期融资券的基本信息，2012~2014 年长信科技发行的短期融资券利率均超过 5%，其中 2014 年募集 25000 万元时的利率达到 7.10%。2016 年连续发行三期融资券，其中 2016 年底募集资金的部分目的是弥补 2016 年第一期短期融资券的资金需求，补充公司相对紧张的流动资金。

表 3-3　长信科技短期融资券一览

单位：万元，%

发行日期	主体信用评级	债券信用等级	到期日	金额	利率	用途
2012 年 5 月 10 日	A+	A-2	2013 年 5 月 11 日	6000	7.40	补充公司本部生产经营流动资金，以降低资金运用成本，提高使用效率
2013 年 4 月 10 日	A+	A-1	2014 年 4 月 11 日	20000	5.80	补充公司本部生产经营流动资金，以提高资金使用效率

续表

发行日期	主体信用评级	债券信用等级	到期日	金额	利率	用途
2014年 3月6日	AA-	A-1	2015年 3月7日	25000	7.10	补充公司本部生产经营流动资金和归还公司本部银行借款
2016年 3月22日	AA	A-1	2016年 12月19日	40000	3.75	补充公司本部生产经营流动资金和归还公司本部银行借款
2016年 9月23日	AA	A-1	2017年 6月24日	40000	3.30	满足公司生产经营的资金需求，优化融资渠道
2016年 12月8日	AA	A-1	2017年 9月8日	45000	3.75	偿还2016年第一期短期融资券和补充公司本部生产经营流动资金

资料来源：根据长信科技公告整理。

4. 公司收入情况

根据长信科技年报披露，2015年的主营业务收入为39.87亿元；2016年的主营业务收入为85.42亿元，同比增长114.24%；2017年的主营业务收入为108.84亿元，同比增长27.43%（见图3-3）。2018年，长信科技第三季度财务业绩报告显示，长信科技2018年前三季度实现主营业务收入71.30亿元，净利润高达6.08亿元，盈利能力高于电子元件行业的平均水平。同时长信科技利用在业内领先的技术水平和独特的产品优势与国内顶尖的电子客户合作，以技术和产品优势占领市场，需要扩大发展。

图3-3　2013~2017年长信科技主营业务收入变化情况

资料来源：根据长信科技2013~2017年年报整理。

问题一：结合案例资料和公开信息，讨论长信科技进行股份制改革的必要性。

（四）逆向混改的方案与流程

由于铁元投资的股东分属央企、省属国资和市属国资，这不仅能够缓解长信科技的资金压力，更能带来较强的资源禀赋。比如强化与现有客户如京东方、合肥鑫盛等的合作关系，顺利地打入江淮汽车、安凯汽车、奇瑞汽车的车载显示产业供应链等。因此，长信科技对于铁元投资的"赋能投资"十分迫切。同时，铁元投资背后的安徽省政府也很看好长信科技在中国电子信息行业的地位和未来的发展潜力，双方一拍即合，逆向混改过程顺利展开。

2018 年 10 月，由安徽省国资委设立的铁元投资受让新疆润丰、德普特投资直接持有的长信科技 2.715 亿股股票，每股价格为 5.12 元，交易总金额为 13.9 亿元。其中铁元投资向新疆润丰支付 11.77 亿元，向德普特投资支付 2.13 亿元。自此，铁元投资总共能支配长信科技 16.81% 的表决权。长信科技控股股东由铁元投资取代，实际控制权由安徽投资集团取代。

交易价款支付步骤如图 3-4 所示。

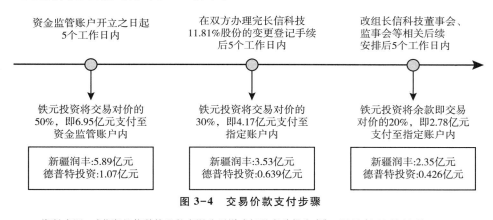

图 3-4 交易价款支付步骤

资料来源：《芜湖长信科技股份有限公司详式权益变动报告书》，2018 年 10 月 29 日。

此外，交易变更登记手续完成后，在长信科技管理层保持不变的情况下，安徽省国资委下属的铁元投资将有权重新选举或改聘长信科技的董事和高级管理人员，同时任命四名非独立董事和两名独立董事参与公司管理。

在并购完成后，双方达成协议，自新疆润丰、德普特投资向铁元投资转让长信科技 2.715 亿股，36 个月之内，未经新疆润丰书面同意的情况下，铁元投资持有的长信科技股份不得以任何方式减持。同时，在未经铁元投资书面同意的情况下，新疆润丰持有的长信科技股份也不得以任何方式减持，且不得做出对目标公司的业务、财务方面和经营方式产生重大不利影响的行为，这显示了并购双方都想要稳定发展的决心。根据本次并购的权益变动书披露，长信科技将在本次股权变动后保持人员独立、财务独立和资产完整；确保自身具有独立经营能力，尽量减少与铁元投资及铁元投资控制的其他企业的关联交易。

问题二：铁元投资进入长信科技为何被称为逆向混改的"赋能投资"？请结合公开资料，分析二者的有效融合能够为长信科技带来哪些收益。

（五）逆向混改后的公司治理结构

1. 股权结构

股权转让后，铁元投资拥有长信科技的投票权比例为 16.81%（包含 11.81% 的股权和 5% 的表决权委托），长信科技的最大单一股东变更为铁元投资，实际控制人变更为安徽投资集团。

引入铁元投资后，虽然长信科技的控股股东与实际控制人发生了变化，控制权也发生了转移，但长信科技的原管理层仍然掌握着大部分经营权。股权转让协议中明确了长信科技和铁元投资双方对公司的职责和义务。铁元投资在接收长信科技股权时明确表示，长信科技的原管理层在 36 个月内不能离职，铁元投资只能通过董事会、战略方向和公司章程行使管理职能，并且充分尊重长信科技管理层对生产经营的管理。此外，长信科技引入铁元投资时，双方在协议中明确表示，管理层应继续进行经营管理。未经铁元投资同意，长信科技不得进行任何形式的授信或对外担保。除正常经营所需的合理处置外，长信科技不得处置任何资产或权益，不得并购、重组、增资减资、股权投资、清算等。协议规定，虽然管理层对长信科技的日常生产经营有完全的自主权，但重大事项必须经过严格的审批流程，以监督和制衡管理层的投资行为。这种"限权不换权"的投资约束方式实现了安徽投资集团管资本不管资产的投资战略，让国资和民营企业的活力有机结合。

2. 董事会结构

引入铁元投资后，长信科技对董事会和监事会进行了重组。长信科技董事会成员共 11 人，其中非独立董事 7 人，独立董事 4 人。2018 年 11 月 14 日，长信科技发出公告，宣布许沐华、陈伟达、陈夕林、廉健辞去董事职务。随后，铁元投资派驻方荣、姚卫东、李珺、邢晖 4 名董事。长信科技引入铁元投资前后董事会的人员变化见表 3-4。

表 3-4　长信科技董事会变化

混改前			混改后		
姓名	职务	学历	姓名	职务	学历
陈奇	董事长	硕士研究生	高前文	董事长	硕士研究生
高前文	副董事长	硕士研究生	陈奇	董事	硕士研究生
张兵	董事、总裁	本科	张兵	董事	本科
许沐华（更换）	董事、技术总监	本科	方荣（新）	副董事长	硕士研究生
陈伟达（更换）	董事、财务总监会秘书、财务总监、总裁助理	本科	姚卫东（新）	董事	博士研究生

续表

混改前			混改后		
姓名	职务	学历	姓名	职务	学历
陈夕林（更换）	董事	本科	李珺（新）	董事	硕士研究生
廉健（更换）	董事	博士研究生	邢晖（新）	董事	硕士研究生
张冬花	独立董事	本科	张冬花	独立董事	本科
宣天鹏	独立董事	硕士研究生	宣天鹏	独立董事	硕士研究生
刘芳端	独立董事	硕士研究生	刘芳端	独立董事	硕士研究生
万尚庆	独立董事	本科	万尚庆	独立董事	本科

资料来源：根据长信科技年报整理。

问题三：请从公司治理的角度，思考长信科技引入铁元投资的逆向混改可否被复制、后续的逆向混改应该关注哪些方面。

二 案例分析

（一）问题一：结合案例资料和公开信息，讨论长信科技进行股份制改革的必要性

1. 外部融资环境

2018 年，民营企业面临较为严峻的融资环境。在宏观经济层面，GDP 增速与零售增速创历年新低，财政部、银保监会等 5 个部委为了降低金融风险加强了金融监管，导致贷款门槛变高，信贷规模萎缩。同时，受到中美贸易摩擦的影响，进出口贸易整体受限，众多企业的业务量下滑，导致融资需求进一步加大，进而与融资规模的萎缩产生矛盾。在这种不确定的宏观环境下，机构整体的投资回报下降，因此，机构投资者也收紧了投资行为，企业融资渠道进一步变少。

2018 年 5 月，国家发改委、财政部联合发布《关于完善市场约束机制 严格防范外债风险和地方债务风险的通知》，使得外债流通减少，资金紧张，地方财政紧缩导致地方企业贷款困难，加之国家供给侧改革的实行，去杠杆政策的落实，多个行业受到贷款压力的冲击，企业需要偿还之前累积的高压债务导致其净利润下降，留存收益不足以预防次年风险，这些企业迫切需要国有资本等新型融资方式解决燃眉之急。

2. 纾困政策

在如此严峻的融资环境下，习近平总书记于 2018 年 11 月在民营企业座谈会上谈到了民企纾困问题，指出民企的困难在于市场、融资和转型；帮助民企解决这些困难，支持民企改革发展，让民营经济创新源泉充分涌流是我国经济发展进程的一个关键点。为此，习近平总书记还提出了要实质性降低企业税费负担，解决民营企

业融资难融资贵的问题，其中谈到对有股权质押平仓风险的民营企业，有关地方要抓紧研究采取特殊措施，帮助企业渡过难关，避免发生企业所有权转移等问题。同时，对地方政府要加以引导，对符合经济结构优化升级方向、有前景的民营企业进行必要的财务救助。省级政府和计划单列市可以自筹资金组建政策性救助基金，综合运用多种手段，在严格防范国有资产流失前提下，帮助区域内产业龙头、就业大户、战略新兴行业等关键重点民营企业纾困。

纾困基金即用来驰援民营上市企业的私募投资基金，针对的是存在股权质押平仓风险但有发展前景的重点民营企业；操作形式以财务投资为主，不发生控制权的转移；主要发起人可划分为以央行、银保监会（保险资管）、证券业协会（券商）、交易所为代表的金融机构，并以各地地方政府牵头设立纾困基金。纾困基金主要用于解决大多数民营企业的债务问题。

3. 长信科技本身具有较高的融资需求

长信科技处于业务的快速增长期，需要进一步在车载显示屏版块、OLED 模组贴合和可穿戴设备模组等高新制造业领域加大布局力度，通过资产重组、并购等多种方式使公司快速扩张，进一步加强公司的盈利能力，提升公司在车载电子领域和消费电子板块深加工的话语权。然而结合案例资料，长信科技的债权和股权融资都面临一定的压力，亟须强有力的合作伙伴，这样既能解决现有的融资压力，又能提供未来发展所需的一系列长期的投资资金，原实际控制人新疆润丰并不具备此资金实力。

（二）问题二：铁元投资进入长信科技为何被称为逆向混改的"赋能投资"？请结合公开资料，分析二者的有效融合能够为长信科技带来哪些收益

逆向混改指民营企业、外资企业等非国有企业与国资委或国有企业等带有国有资本的组织达成协议合作，引进一定规模的国有资本的混改方式。长信科技与铁元投资的融合，不仅能够解决长信科技的资金压力，更能带来较强的资源禀赋。

1. 为长信科技的发展提供资金支持

首先，铁元投资的国有资本进入长信科技后，给长信科技提供了灵活的流动资金，暂时解决了长信科技资金的流动性风险。其次，吸收铁元投资对长信科技的资金支持还体现在提升银行授信额度上，银行授信额度直接反映了企业在银行的信用状况。在吸收铁元投资前，2018 年长信科技的银行授信额度为 20 亿元，2019 年其银行授信额度提升至 47 亿元，2020 年其银行授信额度保持在 48 亿元，较 2018 年增长了 140%。可见铁元投资的进入给长信科技的银行授信额度带来较大改善，地方国有资本的纾困有利于帮助众多像长信科技一样的民营企业提升银行授信额度，为民营企业通过银行借款融资提供了切实有效的保障。

2. 拓展长信科技的上下游业务

铁元投资的进入，为长信科技加大科技研发力度提供了基础性保障。作为铁元投资的控制人，安徽投资集团承诺将向长信科技引入安徽省在汽车智能领域和光电显示领域的资源，促成长信科技与其上下游产业链企业深度合作，推动长信科技进行资源整合与基础创新。在铁元投资进入长信科技之后，长信科技加大研发力度，强化与现有客户如京东方、合肥鑫盛等的合作关系，顺利地打入江淮汽车、安凯汽车、奇瑞汽车的车载显示产业供应链等，延伸产业链。通过充分发挥安徽投资集团在汽车产业的优势和资源整合能力，将会进一步提高长信科技的市场占有率和竞争力，从而提高其行业地位。

此外，长信科技在汽车显示领域早有业务布局，所以在汽车零部件的制造与供应上有一定的规模和技术优势，从而使与奇瑞汽车、江淮汽车等汽车企业的深入合作更加便利，进一步发挥与安徽当地汽车产业的战略协同效应。公司依托成本管理、技术协同和产业配套完善等优势，深度服务全球汽车行业龙头厂商，大客户资源丰富且稳定，大尺寸车载中控屏模组业务已覆盖全球汽车品牌70%以上。

（三）问题三：请从公司治理的角度，思考长信科技引入铁元投资的逆向混改可否被复制、后续的逆向混改应该关注哪些方面

1. 长信科技引入铁元投资的逆向混改成功的原因分析

首先，逆向混改与"纾困"不无关系。在较为严峻的外部融资环境下，长信科技面临融资困难、周转效率低的风险。因此，此次逆向混改的动因首先是"纾困"，长信科技引入铁元投资成功缓解了其融资压力，为后续发展提供了切实有效的资金保障。

其次，长信科技本身公司治理规范、财务相对稳健，与安徽省的产业发展相融合，有拓展产业链、产融结合的空间。"纾困"＋"赋能投资"是此次逆向混改成功的根本原因。

最后，在具体融合过程中，双方各自发挥所长，整合优势资源。既不是一味地把国企的规章制度生搬硬套到民企，也不是完全放手国有资源，任由民营企业自由发展。通过"公司章程、董事会、战略"三方面来"管好国有资本"，安徽省国资委仅占有董事席位的1/4，以保证长信科技能够独立运营。以"管资本"取代"管资产、管制度"，让长信科技能"跳得更远，够得更高"，共同做强做大上市公司，实现国有资产保值增值，维护全体股东的利益。

2. 后续的逆向混改的原则

一是要强调"赋能投资"原则。将民营企业的"纾困"与（地方）国有资本的产业布局、新兴战略产业发展相结合，拓展或补充产业链，打造地方优势产业。

二是秉承不同类型资本相互融合、取长补短的原则。对民营企业适度授权放权，不要过度干预民营企业的决策。国有资本以国有资产的保值增值为目标，保证经营的合法合规；行使监督权，加强事中控制和事后监督，整合出资人监督、公司治理监督、纪检监察监督、法律合规监督等手段，应用大数据、人工智能和数字化技术进步带来的创新监督方式，通过事中控制、事后监督来及时发现风险隐患，提高企业经营质量，确保经营安全。

三 案例讨论

第一，请从网上下载长信科技的相关年报资料和财务数据，分析此次逆向混改的效果如何。

第二，本案例中，安徽省国资委主动控股电子信息行业类民营上市公司，请思考国有资本在产业结构升级、区域经济贡献方面扮演着怎样的角色。

四 案例拓展阅读

九号公司的双层股权结构

（一）双层股权结构概况

截至 2022 年 9 月，科创板有 8 家公司实行了双层股权结构，具体如表 3-5 所示。其中，九号有限公司（简称"九号公司"）创造了科创板申报企业中的多个"第一"：第一家注册地在境外的红筹申报企业、第一家存在协议控制架构（VIE）的企业、第一家申请公开发行 CDR 存托凭证的企业，同时，九号公司也是第一家具有 AB 股和员工期权的红筹上市公司。由于公司的特殊性，九号公司用了 524 天才走完审查手续。2020 年 10 月 29 日，九号公司正式登陆科创板上市，募资总额为 13.34 亿元，并在 A 股市场开了机器人鸣锣的先河。截至当日收盘，九号公司报收于 38.5 元，上涨 103.27%，总市值达到 271 亿元。为了这一天，九号公司创下了迄今为止科创板最长上市周期纪录。

表 3-5　截至 2022 年 9 月科创板双层股权结构企业基本情况

公司名称	上市时间	上市月数（月）	所处行业	创始人持股比例（%）	创始人表决权比例（%）	资产负债率（%）	权益乘数
优刻得	2020 年 1 月 20 日	31	信息技术	21.56	57.88	42.28	1.73
九号公司	2020 年 10 月 29 日	22	可选消费	25.51	63.14	44.31	1.80
汇宇制药	2021 年 10 月 26 日	10	医疗保健	31.28	60.95	13.83	1.16
精进电动	2021 年 10 月 27 日	10	工业	16.04	59.29	40.52	1.68
经纬恒润	2022 年 4 月 19 日	4	信息技术	32.75	54.36	66.28	2.97
思特威	2022 年 5 月 20 日	3	信息技术	19.70	48.13	40.13	1.67
云从科技	2022 年 5 月 27 日	3	信息技术	19.78	59.67	56.14	2.28
奥比中光	2022 年 7 月 7 日	2	信息技术	30.25	63.67	9.74	1.11

资料来源：Wind、各公司 2022 年年报。

（二）九号公司概况

九号公司是一家专注于智能短交通和服务类机器人领域的科创型企业，它的前身鼎力联合（北京）科技有限公司于2012年在北京成立，九号公司则于2014年在开曼群岛注册成立，2020年在科创板上市，股票代码：689009。公司的业务主要是各种智能短交通技术的设计、研发、销售和服务，发展路线是一体化的高新技术设备制造。经过10年的发展，九号公司目前在全球范围内拥有1000多种符合全球行业标准的核心技术专利，主要服务于电动平衡车、电动滑板车、电动摩托车、电动自行车和服务类机器人等系列产品，满足了客户需求的多样性，已经成长为智能短交通行业的龙头企业。九号公司发展历程如表3-6所示。

表3-6　九号公司发展历程

时间	事件
2012年2月	前身鼎力联合(北京)科技有限公司在北京成立
2014年12月	九号公司正式在开曼群岛注册成立
2015年4月	收购全球平衡车鼻祖"Segway"
2015年10月	"九号平衡车"上市，售价降至1999元/辆
2018年1月	"Loomo"服务机器人开始在全球销售
2020年10月	九号公司在上海证券交易所科创板使用双层股权结构上市
2021年9月	发布智能割草机器人"Segway Navimow"

资料来源：根据公开资料整理。

（三）公司双层股权结构

1. 上市前的招股说明书公告的股权结构

九号公司的创始人为高禄峰和王野，经过种子轮、天使轮、A轮、B轮、C轮融资后，公司拟在科创板上市。2019年4月，九号公司的《公司章程（草案）》审议通过，明确规定公司采用特殊表决权结构，B类普通股具有5份表决权，是A类普通股的5倍。高禄峰和王野所持股票为B类普通股，A轮、B轮、C轮融资发行的所有优先股股份全部转为A类普通股。截至《九号有限公司公开发行存托凭证并在科技板上市招股说明书》（简称"九号公司招股说明书"）签署日，公司的股权结构如图3-5所示。高禄峰控制的Putech Limited、Hctech Ⅰ和Hctech Ⅲ共持有13.25%的股份，王野控制的Cidwang Limited和Hctech Ⅱ共持有15.40%的股份，且均为具有特殊表决权的B类普通股。其他股东所持股份均为具有普通表决权的A类普通股，持股比例为71.35%。

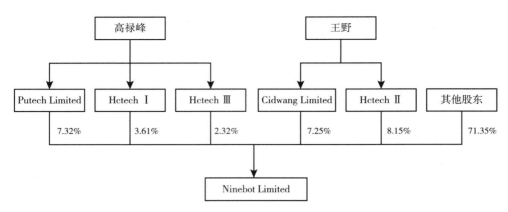

图 3-5　截至九号公司招股说明书签署日的股权结构

资料来源：九号公司招股说明书。

由表 3-7 可以看到，截至九号公司招股说明书签署日，高禄峰在持有 13.25% 股份的基础上享有 30.88% 的表决权比例，王野在持有 15.40% 股份的基础上享有 35.87% 的表决权比例。这说明九号公司在实行双层股权结构后，创始人团队所持股权比例虽然只有 28.65%，但其表决权比例高达 66.75%，其他股东的持股比例虽达到了 71.35%，但其表决权比例仅为 33.25%。

表 3-7　九号公司上市时的股权结构和表决权结构

单位：股，%

实际控制人	股东	股份类别	股票数量	持股比例	表决权数量	表决权比例
高禄峰	Putech Limited	B 类普通股	4641380	7.32	23206900	17.07
	Hctech Ⅰ	B 类普通股	2285001	3.61	11425005	8.40
	Hctech Ⅲ	B 类普通股	1472007	2.32	7360035	5.41
王野	Cidwang Limited	B 类普通股	4594884	7.25	22974420	16.89
	Hctech Ⅱ	B 类普通股	5161385	8.15	25806925	18.98
其他	其他股东	A 类普通股	45213593	71.35	45213593	33.25
合计		A+B 类普通股	63368250	100.00	135986878	100.00

资料来源：九号公司招股说明书。

2. 截至 2022 年 6 月的股权结构

截至 2022 年 6 月，随着众多公众股东的加入，原有股东的持股比例均有所下降，九号公司股权结构和表决权结构变化如表 3-8 所示。Putech Limited、Hctech Ⅰ 和 Hctech Ⅲ 三家股东的持股比例均有小幅下降，高禄峰的实际持股比例由 13.25% 下降至 11.80%，Cidwang Limited 与 Hctech Ⅱ 两家股东的持股比例也都有所下降，王野的实际持股比例由 15.40% 下降至 13.71%，创始人团队共同持股比例由 28.65% 下降至 25.51%。在股权被稀释、股权比例下降的基础上，创始人团队的表决权比例也随之下降，由上市前的 66.75% 下降至 63.14%，虽下降了 3.61 个百分点，但创始人团队仍享有较高比例的表决权。

表 3-8 截至 2022 年 6 月九号公司股权结构和表决权结构

单位：股，%

实际控制人	股东	股份类别	股票数量	持股比例	表决权数量	表决权比例
高禄峰	Putech Limited	B 类普通股	46413800	6.52	232069000	16.14
	Hctech Ⅰ	B 类普通股	22850010	3.21	114250050	7.95
	Hctech Ⅲ	B 类普通股	14720070	2.07	73600350	5.12
王野	Cidwang Limited	B 类普通股	45948840	6.46	229744200	15.98
	Hctech Ⅱ	B 类普通股	51613850	7.25	258069250	17.95
其他	其他股东	A 类普通股	529957740	74.49	529957740	36.86
合计		A+B 类普通股	711504310	100.00	1437690590	100.00

资料来源：九号公司 2022 年半年报。

（四）九号公司"VIE+CDR"特殊治理结构

除了双层股权结构，九号公司还是存在 VIE 架构且通过发行 CDR 实现境内上市的红筹企业。VIE 架构的核心理念是通过签署协议对下属公司进行控制。九号公司在进行 A 轮融资时搭建了 VIE 架构，主要原因有两个：首先，VIE 架构能在境外实现企业的融资需求，不会受到国内资本市场规模较小或限制境外资本投入等各类制度的影响；其次，当时科创板相关政策还未出台，国外资本市场允许企业特别表决权的存在。

九号公司在回归境内上市时结合当时的国家政策，选择保留 VIE 架构（见图 3-6）。高禄峰和王野通过境外特殊目的机构（SPV）间接控制境外注册实体九号公司 63.13% 的表决权，然后通过英属维尔京群岛离岸公司持股境内外商独资企业纳恩博（北京）科技有限公司 100% 的股权。纳恩博（北京）科技有限公司与境内运营主体鼎力联合（北京）科技有限公司签署了一系列协议控制法律文件，对其进行了协议控制。最终，实现了高禄峰、王野通过九号公司对鼎力联合（北京）科技有限公司的实际控制。

九号公司是第一批在内地资本市场申请采用 CDR 方式上市的企业，最终历经 18 个月成功在科创板实现 CDR 上市。CDR 上市相较于直接 IPO、借壳以及分拆等上市方法具有更大的灵活性，可以有效地规避因企业保留 VIE 架构而存在的上市限制，从而

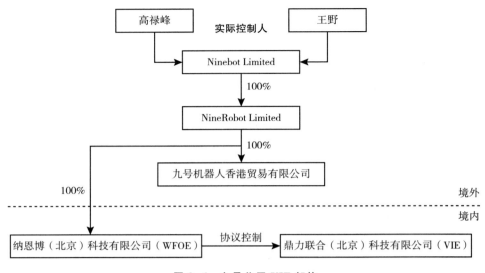

图 3-6　九号公司 VIE 架构

资料来源：九号公司招股说明书。

避免拆除 VIE 架构带来的复杂障碍。除此之外，CDR 是一种全新的信托产品，有利于提高公司的知名度，还可以实现境内外市场同时融资，有利于九号公司的战略发展。

要求：

1. 结合案例和行业资料，思考九号公司为何选择双层股权结构，以及双层股权结构适应于哪种类型的公司。

2. 结合公开资料，思考"VIE+CDR"在科创板上市的适用性，以及相应的监管重点是什么。

3. 对比长信科技和九号公司案例，思考股权结构会对公司的投资决策产生怎样的影响。

小　结

良好的公司治理包括完善的内部治理结构和有效的外部治理机制。虽然由于文化、历史等治理环境的差异，各国治理模式各不相同，但是良好的公司治理能有效降低委托代理成本，并在一定范围内影响投资决策安排，提升投资效率，进而促进企业发展和提升业绩。

关键词

公司治理　财务决策　公司治理模式　混合所有制改革

思考题

1. 公司治理机制主要包括哪些方面？
2. 公司治理模式有哪几种？优缺点是什么？
3. 党组织嵌入公司治理结构的重要性和必要性是什么？
4. 公司治理如何对财务决策产生影响？

第四章　财务分析与业绩评价

学习目标

1. 了解企业财务分析与业绩评价的原理、目的、内容、方法和程序。

2. 能够正确运用适当的方法分析企业的财务状况，并发现相应的问题。

3. 熟悉企业业绩评价方法，并能够对企业业绩做出正确评价。

课程思政融入点

1. 结合财务分析与业绩评价的理论背景与实例举证，加强学生在学习过程中对理论知识的实践感知，培养学生的财务分析应用能力。

2. 多元化案例情景促使学生了解企业财务问题存在的多样性，引导学生关注企业信息、社会新闻、行业政策等内外部环境要素，培养学生的"大局意识"和"全局观念"。

3. 分析企业财务状况，评估企业资本资产、收入成本、现金流量质量，帮助学生理解企业"高质量发展"的细分目标与评判标准，强化风险意识，树立正确的质量观。

4. 通过本章的学习，培养学生正确的财务分析和业绩评价方法论，强化学生的辩证思维。

引　例　　**业绩评价公开征求意见　央行将加强对绿色金融激励约束**

2020 年 7 月 21 日，中国人民银行发布《关于印发〈银行业存款类金融机构绿色金融业绩评价方案〉的通知（征求意见稿）》（简称《方案》），对 2018 年 7 月发布的《关于开展银行业存款类金融机构绿色信贷业绩评价的通知》（银发〔2018〕180 号）进行了更新。

《方案》明确了绿色金融业绩评价的实施原则、覆盖的业务范围、实施的责任主体及被考核的对象、评价周期、数据来源、评价方法、评价结果的应用场景等内容，并对前期考核过程中遇到的极端情况和因政策调整导致的过渡期进行了特别安排。

据悉，绿色金融业绩评价工作自 2021 年 1 月起实施（即对 2020 年第四季度的绿色金融业绩评价开始采用该方案）。评价工作每季度开展一次。第二季度和第四季度评价结束后，中国人民银行各分支机构须向中国人民银行报送半年及全年评价结果及评价情况说明。

资料来源：吴婧《业绩评价公开征求意见 央行将加强对绿色金融激励约束》，《中国经营报》2020 年 8 月 3 日，第 3 版。

第一节 财务分析的基本原理

一 财务分析概述

财务分析是财务管理循环中承上启下的重要一环。财务分析既是对已经完成的财务循环的总结，又是下一个财务循环进行财务预测的前提。

（一）财务分析的作用

1. 评价过去业绩

财务分析对企业的历史会计报表等数据进行正确评价，是解释现在和揭示未来的基础。基于企业提供的真实历史数据，可以了解已发生的业务情况，评价公司过去的业绩。

2. 反映企业现状

财务分析可依据不同主体的分析目标，借助不同的分析方法，对公司的偿债能力、盈利能力、发展能力等多指标进行分析，综合反映企业发展现状。同时，对各类指标进行关联分析，探讨企业当前存在的问题及其原因，为企业利益相关者决策提供重要依据。

3. 预测企业未来

对企业内外部财务数据和其他信息资料进行分析评估后，更为重要的是对企业未来的发展进行预测。企业依据财务分析对企业后续年度进行财务预测、财务决策和财务预算，甚至包括内部结构调整和财务风险控制。投资者和债权人会依据财务分析结果判断企业投资价值和投资风险。

（二）财务分析的目的

1. 投资者进行财务分析的目的

投资者将资金投入企业是期望取得理想收益。因此，在成为企业投资者之前，需要基于财务分析结果，判断企业是否值得投资；成为股权投资者后，为了保障自身收益，重点分析企业经营状况，以及可能存在的问题，必要时通过行使股东权利，约束企业偏离发展的行为。

2. 债权人进行财务分析的目的

债权人关注的是企业按时还本付息的能力。因此，债权人在赊销或者贷款前后，均会对候选企业的财务状况进行周密、细致的分析，从而确定合适的赊销或者贷款对象，确定恰当的信用额度或者贷款数额。财务分析主要关注债务人的偿债能力、收益状况和当前的风险程度。

事例 4-1

天安人寿主体信用评级遭下调

2021 年 1 月 4 日，上海新世纪资信评估投资服务有限公司（简称"新世纪评级"）将天安人寿的主体信用等级由 AA 级下调至 A 级，并将其列入负面观察名单，同时将"15 天安人寿"的资本补充债项信用等级由 AA-级下调至 A-级。同期，中债资信也将天安人寿主体信用等级由 A+降为 BBB+，并将其列入负面信用观察名单。

2020 年 12 月 28 日本是"15 天安人寿"交易流通终止日，天安人寿于当天发布《暂缓支付 2015 天安人寿资本补充债利息的公告》称，由于目前天安人寿正在开展清产核资工作，故暂缓支付"15 天安人寿"资本补充债利息。据了解，天安人寿是第一批发行资本补充债的保险公司，"15 天安人寿"是其于 2015 年 12 月 29 日发的总额 20 亿元资本补充债券，票面利率 6.25%，债券期限是 10 年。

资本补充债券是近年来保险机构融资的新工具之一，其发行期限在 5 年及以上，清偿顺序先于保险机构股权资本，列于保单责任和其他普通负债之后。当发行人无法如约支付本息时，该资本工具的权益人无权向法院申请对保险公司实施破产。

查看过去几年经营数据，2015 年是天安人寿经营状况的分水岭。2014 年，天安人寿保费收入为 27.8 亿元；2015 年和 2016 年，保费收入跃升至 191.2 亿元及 307 亿元。好景不长，2019 年，天安人寿因亏损 69.9 亿元在行业中排名垫底，当年核心偿付能力仅有 99.43%。有业内人士分析，天安人寿亏损的主因是，投资踩雷收益剧跌以及退保激增。2019 年天安人寿退保金高达 199.88 亿元，是 2018 年的 3.85 倍，退保率高达 38.37%。2019 年末天安人寿财务投资收益大幅下滑至 1.38%，收益率远低于行业平均水平 4.9%，整体盈利能力较差。截至 2020 年 3 月末，所有者权益为 4.25 亿元，综合偿付能力充足率为 128.27%，核心偿付能力充足率为 112.01%，处于行业较低水平。

资料来源：郭婧婷《列入负面观察名单　天安人寿主体信用评级遭下调》，《中国经营报》2021 年 1 月 18 日，第 17 版。

3. 企业管理层进行财务分析的目的

企业管理层进行财务分析的目的是综合和多方面的。他们不仅关心盈利的结果，更关心盈利的整个过程。通过资产结构分析、营运状况与效率分析、经营风险与财务风险分析、支付能力与偿债能力分析等，及时发现生产经营中存在的问题与不足，并采取有效措施解决问题。

4. 政府部门进行财务分析的目的

作为企业经营发展的外部环境主体，财政部门、税务部门、统计部门以及监管部门等政府部门都需要对企业的会计信息进行了解，一方面以便及时对企业进行行为约束，防止社会负面影响扩大；另一方面有助于政府部门了解宏观经济的运行情况，进而制定适宜的地方、行业发展政策。因此，政府部门侧重于关注企业财务行为的合规性、财务信息的真实性与准确性，在企业发展的过程中发挥外部监督作用并维护市场秩序。

延伸阅读 4-1

恒大集团风险事件对资本市场外溢影响可控

恒大集团 2021 年 12 月 3 日披露了可能无法履行担保责任的公告，随后"一行两会"人士分别通过答记者问的方式回应恒大集团风险事件。

中国人民银行有关负责人表示，短期个别房企出现风险，不会影响中长期市场的正常融资功能。恒大集团出现风险主要源于自身经营不善、盲目扩张。境外美元债市场是高度市场化的，投资人较为成熟、甄别能力较强，对于相关问题的处理也有清晰的法律规定和程序。近期，境内房地产销售、购地、融资等行为已逐步回归常态，一些中资房企开始回购境外债券，部分投资人也开始买入中资房企美元债券。

中国银保监会新闻发言人表示，恒大集团此次未能履行担保义务不会对银行业、保险业的正常运行造成负面影响。该新闻发言人表示，已关注到恒大集团对一笔境外债券未能履行担保义务，这是市场经济中的个案现象。相信境内外监管部门会依法公平公正地处理相关事宜。恒大集团全部债务中金融债务占比约 1/3，结构比较分散，其金融投资数额很小。因此，这不会对我国银行业、保险业的正常运行造成负面影响。金融监管部门依法保护消费者、投资者和经营者正当权益的原则和立场不会有任何改变。中国金融的市场化、法治化和国际化改革取向不会有任何改变。

中国证监会有关负责人表示，恒大集团经营管理不善、盲目多元化扩张，最终导致风险爆发，属于个案风险。当前，我国房地产行业总体保持健康发展，大多数房地产企业坚守主业、经营稳健。目前，A 股市场运行总体平稳，韧性较强、活跃度较高，交易所债券市场违约率保持在1%左右的较低水平，涉房上市公司、债券发行人经营财务指标总体健康，恒大集团风险事件对资本市场稳定运行的外溢影响可控。"下一步，证监会将继续保持市场融资功能的有效发挥，支持房地产企业合理正常融资，促进资本市场和房地产市场平稳健康发展。"中国证监会有关负责人表示。

资料来源：昝秀丽、彭扬、欧阳剑环《恒大集团风险事件对资本市场外溢影响可控》，《中国证券报》2021年12月4日，第A02版。

二 财务分析的主要方法

一般来说，财务分析的方法主要有两种：比较分析法和因素分析法。比较分析法用以发现差异，因素分析法用来分析差异形成的原因。

（一） 比较分析法

比较分析法意为比较两个或者两个以上财务项目之间的差异，发现不同对象之间的差距和形成原因。就其对比形式而言，既包括财务报表等提供的绝对值数据，也包括经过加工计算的各类财务比率指标。就其比较对象而言，分为横向比较分析法与纵向比较分析法。

1. 横向比较分析法

与同类企业的同期财务状况进行对比，了解企业发展各方面在横向维度所存在的差异及其程度，通常与行业平均数或者竞争对手比较。

2. 纵向比较分析法

纵向比较分析法又被称为趋势分析法，其比较对象是企业历史财务数据，通过分析绝对数值、相对比率的增减变动方向、数额和幅度，从而揭示企业财务状况的发展变化和趋势。

（二） 因素分析法

因素分析法，又称连环替代法，是一种通过对某项综合指标的变动原因按其内在的组成因素顺序进行数量分析，从而确定各个因素对该指标的影响程度和影响方向的分析方法。它一般是在比较分析所确定的差异的基础上，先确定影响经济指标的各个因素及其与指标的关系，并加以排列；再假定一个因素变动，其他因素不变，依次逐个进行因素替代，据以从数量上测定各因素对指标的影响程度。因素分析法的计算程序如下。

第一，根据影响某项综合指标完成情况的因素，按其依存关系分别建立报告期和基期（计划期、同期或上期）两个指标体系。

第二，以基期指标体系为计算基础，用报告期指标体系中各个因素的报告期数逐项按顺序地替代其基数，每一次替代后，报告期数就被保留下来，不再退回基数，并计算出该因素变动产生的结果。

第三，将每次替代后得到的结果与该因素被替代前的结果进行比较，两者的差额就是这一因素变动对综合指标变动差异的影响程度，亦可体现影响方向。

第四，最后将各个因素变动的影响值相加，其代数和应同该综合指标的报告期指标与基期指标之间的总差异相符。

第五，对该指标的差异及其各因素的影响程度给予评价。

三 财务分析的主要内容

基于对资产负债表、利润表、现金流量表、所有者权益变动表等报表数据的具体项目分析，涵盖筹资活动、投资活动、经营活动和分配活动的具体状态，通过对企业偿债能力、营运能力、盈利能力、发展能力的分析，构成了较为完整的财务分析内容体系。

（一）偿债能力

偿债能力是指企业偿还本身所欠债务的能力，包含对企业在一段时间内清偿已有债务、续借新债务能力的考核。

1. 短期偿债能力

短期偿债能力是指企业需要偿付一个营业周期内到期流动负债的能力，取决于流动资产与流动负债的对比关系。

（1）静态偿债能力分析指标

在企业内部，为了保证及时偿还企业的流动负债，企业的流动资产结构、流动负债的规模与结构、企业的短期融资能力、经营现金流量水平都会对短期偿债能力产生影响。因此，反映企业短期偿债能力的比率指标也需要建立在上述影响因素与流动负债的关系基础之上，静态分析指标主要包括流动比率、速动比率和现金比率。

（2）动态偿债能力分析指标

由于流动负债的偿还并不在财务分析的时间节点，而是在未来某一时点才执行偿付行为，因此对企业的短期偿债能力还应从动态角度进行评估分析，主要包括现金流动负债比率、近期支付能力系数、速动资产够用天数和现金到期债务比率等。

2. 长期偿债能力

企业的非流动负债由于期限较长，因此缓解了企业短期的资金压力，但是对企业经营的稳定性提出了更高的要求，包括企业对内投资的效果、是否能持续实现盈利、有无充足的经营现金流量。为了保障债权人的利益，企业需要设置权益资金以增强偿还债务的可靠性，减少利润外流，保证自身的长期偿债能力。

（1）资产规模角度

衡量企业的长期偿债能力指标主要包括资产负债率、股东权益比率、产权比率、固定长期适合率。

（2）盈利能力角度

可以通过计算企业的销售利息比率、已获利息倍数、债务本息保证倍数来衡量企业的长期偿债能力。

（3）现金流量角度

主要考虑经营现金流量对企业债务的偿付保障程度。相关的评价指标主要包括到期债务本息偿付比率、强制性现金支付比率、现金债务总额比率和利息现金流量保证倍数。

（二）营运能力

营运能力是指在企业经营中对营运资产效率和效益的分析，反映了企业对资产的利用和管理能力，旨在进一步提升企业资产配置的合理性。

1. 总资产营运能力

反映企业总资产利用效率的指标主要包含总资产周转率、总资产收入率、总资产产值率，它们分别反映企业总资产的周转速度和投入产出效率，三个指标数值越高，说明企业总资产的营运能力越强。

2. 流动资产营运能力

各项流动资产管理能力的强弱，取决于企业销售活动的周转速度。因此，影响流动资产的周转速度需要考虑销售过程中营业收入和营业成本的高低，评价指标主要包括流动资产周转率和流动资产垫支周转率。

在流动资产的各项目中，存货与应收账款的变现能力较弱，容易产生库存积压、坏账滋生的现象从而削弱企业的盈利能力，增大企业的现金流压力。因此，企业在营运环节希望存货与应收账款的周转速度越快越好，加快资金的回笼。衡量这两项流动资产周转速度的指标分别是存货周转率与应收账款周转率。

由于赊销模式的存在，存货的快速周转可能会带来应收账款的提高，因此对于企业营运能力的评价需要结合存货周转率与应收账款周转率两个指标。

3. 固定资产营运能力

固定资产营运能力评价指标主要包括固定资产周转率、固定资产收入率与固定资产产值率，三个指标数值越高，表明固定资产利用越充分，同时也能表明固定资产投资得当，固定资产结构合理，能够充分发挥效率。

（三） 盈利能力

盈利能力是指企业经过系列的投入活动最终获得利润的能力，其分析内容包括业务获利、资产获利以及市场获利三方面的财务比率评价，也是企业投资者与债权人最为关注的维度。一般盈利能力和营运能力密不可分，是衡量企业偿债能力的重要分析数据。

1. 资本资产盈利能力

净资产收益率与总资产报酬率是核心的盈利能力评价指标。净资产收益率反映了企业股东价值的大小和资本增值的能力。总资产报酬率通过最终收益能反映企业对于资产的运用效果。其中，两个指标都可以进一步拆分，从而分析其影响因素。例如，总资产报酬率可以被拆分为总资产周转率和销售息税前利润率。

2. 商品经营盈利能力

商品经营盈利能力评价指标依据比值分母的不同划分为收入利润率与成本利润率。收入利润率包括各种利润额与收入之间的比率，主要有营业收入利润率、营业收入毛利率、总收入利润率、销售净利润率、销售息税前利润率，这类指标值越高则代表企业的盈利能力越强。其中，企业的总收入包括企业的营业收入、投资净收益和营业外收入。成本利润率指标值越低则代表企业对成本费用的控制越好，盈利能力越强。评价指标主要包括营业成本利润率、营业费用利润率、成本费用净利润率，层层递进地反映企业对成本费用的控制能力。

3. 剩余权益盈利能力

剩余权益盈利能力分析主要聚焦于上市企业所获得的利润、现金流量、股利发放与股权投资之间的量化关系，指标包括每股收益、每股现金流量、每股股价、股利支付率、每股净资产、市盈率和市净率。

站在市场评估的角度，投资者以每股股价、每股收益、每股净资产为基础对公司的股票价值进行对比评估，从而采取对应的投资决策，因此市盈率和市净率是投资者关注的重点。

（四） 发展能力

发展能力是指企业保持持续发展或增长的能力。除了短期利益以外，投资者、债权人也十分关注企业未来的发展趋势和发展潜力，以此判断自身所投资本的风险程度和回收周期。

评价企业单项发展能力的指标主要包括股东权益增长率、收入增长率、利润增长率和资产增长率，主要体现为环比比率指标。

第二节　业绩评价的基本原理

一　业绩评价的概述

（一）业绩评价的内涵

1. 概念

业绩评价是按照企业管理的需要设计评价指标体系，比照特定的评价标准，采用特定的评价方法，对企业目标的实现情况进行判断的活动。一个有效的业绩评价系统是由评价主体、评价客体、评价目标、评价指标、评价标准、评价方法和评价报告有机组成的。[①]

2. 业绩评价的历史演进

（1）财务评价指标的运用

在19世纪，美国纺织业、铁路业、钢铁业等的管理者根据各自行业的经营特点先后建立了相应的业绩评价指标，用于评价企业内部的生产效率。比如，根据每小时人工成本等，建立了产品的标准成本。20世纪初，多元化经营和分权化管理为业绩评价的进一步创新提供了机会。1903年，杜邦火药公司财务主管唐纳森·布朗建立了杜邦公式，即投资报酬率＝资产周转率×销售利润率，并发明了至今仍广泛应用的"杜邦系统图"。杜邦分析系统在企业管理中发挥的巨大作用奠定了财务指标作为评价指标的统治地位。应用最为广泛的评价指标有投资报酬率、权益报酬率和利润率等财务指标。

（2）非财务评价指标的兴起

企业面临的环境日益复杂，仅仅对企业的生产效率进行评价已无法满足企业管理的需要。各个职能部门根据自身业务特点建立了市场占用率、顾客满意度、新产品数量、员工满意度等评价指标；同时，财务指标的短期性使员工的日常行动与企业的长期战略目标脱节。单纯地以财务指标作为业绩评价指标受到越来越多的批评，基于战略管理的业绩评价研究迅速升温。

1992年，卡普兰和诺顿在平衡计分卡法中给出了财务、客户、内部运营、学习与成长四个维度的评价指标，构建了财务指标与非财务指标相结合的评价指标体系，使得平衡计分卡法成为战略管理的有效工具。

---

① 王化成、刘俊勇：《企业业绩评价模式研究——兼论中国企业业绩评价模式选择》，《管理世界》2004年第4期，第82~91、116页。

（3）对财务指标的调整

由于财务指标无法反映企业未来价值创造等，资本市场和股东的要求不能满足。基于股东价值角度的企业业绩评价研究逐步发展起来。代表人物为阿尔弗雷德·拉帕波特（Alfred Rappaport），1986 年他在《创造股东价值》一书中提出股东价值＝企业价值－债务。1991 年，斯特恩·斯图尔特（Stern Stewart）公司提出了经济增加值（Economic Value Added，EVA）指标。1997 年，杰弗里（Jeffery）等人提出修正的经济增加值（Refined Economic Value Added，REVA）指标，进一步发展了经济增加值指标。

（二）业绩评价的作用

1. 反映企业当期经营成果，找出企业经营目标差距

业绩评价可以从财务角度和非财务角度两方面反映过去和当前企业的真实经营状况，通过与自身的纵向对比和与行业的横向对比，了解自身发展的优势与不足。一方面，量化的评价形式可以让企业清楚自身发展与所设定的理想目标之间的差距，并对最终目标实现的可能性进行判断。另一方面，与行业的横向对比可以让企业清楚所处的行业位置，对后续经营的战略规划调整提供参考依据。

2. 指导企业调整经营战略，及时应对外部环境变化

企业业绩的呈现是企业以前年度经营策略和外部环境变化的综合结果，进行行业绩评价可以反映企业以前年度管理策略的有效性和企业针对外部环境变化的应变能力。基于对以前年度企业业绩的评价结果，企业根据经营策略的贯彻效果决定本期经营策略的制定和调整，同时考虑到当前宏观经济环境对企业未来发展的影响，最终制定出适宜性更强的企业经营策略。

3. 优化企业内部管理制度，有效监督管理层行为

业绩评价衡量了企业经营过程中管理层的工作成效，以及不同层级组织和员工劳动投入的最终产出结果。因此，业绩评价一方面可以帮助企业管理者更好地发现企业整个运营以及组织管理制度的不足，从而对管理方法和制度进行优化调整；另一方面作为本期报酬确定的重要依据来源，根据不同的业绩能够确定不同程度的报酬，能够提供对企业管理层、内部组织、员工的奖惩依据，尤其是对管理层行为起到监督作用。

延伸阅读与讨论 4-1

业绩评价系统设计的核心在于业绩评价指标的选择，评价系统中的指标既有财务业绩指标与非财务业绩指标之分，同时又有定量或客观业绩指标（Objective Performance Measures）与定性或主观业绩指标（Subjective Performance Measures）之分。主观业绩评价则是基于评价者个人主观判断或基于主观指标的业绩评价方法，

常见于上级对下级的绩效打分，容易引发"管理者偏好主义"（Favoritism）、员工"讨好行为"（Influence Activity）以及"评价过宽"（Leniency Bias）等评价偏差问题。请结合参考资料中的事例，思考主观业绩评价受到哪些因素的影响。

资料来源：高晨、汤谷良《主观业绩评价、高管激励与制度效果——基于我国企业高管评价的多案例研究》，《中国工业经济》2009年第4期，第147~156页。

二　业绩评价的方法

（一）财务指标评价方法

财务指标评价方法主要是利用反映企业偿债能力、营运能力、发展能力、盈利能力的一些财务比率指标或者能够从企业财务报表中直接获取的财务信息对企业的业绩好坏进行评价的方法，主要包括财务分析法、杜邦分析法、沃尔评分法、EVA法等。财务分析在本章的第一节进行了详细介绍，因此本节介绍以财务指标为主的其他几种方法。

1. 杜邦分析法

杜邦分析法是利用财务比率指标之间存在的关系来分析企业的财务情况，通过利用目标管理的方法连接起比率指标，即指标之间存在层次关系，上层比率指标作为下层比率指标的管理目标，下层比率指标又是上层比率指标的实现手段。通过分析比率指标之间的相互关系以及相互作用，能够更深入地了解企业各方面财务状况间的联系。

常用的杜邦分析法主要是将净资产收益率作为核心指标，结合企业偿债能力、营运能力、盈利能力，进行分解、深入关联之后，形成一个完整的分析系统（见图4-1）。

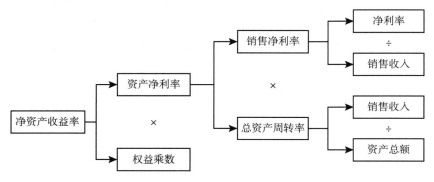

图4-1　杜邦分析体系分解

但杜邦分析法也有一定的缺点：一是无法反映企业经济技术指标；二是不太符合或是不能完全符合企业股东财富最大化的目标；三是只利用了企业的资产负债表、利润表、利润分配表这三张报表，忽略了现金流量表；四是无法分析对企业财务绩效的影响程度，无法帮助企业进行内部管理的调整和优化。

延伸阅读与讨论 4-2

请结合参考资料，思考杜邦分析法在金融行业中的运用以及改进。

资料来源：吕立《杜邦分析法下商业银行支持实体经济情况研究——以山西某银行金融机构为例》，《山西财经大学学报》2017 年第 S2 期，第 23～25 页；朱鹏《基于改进杜邦分析法的融资租赁公司经营绩效评价》，《财务与会计》2016 年第 4 期，第 53～55 页。

2. 沃尔评分法

沃尔评分法是利用线性关系将若干个选定的财务比率结合起来，然后给定各个比率指标相应的分数权重，接着与标准比率相比，确定各个指标得分和总体指标累计分数，从而对企业做出最终评价。其基本步骤如下。

第一，确定评价指标并分配权重。例如，选取产权比率、流动比率代表企业偿债能力；资产净利率、销售净利率、净值报酬率代表企业盈利能力；应收账款周转率、存货周转率代表企业营运能力；销售增长率、净利润增长率、资产增长率代表企业发展能力。然后，根据各指标的重要程度来确定其评分值，评分值总和为 100。

第二，确定各个比率指标的标准值，即参考值。

第三，计算企业在一定会计期间内各项比率指标的实际值。

第四，得出最终评价结果。

沃尔评分法的计算公式如下：

$$实际分数 = 实际值 / 标准值 × 权重$$

评分可依据上述公式得出，在实际值>标准值为理想时，则公式计算结果为企业评价最终分数；但在实际值<标准值为理想时，实际值越小企业最终评分应该越高，此时企业评价最终分数应与此公式计算结果刚好相反。

根据沃尔评分法的公式可以发现，此方法的缺陷在于当某个单一指标的实际值特别高时，会使得企业评价最后的评分大幅上升，反而会使一些不良比率指标被掩饰，无法反映企业业绩真实状况，会给企业管理者造成一种假象。

3. 经济增加值（EVA）法

经济增加值是指一段时间内企业税后净营业利润扣除全部投入资本成本后的余额。若最终得到的数额为正，则说明企业创造了价值增值，创造了财富；若所得数额为负，则说明企业不仅没有创造价值增值，还造成了价值损失；若数额刚好为零，说明企业创造的价值只能够满足债权人和股东预期获得的收益。

EVA 法的核心观点在于：企业税后利润并没有考虑权益资本的机会成本，不能正确反映企业真实经营业绩，因此在税后利润和经营现金流量的基础上考虑了资本成本，而且核算时在财务报表基础上引入了一系列的调整事项，最大限度地消除了会计谨慎性原则以及管理层操纵带来的影响，避免了信息失真，更真实地反映了企业实际经营业绩。基本计算公式如下：

$$EVA = 税后净营业利润 - 资本总额 × 资本加权平均成本$$

EVA 法的优势主要体现在：①EVA 法所反映的企业业绩是与企业价值增值紧密相连的，基于股东财富最大化的目标，让管理层更加关注在股东财富创造上，调整优化企业决策和管理；②EVA 法将债务资本成本和权益资本成本结合起来，考虑到企业真正所有者（即股东）在风险约束下的最低期望报酬；③采用 EVA 法能够缓解企业委托代理问题，运用 EVA 业绩评价法能够让管理者与股东利益保持一致，从而使经营权与所有权相协调；④EVA 业绩评价法能够有效遏制企业盲目扩张以追求利润总额和增长率的倾向，会促使企业更加注重长期价值创造。但其局限性也非常明显：①没有考虑非财务指标；②主观判断多，需要调整的因素和事项众多，计算方法不够精确；③可比性差，EVA 指标是一个绝对值，反映企业全部资本的增值额，无法有效界定来源不同的投入资本对 EVA 指标产生的不同影响。

延伸阅读 4-2

国资委印发《中央企业负责人经营业绩考核办法》，突出经济增加值考核

2016 年 12 月 12 日，国务院国资委印发了《中央企业负责人经营业绩考核办法》（国资委令第 33 号）（简称《考核办法》）。《考核办法》共七章五十二条。第一章总则，对考核依据、考核对象、工作原则、考核方式等做出明确规定。第二章至第五章为新编章节，分别为考核导向、分类考核、目标管理以及考核实施。其中，"考核导向"章节明确考核重点体现在突出发展质量、注重资本运营效率、发挥功能作用、坚持创新发展、重视国际化经营和健全问责机制等六个方面；"分类考核"章节紧密贴合《中共中央　国务院关于深化国有企业改革的指导意见》（中发〔2015〕22 号）和中央关于深化中央管理企业负责人薪酬制度改革相关意见的要求，结合企业不同功能定位，提出更加明确的考核要求，同时落实以管资本为主加强国有资产监管的要求，突出经济增加值考核。

资料来源：《国资委印发〈中央企业负责人经营业绩考核办法〉》，国务院国有资产监督管理委员会官网，2016 年 12 月 23 日，http：//www. sasac. gov. cn/n2588035/n2588320/n2588335/c4258423/content. html。

（二）企业业绩综合评价方法

综合评价方法通过构建涵盖财务指标和非财务指标的评价体系，对企业业绩情况进行全面评价。常见的综合评价方法包括：平衡计分卡法、关键绩效指标考核法等。

1. 平衡计分卡法

平衡计分卡法（Balanced Score Card，BSC）是结合财务指标与非财务指标，从财务、客户、内部运营、学习与成长四个维度，将企业战略目标作为可操作的衡量指标和目标值的绩效管理方法（见图4-2）。在平衡计分卡法中，"学习与成长维度"是最为主要的部分，"内部运营维度"是基础，"客户维度"是关键，"财务维度"是最终目标。

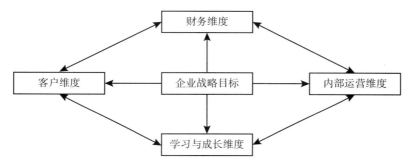

图 4-2　平衡计分卡法的评价维度

（1）财务维度

为了回答"股东如何看待我们的经营成果"这一问题，BSC 法沿用了传统的财务指标来衡量企业的长期财务绩效和短期财务绩效。例如净利润、营业收入、息税前利润等绝对数指标，也包括资产报酬率、营业收入增长率等相对数指标，借以反映管理者的决策方针是否对企业经济效益产生了积极作用。

（2）客户维度

企业的销售过程与客户息息相关，面对"顾客如何看待我们的产品和服务"这一问题。BSC 法立足于客户视角，从交货周期、产品质量、服务和成本这几个方面来关注客户的忠诚度、获取新客户的能力、品牌影响力、企业市场份额等指标。对客户的及时关注能够保障企业及时调整经营策略，维持竞争优势。

（3）内部运营维度

聚焦于企业内部运营，主要回答"如何提升产品价值，使顾客满意，从而提高企业盈利的能力"，衔接了客户维度与财务维度，涉及企业产品开发、生产、销售等一系列流程。因此评估指标既包括研发投入、获得专利数、投入资本回报率等创新流程指标，也包括存货周转率、成本费用利润率、客户投诉率等周转性指标和售后服务评估指标，从而体现企业内部运营的效率问题。

（4）学习与成长维度

基于企业规模扩张和可持续发展的前提条件，BSC 法从员工角度出发探讨"如何保持变革和进步的能力"，旨在最终服务于企业内部运营，满足顾客需求，并实现企业价值最大化。因此，学习与成长维度主要包括员工素质（员工培训费用、员工受教育程度、员工经验/态度等）、员工生产力（人均技术产出、人均产值等）、员工满意度（人均薪酬等）、员工忠诚度（员工保持率、员工流失率等）等指标。

BSC 法从评价的内容范围上较为全面地反映了企业的业绩，平衡了财务指标与非财务指标、历史业绩和未来价值、定量指标与定性指标，以及长期战略与短期目标。但平衡计分卡法存在一定的实施难度：一是指标维度和数量较多，计算复杂；二是要求企业具备先进的信息管理系统以衔接企业的内外部信息收集。除此之外，平衡计分卡法仅考虑了企业面对的客户和市场，而未考虑其他外部环境因素，例如企业的供应商与竞争对手。

延伸阅读与讨论 4-3

EVA 法虽然考虑了股东价值，但是企业仅采用 EVA 法进行业绩评价，可能会促使经营者优先考虑能快速提高 EVA 的风险低的短期投资项目，放弃有利于企业长远发展，可能给企业带来未来收益的风险较高的新产品开发等长期投资活动。BSC 法四个维度是短期与长期、原因与结果、财务与非财务业绩衡量的有机结合。BSC 法的核心在于如何将战略转换成行动方案或工作计划，能够将企业的目标和战略有机结合，注重企业的长期发展，恰恰弥补了 EVA 法在这方面的不足，BSC 法与 EVA 法两者相互结合，各取其长补对方之短，共同构成了一个较为完善的业绩评价系统。请结合参考资料，理解 BSC-EVA 法的企业绩效评价系统的构建，以及在实际公司中的运用。

资料来源：刘运国、陈国菲《BSC 与 EVA 相结合的企业绩效评价研究——基于 GP 企业集团的案例分析》，《会计研究》2007 年第 9 期，第 50~59、96 页。

2. 关键绩效指标考核法

关键绩效指标（Key Performance Indicator，KPI）考核法，是以企业战略目标为导向，通过构建关键绩效指标体系，将企业价值创造活动和战略规划目标结合，据此进行绩效管理的方法。关键绩效指标考核法一般有以下程序：制订以关键绩效指标为核心的绩效计划、制订激励计划、执行绩效计划与激励计划、实施绩效评价与激励、编制绩效评价报告与激励管理报告等。其中，制订和实施以关键绩效指标为核心的绩效计划主要分为三步。

（1）构建关键绩效指标体系

对企业来说，一般可以从三个层面来构建关键绩效指标体系。第一层是企业关键绩效指标。企业应根据其本期制定的战略目标，结合其价值创造模式、内外部经营环境等因素，设定企业级关键绩效指标。第二层是部门关键绩效指标。根据企业级关键绩效指标，应该结合所属部门的特征，逐级分解企业级关键绩效指标，在经过讨论商定后，设定所属部门级关键绩效指标。第三层是员工关键绩效指标。根据员工所属部门的关键绩效指标，结合员工岗位职责和工作贡献，设定员工级关键绩效指标。

（2）设定关键绩效指标权重

关键绩效指标权重分配设定上应该合理地考虑分配对象对企业价值增值的贡献，以及每项指标的重要性水平，同时还要与企业战略目标相符。一般单项关键绩效指标设定在 5%～30%，只有特殊重要的指标可以适当提高权重。

（3）设定关键绩效指标目标值

关键绩效指标目标值的设定，一般是参考国家有关部门或权威机构发布的行业标准或参考竞争对手标准，或者是参照企业内部标准。当这两种方法都不能确定标准时，则以企业历史经验值为标准。

KPI 考核法进行业绩评价的优势如下：①业绩评价内容契合企业战略目标；②业绩评价层级内容明确，通过在战略层、部门层、员工层设置对应的绩效考核指标，可以使企业内部上下级明确相关的绩效目标，在对内、对外的沟通过程中保持一致的客观认知；③业绩评价实施成本低，关键绩效指标所评估的指标数量较少，因此在企业中的实施成本更低，推广速度更快。但 KPI 考核法的运用存在一个重要的前提：企业战略目标的制定方向和内容分解正确。如果企业在理解企业价值创造模式和战略目标上有偏差，那么很容易导致企业向错误的方向发展。

第三节　案例分析：大数据助力海澜之家的新零售发展

作为首个品牌价值突破百亿元的中国服装品牌，海澜之家集团股份有限公司（简称"海澜之家"）一直试图跳出服装行业存货的桎梏。2017 年，周立宸（海澜集团创始人周建平之子）继任集团总裁后，公司开始实行主品牌年轻化转型，同时借助大数据、云计算等新技术，进行设计开发、消费者运营、仓储物流、存货管理等产业链各环节信息化升级，力图实现产业链智能化整合。2020 年初，受新冠疫情影响，中国服装行业整体蒸发 4000 亿元、市场规模缩水 15%。然而，海澜之家2020 年上半年财报显示，公司营业收入同比下滑 24.43% 至 81 亿元，净利润则下跌55.42% 至 9.47 亿元，公司整体销售已恢复到上一年同期的 80%。海澜之家堪称交出了一份亮丽的答卷。

一 案例概况

（一）公司基本情况

1. 公司简介

海澜之家（英文缩写：HLA）是海澜集团旗下上市公司，成立于1997年，是一家主要从事品牌管理、供应链管理、营销网络管理的大型消费品牌运营平台公司，总部位于中国江苏省无锡市江阴市。2014年，海澜之家借壳凯诺科技实现上市，股票简称"海澜之家"，股票代码为600398，成为A股市值最大的服装类企业，总市值逾700亿元人民币。

为了满足不同消费群体的需求，公司自2017年起采取多品牌运营策略。目前，公司旗下运营管理品牌包括：婴童"英氏YeeHoO"、"男生女生HEY LADS"、国民男装"海澜之家HLA"、运动潮流"黑鲸HLA JEANS"、定位高端的"OVV"女装、职业服定制领导品牌"圣凯诺SANCANAL"、为消费者提供一站式"全品类的时尚生活之美"的"海澜优选HEILAN HOME"。

2019年，海澜之家以品牌价值9.5亿美元入选"BrandZ 2019最具价值中国品牌100强"，并连续5年登上《财富》中国500强排行榜，同时入选"新中国成立70周年70品牌"以及《汇桔网·2019胡润品牌榜》"2019最具价值中国品牌"。

2. 股权结构

海澜之家为家族企业。公司实际控制人周建平及其一致行动人周晏齐（周建平之女）、周立宸（周建平之子）通过海澜集团、荣基国际合计直接及间接持有上市公司约64%的股份（见图4-3）。2017年，周立宸接任海澜集团总裁。2018年，腾讯普和以10.48元/股的价格受让荣基国际2.39亿股公司股份，占当时总股本的5.31%，成为公司第三大股东。同年，海澜之家公开发行票面金额为100元的可转换公司债券30亿元。

（二）大数据下"平台+品牌"的连锁经营模式

在大数据的支持下，海澜之家的轻资产模式已经升级为"平台+品牌"的连锁经营模式，即上游充分借助外部资源，与供应商合作发展；下游采用"类直营"的管理模式，实现利益共享和风险共担，为消费者提供具有较高性价比和贴心服务的优质产品。

1. 上游：主抓"研发设计+供应商"合作

（1）设计及采购方面，两种模式并行深化合作

海澜之家的生产环节全部外包，上游主抓研发设计和合作，有联合设计和自主设计两种模式。

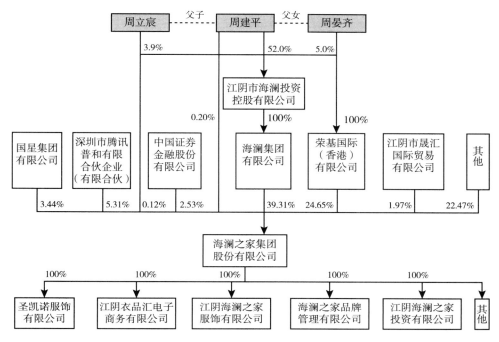

图 4-3　海澜之家股权结构

资料来源：海澜之家 2018 年年报。

联合设计指海澜之家与供应商联合开发，海澜之家主要负责最关键的开发提案和最终选型环节，供应商负责开展大量市场调研并主导设计方向。该设计主要采用"赊购+可退货"模式，供应商承担存货风险，海澜之家可以按照成本原价退还，因此，不承担存货跌价风险，对该类存货不计提存货跌价准备。在该模式下，供应商具有更高的毛利率，且订单量和利润率与终端销售率直接相关，因此，供应商会不断完善自身产品设计、缩短订单周期、控制成本等，以提高自身在海澜之家平台的竞争力。

自主设计为买断模式，海澜之家承担存货风险，计提存货跌价准备。目前海澜之家主品牌采用"可退货为主（占比约 70%），不可退货为辅（占比约 30%）"的模式（见图 4-4）。其他零售品牌以自主研发为主，供应商仅负责加工生产环节。

（2）供应商方面优胜劣汰，主抓品控

海澜之家以产品动销率、产品客诉率等指标作为对供应商考核评估的依据，对考核排名靠前的供应商会进行扶持，对排名靠后的供应商会逐步减少订单量，实现优胜劣汰。海澜之家采购集中度不高，2019 年之前五大供应商占年度采购总额的19.64%，对单个供应商依赖度较低，可有效降低集中采购的风险，也增强了海澜之家的议价能力。

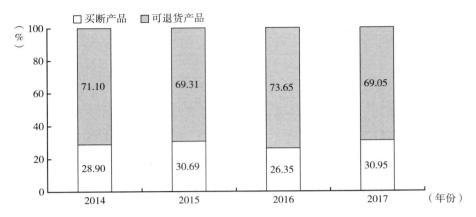

图 4-4　2014~2017 年可退货产品与买断产品收入占比

注：自 2018 年起不再披露该数据。

资料来源：海澜之家 2014~2017 年年报。

为了分担供应商的库存风险，海澜之家 2012 年推出定位于中低收入人群的男装品牌"百衣百顺"，主要销售二次采购的供应商的退货商品；2016 年正式更名为"海一家"，并于 2018 年转为全线上运营，承担"去库存"使命。

问题一：请结合公司年报和相关财务指标，分析海澜之家对于供应商的议价能力如何。

2. 下游：线下类直营模式快速扩张，线上电商辅助推动

海澜之家销售渠道分线下销售和线上销售，线下销售采用直营、加盟和联营模式，渠道主要分布于全国县级及以上城市核心商圈的步行街、百货商场、购物中心等地，并在马来西亚、新加坡、泰国等国家开设了门店；线上销售由公司直营，主要通过入驻天猫、京东、唯品会及微信小程序等主流开放平台实现销售。

（1）线下：独特的类直营模式

海澜之家线下销售环节主要采取所有权与经营权分离的模式，加盟商虽然拥有加盟店的所有权，但没有门店的具体管理权，所有门店的内部管理由海澜之家全面负责。加盟店管理人员和营业人员的招聘、培训、录用、解聘和管理，管理人员和销售人员的报酬标准，在协议期内的铺货、补货和应季换货等具体经营活动均由海澜之家代加盟商具体管理。海澜之家实际控制了销售渠道，是一种类直营的销售模式。

在这种模式下，加盟商不承担门店库存滞销风险。这变相降低了加盟门槛，有利于快速扩张，加速营销网络布局。如表 4-1 所示，2019 年海澜之家的加盟渠道收入 178.91 亿元；门店毛利率为 37.81%，略有降低；单店店效除 2018 年外，一直稳定在 270 万元以上。海澜之家在门店数量快速扩张的同时，通过类直营的标准化管理保障了加盟渠道的稳定。

表 4-1　2016~2019 年海澜之家加盟店及联营店数量及店效

指标	2019 年	2018 年	2017 年	2016 年
海澜之家门店数量（家）	5241	4922	4472	4229
其他品牌门店数量（家）	1355	1460	1273	995
门店数量（家）	6596	6382	5745	5224
收入（亿元）	178.91	159.47	156.45	146.21
毛利率（%）	37.81	39.72	37.96	38.93
店效（万元）	271.28	249.87	272.32	279.87

资料来源：海澜之家 2016~2019 年年报。

（2）线上：重视平台合作，加速推动新零售布局

2017 年 9 月 1 日，海澜之家与阿里巴巴（中国）有限公司签署《战略合作协议》，拟在品牌建设、渠道管理、产品创新等领域开展深入的战略合作，帮助海澜之家在中国的业务实现更具盈利性的增长并加快数字化转型。

2018 年 2 月，腾讯 25 亿元拿下海澜之家 5.31% 的股份。在腾讯的助推之下，2018 年 4 月，海澜之家宣布微商城和海澜之家小程序正式上线，品类涵盖西服、衬衫、卫衣、T 恤、夹克、裤子、鞋子和配饰等。

2018 年下半年，海澜之家与美团外卖平台达成合作，开启了"服装＋外卖"的全新零售模式。用户可以在美团外卖上下单自己心仪的产品，美团小哥将会在线下门店取货，并且在 1 小时内将产品送到用户手中。海澜之家 2019 年年报显示，单就海澜之家品牌就有超过 2000 家门店实现了"O2O"销售服务，满足了消费者随时随地购买的需求，以及线上下单，就近门店配送的优质购物体验。

海澜之家的新零售布局不限于此。在入驻天猫、京东、苏宁易购、唯品会等传统电商平台后，增设拼多多、云集、贝店、小红书、蜜芽等细分社交化电商渠道。同时，紧随潮流积极拥抱短视频平台，布局抖音、快手、火山小视频、西瓜视频、微视等平台，加快商品短视频内容的产出，结合平台流量，提高产品的曝光度和有效销售转化率。

问题二：请结合公司年报和相关财务指标，分析新冠疫情下海澜之家的业绩情况。

3. 供应链：可转债助力再升级

2018 年，海澜之家发行可转换公司债券募集不超过 30 亿元的资金，拟投入 7.09 亿元用于产业链信息化升级项目，21 亿元用于物流园区建设项目。其中产业链信息化升级项目包括门店信息化升级改造、供应商一体化信息平台建设、TM（Transportation Management）系统升级三大板块，涵盖公司与门店、公司与供应商、公司与物流服务提供商之间的信息系统升级改造。

产业链信息化升级将大大提高上、中、下游的信息和物流传递效率，提升海澜之家全产业链的信息化水平，打造智慧门店，推动精准营销，快速响应客户需求，充分发挥海澜之家产业链协同效应，连接上下游，缩短产品生产周期和新品上市时间，进一步优化产品结构、减少库存，提升海澜之家的整体运营效率。

问题三：请结合公开资料和服装行业固有的高库存现象，思考海澜之家的库存是否存在隐患。

二　案例分析

（一）问题一：请结合公司年报和相关财务指标，分析海澜之家对于供应商的议价能力如何

1. 应付账款周转天数高于行业水平

公司年报显示，海澜之家主要采用零售导向的赊购模式，结合货物实际销售情况，逐月与供应商结算，减少资金占用。与同类服装企业相比，海澜之家应付账款周转天数显著高于其他企业（见图4-5），显示出海澜之家对上游的强议价能力和占款能力。

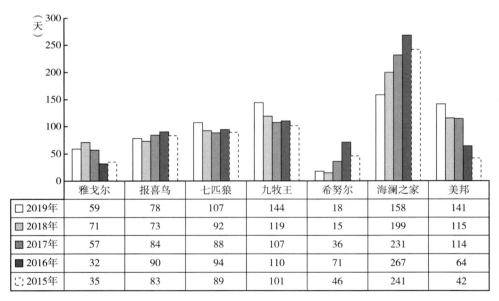

	雅戈尔	报喜鸟	七匹狼	九牧王	希努尔	海澜之家	美邦
□ 2019年	59	78	107	144	18	158	141
2018年	71	73	92	119	15	199	115
2017年	57	84	88	107	36	231	114
2016年	32	90	94	110	71	267	64
2015年	35	83	89	101	46	241	42

图4-5　2015~2019年企业应付账款周转天数对比

资料来源：各公司2015~2019年年报。

2. 供应商集中度低

案例资料显示，海澜之家采购集中度不高，2019年之前五大供应商占年度采购

总额的 19.64%，对单个供应商依赖度较低，可有效降低集中采购的风险，也增强了海澜之家的议价能力。

（二）问题二：请结合公司年报和相关财务指标，分析新冠疫情下海澜之家的业绩情况

1. 线上精准营销，新零售升级表现亮眼

2020 年，新冠疫情导致服装行业线下客流骤然下降，新渠道零售成为消费的主战场。海澜之家陆续推出了"李小龙""黑猫警长"等 IP 系列产品，成为"爆款"。同时，积极推进各品牌的线上互动，借助微信社群、小程序和其他社交电商平台，形成线上与线下联动。比如，2020 年 4 月 3 日，海澜之家举办了首次云发布会，直播跨越京东、天猫、微信全平台。2 小时的直播，围观流量超 300 万人，互动次数超 400 万次，当天全渠道销售额超 4000 万元。

2020 年年报显示，海澜之家实现线上收入 20.50 亿元，同比增长 54.72%，营业收入占比由 2019 年的 6.19% 上涨为 11.75%（见表 4-2）。以直播带货、短视频带货为代表的新零售渠道已实现模式沉淀。

表 4-2　2015~2020 年海澜之家线上与线下收入及毛利率情况

单位：亿元，%

指标		2020 年	2019 年	2018 年	2017 年	2016 年	2015 年
线下	线下收入	153.95	200.66	175.88	167.78	156.67	148.20
	营业收入占比	88.25	93.81	93.86	94.09	94.83	96.20
	毛利率	38.17	39.66	40.67	38.50	38.79	40.47
线上	线上收入	20.50	13.25	11.51	10.54	8.54	5.85
	营业收入占比	11.75	6.19	6.14	5.91	5.17	3.80
	毛利率	38.47	50.79	54.88	57.60	60.00	57.82

资料来源：海澜之家 2015~2020 年年报。

2. 线下重视直营店，数字化营销效果显著

海澜之家线下销售重视直营店的门店数字化营销落地。海澜之家 2020 年半年报显示，2020 年上半年，海澜之家品牌增加直营店 36 家，关闭加盟店及联营店 58 家；直营店营业收入增长 5.84% 至 6.28 亿元，毛利率依旧稳定在 40% 左右。

线下直营店的高速增长得益于线上的流量转入和接口，海澜之家扭转了疫情下依靠传统门店的被动模式。如表 4-3 所示，2020 年受新冠疫情影响，第一季度营业收入降幅为 36.80%，上半年营业收入降幅为 24.43%；第一季度净利润为 2.95 亿元，降幅为 75.59%，上半年降幅为 55.42%。这表明进入第二季度后，营业收入和净利润降幅同比均有收缩。2020 年上半年，销售毛利率重新回归到 40% 以上，销售净利率达到 11.30%，利润率回升。

表 4-3　2019～2020 年海澜之家收益情况

单位：亿元，%

指标	2020 年 6 月 30 日	2020 年 3 月 31 日	2019 年 12 月 31 日	2019 年 9 月 30 日	2019 年 6 月 30 日	2019 年 3 月 31 日
净利润	9.47	2.95	32.11	26.16	21.25	12.10
净利润同比增长率	−55.42	−75.59	−7.07	−0.45	2.87	6.96
营业收入	81.02	38.48	219.69	146.89	107.21	60.89
营业收入同比增长率	−24.43	−36.80	15.09	12.63	7.07	5.23
销售毛利率	40.05	34.48	39.46	41.77	41.67	43.59
销售净利率	11.30	7.45	14.42	17.66	19.70	19.83
净资产收益率	6.89	2.15	24.44	19.85	15.67	8.94

资料来源：海澜之家 2019～2020 年年报、半年报。

（三）问题三：请结合公开资料和服装行业固有的高库存现象，思考海澜之家的库存是否存在隐患

1. 服装行业的存货普遍较高

由于流行周期短，以及显著的季节性因素，服装公司的存货普遍较高，行业内公司的同期存货情况见表 4-4 和表 4-5。2019 年，希努尔存货营收比最低，为 6.30%，存货周转天数是 25.44 天，表明其有较强的存货管理能力。雅戈尔存货较多，存货营收比连续三年突破 100%，2019 年其存货周转天数为 998.34 天。2019 年，森马的存货营收比最高，达 225.52%，高存货营收比是长期以来拖累森马业绩的主要原因。海澜之家的存货负担也较重，2019 年存货营收比为 41.17%，存货周转天数为 250.61 天，仍然处于高位，降低存货营收比刻不容缓。

表 4-4　2015～2019 年行业内公司存货及存货营收比

单位：亿元，%

类型	公司	2019 年		2018 年		2017 年		2016 年		2015 年	
		存货	存货营收比	存货	存货营收比	存货	存货营收比	存货	存货营收比	存货	存货营收比
全能型企业	雅戈尔	166.00	133.87	145.00	150.49	110.00	111.79	117.00	78.52	140.00	96.55
半轻资产型企业	报喜鸟	10.15	31.01	8.20	26.37	7.69	29.57	8.42	41.93	10.51	46.88
	七匹狼	10.32	28.48	9.65	27.44	8.62	27.94	8.99	34.05	8.43	33.91
	九牧王	8.73	30.56	8.06	29.49	7.39	28.81	7.36	32.41	5.84	25.88
	希努尔	2.26	6.30	2.08	12.09	1.09	14.06	3.62	52.01	3.11	30.70
轻资产型企业	海澜之家	90.44	41.17	94.74	49.60	84.93	46.66	86.32	50.78	95.80	60.63
	美邦	20.53	37.58	23.49	30.60	25.65	39.60	18.37	28.18	18.75	29.79
	森马	41.09	225.52	44.17	132.92	23.84	56.09	22.03	35.04	15.96	20.56

资料来源：根据各公司 2015～2019 年年报计算。

表 4-5　2015~2019 年行业内公司存货周转天数

单位：天

类型	公司	2019 年	2018 年	2017 年	2016 年	2015 年
全能型企业	雅戈尔	998.34	1054.48	866.84	533.89	634.58
半轻资产型企业	报喜鸟	263.49	236.11	281.01	344.00	420.51
	七匹狼	186.86	162.87	173.19	211.95	200.86
	九牧王	244.63	234.54	243.11	242.64	223.48
	希努尔	25.44	39.81	143.69	217.60	163.38
轻资产型企业	海澜之家	250.61	286.35	277.44	316.07	298.24
	美邦	234.67	208.18	232.96	182.17	169.09
	森马	223.10	226.81	138.11	177.67	171.05

资料来源：根据各公司 2015~2019 年年报计算。

2. 疫情推高海澜之家的存货量

表 4-6 显示，2020 年上半年，海澜之家的存货为 82.17 亿元，同比下降 6.25 亿元；但是，存货周转天数为 320 天，同比增加了 56 天；应收账款周转天数为 18 天，同比增加了 6 天。这表明公司在控制存货方面仍然需要做出努力。2020 年 8 月，海澜之家线上开放"海澜奥莱"，所有尾货不剪标进入自营渠道。8 月 19 日 24 点，海澜之家线上奥特莱斯小程序开放仅仅 2 小时，销售额便过亿元。

表 4-6　2019~2020 年海澜之家的营运能力

指标	2020 年 6 月 30 日	2020 年 3 月 31 日	2019 年 12 月 31 日	2019 年 9 月 30 日	2019 年 6 月 30 日	2019 年 3 月 31 日
存货(亿元)	82.17	88.39	90.44	94.49	88.42	95.53
存货周转天数(天)	320	319	251	299	264	249
存货营收比(%)	101.42	229.68	41.17	64.33	82.47	156.91
应收账款周转天数(天)	18	19	12	14	12	10

资料来源：海澜之家 2019~2020 年年报、半年报。

3. 不可退还产品比重上涨

根据海澜之家 2019 年年报信息，海澜之家品牌的产品销售期为将该季节款型投放市场后的 24 个月以内，且海澜之家品牌一直坚持不以打折作为促销手段，因此根据投放期区分的库龄处于 2 年以内的不可退货产品不计提存货跌价准备，库龄 2~3 年的不可退货产品按照成本价的 30% 作为可变现净值的确定依据，库龄 3 年以上的不可退货产品 100% 计提存货跌价准备。由此可见，对于 2 年以上的库存，海澜之家计提存货跌价准备较高。

根据表 4-7，2019 年，海澜之家 2 年以上存货和不可退货产品占比分别为

1.88%和2.95%，较往年比例均有所增长。这意味着不可退货产品滞销的比重加大，从侧面反映出公司的存货压力依旧存在。

表 4-7　2016~2019 年海澜之家服装连锁品牌存货总额和不可退货产品的库龄结构及占比

单位：亿元，%

库龄	2019 年		2018 年		2017 年	2016 年
	存货总额	不可退货产品	存货总额	不可退货产品	存货总额	存货总额
1 年以内	59.33	23.54	65.4	32.59	66.55	59.52
占比	70.56	63.06	74.25	83.89	80.35	70.76
1~2 年	23.18	12.69	21.55	6.03	15.53	23.84
占比	27.57	33.99	24.47	15.52	18.75	28.34
2 年以上	1.58	1.10	1.13	0.23	0.73	0.76
占比	1.88	2.95	1.28	0.59	0.88	0.90
合计	84.09	37.33	88.08	38.85	82.82	84.12

注：①报告中公司存货项目包含服装连锁品牌存货，以及原辅材料和职业装品牌的存货。此处仅指服装连锁品牌存货，该数据从 2016 年开始披露。②不可退货产品从 2018 年开始披露。

资料来源：海澜之家 2016~2019 年年报。

4. 预收款项与应付账款问题依旧存在

预收款项与应付账款本质上是企业的负债，二者合计占比在 2017 年之前是 60% 左右，2018 年及之后情况有所好转，但依旧在 40% 左右（见图 4-6）。2020 年，受新冠疫情影响，线下销售受阻，预收款项显著降低，使得负债有所降低。预测未来销售回暖后，预收款项会增长，海澜之家的高负债和财务风险问题依旧会存在。

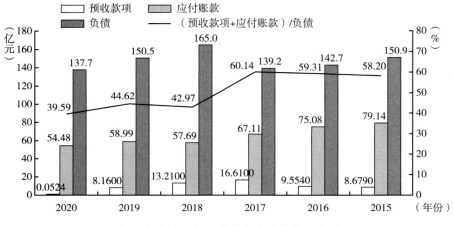

图 4-6　2015~2020 年海澜之家的负债情况

资料来源：海澜之家 2015~2020 年年报。

三 案例讨论

第一，请上网查找海澜之家 2022～2021 年年报，运用平衡计分卡法评价海澜之家的业绩情况。

第二，结合案例，讨论服装行业与信息技术、互联网的深度融合为企业提供了哪些机遇和挑战。

四 案例拓展阅读

苏宁易购的经营风险分析

2022 年 5 月 5 日，苏宁易购（002024.SZ）发布公告，因 2019～2021 年三个会计年度扣除非经常性损益前后净利润孰低者均为负值，且 2021 年审计报告显示公司持续经营能力存在不确定性，触及《深圳证券交易所股票上市规则（2022 年修订）》第 9.8.1 条第（七）项的规定，苏宁股票将于 2022 年 5 月 6 日开市起被实施"其他风险警示"。被实施"其他风险警示"后，公司股票简称为"ST 易购"，进入 A 股风险警示板交易，交易日涨跌幅限制为 5%。5 月 6 日，"ST 易购"开盘即跌停，下跌 4.95%，至 3.07 元/股。

（一）苏宁易购概况

苏宁集团 1990 年创办于南京，以空调专营店起家。2004 年 7 月在深圳证券交易所上市，股票代码为 002024。

2020 年，苏宁易购位列《财富》全球 500 强，并且在 2020 年《中国 500 最具价值品牌》中，以 2968.15 亿元的品牌价值稳居零售业第一位。截至 2020 年 6 月，全场景苏宁易购线下网络覆盖全国，拥有苏宁易购广场、苏宁家乐福社区中心、苏宁百货、苏宁零售云、苏宁极物、苏宁红孩子等"一大两小多专"各类创新互联网门店，稳居国内线下网络前列；苏宁易购线上通过自营、开放和跨平台运营，跻身中国 B2C 行业前列，公司零售会员总数达 6.02 亿人。苏宁易购主要业务情况如表 4-8 所示。

表 4-8 苏宁易购主要业务情况

单位：家

业态	主营业务	门店数量	覆盖市场
苏宁易购广场（百货业态）	家电、3C、超市、母婴、餐饮、掌居生活等	37	一、二线市场
零售云加盟店	家电、3C、快消等	9178	低线市场
家电 3C 家居生活专业店	家电、3C、家居等	1839	主要在高线市场
家乐福	超市	205	主要在一线市场

资料来源：苏宁易购 2021 年年报。

（二）苏宁易购的经营情况分析

1. 投资遍地开花，盈利效果甚微

在阿里巴巴、京东迅速崛起后，苏宁易购的零售主业在 2014 年就处于亏损状态。2015 年，苏宁易购引入阿里巴巴约 283 亿元的战略投资，此后进行了一系列昂贵的多元化投资。

2016 年，苏宁易购与淘宝换股，以 140 亿元认购阿里巴巴 1.04% 的股权。

2017 年，42.25 亿元收购天天快递 100% 的股权；40 亿元增资中国联通，持股 1.94%；向恒大地产投资 200 亿元。

2018 年，95 亿元收购万达商业 4.02% 的股权；出资 98 亿元与恒大地产合资建立公司；34 亿元认购华泰证券定增。

2019 年，27 亿元收购万达百货 37 家百货公司；48 亿元收购家乐福 80% 的股权；30 亿元认购之江新实业 6% 的股权；15 亿元认购 TCL 23.26% 的股权；19.73 亿元回购此前出售的 6 家仓储物业。

然而，上述投资目前尚未给公司业绩带来正向影响。其中，收购的天天快递年年亏损，已经在 2021 年偃旗息鼓。苏宁易购 2021 年年报显示，2021 年苏宁易购实现营业收入为 1389.04 亿元，同比下滑 44.94%；归属于上市公司股东的净利润为 -432.65 亿元，同比下滑 921.11%；实现扣非净利润为 -446.7 亿元，同比下滑 556.23%。这表明苏宁易购业绩继续大滑坡。2018~2021 年公司营业总成本均高于营业总收入，结合表 4-9 中的成本费用利润率可以判断，苏宁易购整体的盈利能力不佳。

表 4-9　2018~2021 年苏宁易购盈利能力指标

单位：%

年份	资产报酬率	净资产收益率	长期资本收益率	营业净利率	成本费用利润率
2018	0.076	0.143	0.153	0.052	0.057
2019	0.071	0.107	0.152	0.035	0.053
2020	-0.023	-0.070	-0.049	-0.021	-0.027
2021	-0.284	-1.424	-0.655	-0.318	-0.325

资料来源：苏宁易购 2018~2021 年年报。

2. 应付账款数额巨大，与供应商结算周期延迟

苏宁易购在 2021 年财报中表示，公司自 2021 年 6 月以来持续面临流动性不足的问题，尤其是下半年以来公司核心电器 3C 业务的库存商品规模创历史最低值，商品库存严重不足、销售推广开支急剧压缩，公司的整体销售和采购规模同时大幅下降，与供应商结算周期延迟，直接引发供应商的返利结回比例急剧下降，导致采

购成本提高，对应经营利润大幅下降。

根据公司各年年报，苏宁易购 2017～2021 年经营活动产生的现金流量净额分别为 −66.05 亿元、−138.74 亿元、−178.65 亿元、−16.22 亿元和 −64.30 亿元，已连续 5 年为负，相关欠款多有逾期。截至 2022 年 3 月 31 日，苏宁易购逾期未支付的应付款项为 322.39 亿元，逾期未支付的应付款项主要包括应付供应商款项、应付商业票据、应付租赁费、应付工程款等，其中一年以内应付款项为 258.85 亿元。

正因拖欠供应商货款，150 多家供应商向中城院要案中心寻求帮助的情况发生。2022 年 6 月 16 日根据《苏宁易购集团股份有限公司关于对 2021 年年报问询函回复的公告》，截至 2022 年 3 月 31 日，苏宁易购逾期未支付的款项中各类合同被诉金额 40.24 亿元，其中涉及商品买卖合同纠纷 13.49 亿元、租赁及建筑工程合同纠纷 14.90 亿元、服务及其他合同纠纷 8.92 亿元、票据纠纷 2.93 亿元。这些诉讼涉及公司司法冻结资金 4.70 亿元、涉及股权冻结标的金额 1.47 亿元，未涉及其他资产被强制执行的情形。苏宁易购表示，公司积极推动与供应商、合作伙伴的合作恢复及应付款项的解决，积极持续地与供应商及其他债权人沟通对应付款项的偿付安排，也将积极地盘活存量资产回笼资金解决逾期欠款问题，公司于 2022 年 3 月 31 日的逾期欠款金额已较 2021 年 12 月 31 日的 328.93 亿元减少了 6.54 亿元。

3. 资产负债率一路攀升，财务危机一触即发

在企业多元化扩张的过程中，苏宁易购扩张的资金主要来自债务融资，而多数项目又以失败告终，说明其在扩张过程中缺少合理的风险评估。苏宁易购的流动比率从 2018 年的 1.259 跌到了 2021 年的 0.683，速动比率和现金比率均连续下降，且下降速度极快。

2018～2020 年，苏宁易购资产负债率一直保持在 60% 左右，处于零售行业资产负债率较为正常的区间值。但在 2021 年，资产负债率达到 81.8%，苏宁易购出现较大的债务压力。产权比率和利息保障倍数指标也在 2021 年突然恶化（见表 4-10）。

表 4-10　2018～2021 年苏宁易购偿债能力

年份	短期偿债能力			长期偿债能力		
	流动比率	速动比率	现金比率	利息保障倍数	资产负债率	产权比率
2018	1.259	1.022	0.323	12.295	0.558	1.261
2019	0.997	0.776	0.148	7.523	0.632	1.718
2020	0.863	0.668	0.093	−2.511	0.638	1.760
2021	0.683	0.571	0.038	−13.376	0.818	4.503

资料来源：东方财富。

（三）国资进入，推动苏宁易购新零售发展

为支持苏宁易购调整优化结构、盘活优质资产、实现转型发展，推动新零售产业高

质量发展，2021 年 5 月 6 日，江苏省国资、南京市国资与苏宁易购签署了组建新零售发展基金的框架协议。新零售发展基金由江苏省与南京市国资、苏宁易购、社会资本共同出资，总规模 200 亿元。基金将以"市场化、法治化"为原则，在保障投资风险的前提下，采取投资苏宁易购优质资产与优质业务等方式，进一步发挥苏宁易购现代商贸流通龙头企业的示范带动作用，实现国资、民资资源互补、合作共赢，促进现代商贸流通体系持续快速发展。

2021 年 7 月 6 日，苏宁易购披露了《关于公司控股股东及股东签署〈股份转让协议〉暨公司控制权拟发生变更的公告》，受让方为江苏新新零售创新基金二期（有限合伙）（简称"新新零售基金二期"），各合伙人具体出资情况如表 4-11 所示。按照协议，新新零售基金二期获得 16.96% 的股份，并在 2021 年 7 月 9 日完成了过户登记手续，股份具体转让情况见表 4-12。

表 4-11 新新零售基金二期各合伙人的名称、性质、出资额和出资比例

单位：元，%

序号	性质	合伙人名称	出资额	出资比例
1	普通合伙人	海南吉力达投资有限责任公司	200000000	2.2637
2	有限合伙人	南京新兴零售发展基金（有限合伙）	1851219010	20.9535
3	有限合伙人	华泰证券（上海）资产管理有限公司	1783219010	20.1838
4	有限合伙人	杭州阿里妈妈软件服务有限公司	2650473436	30.0000
5	有限合伙人	重庆海尔家电销售有限公司	600000000	6.7912
6	有限合伙人	美的集团股份有限公司	600000000	6.7912
7	有限合伙人	TCL 实业控股股份有限公司	600000000	6.7912
8	有限合伙人	江苏鱼跃科技发展有限公司	300000000	3.3956
9	有限合伙人	小米科技（武汉）有限公司	100000000	1.1319
10	有限合伙人	易居（中国）企业管理集团有限公司	100000000	1.1319
11	有限合伙人	深圳创维-RGB 电子有限公司	50000000	0.5659
合计			8834911456	100.00

资料来源：苏宁易购披露的《关于公司控股股东及股东签署〈股份转让协议〉暨公司控制权拟发生变更的公告》，2021 年 7 月 6 日。

表 4-12 股份转让前后有关持股情况

单位：股，%

股东姓名/名称	本次股份转让前		本次股份转让后	
	持股数量	持股比例	持股数量	持股比例
张近东	1951811430	20.96	1640181431	17.62
苏宁控股集团	370786925	3.98	254411429	2.73
苏宁电器集团	993937699	10.68	129448134	1.39
西藏信托	286201086	3.07	0	0
新新零售基金二期	0	0	1578696146	16.96

资料来源：苏宁易购发布的《关于公司股东签署〈股份转让协议〉股份过户完成的公告》，2021 年 7 月 12 日。

要求：

1. 结合行业环境和最新的公司财务报告，分析 ST 易购的业绩情况。

2. 结合公开资料和财务指标，讨论新新零售基金二期投资苏宁易购的原因，并结合资金用途，判断投资效果如何。

3. 结合海澜之家和苏宁易购案例，思考新零售背景下的关键绩效指标。

小　结

财务分析与业绩评价是对企业内外部财务信息与非财务信息进行加工提炼的过程，是投资者、债权人、企业管理者和政府部门检验企业发展质量优劣、评估企业经营风险高低的重要手段。通过了解企业过去和现在的偿债能力、营运能力、盈利能力、发展能力等情况，投资者和债权人可以调整投资决策，企业管理者依据发展短板调整后续经营期间的战略规划，而政府部门则判断是否对企业经营进行约束以维持市场稳定、维护投资者权益。而对企业进行业绩评价不仅要考虑财务指标呈现的信息，同时要越来越多地考量企业内外部相关主体在影响企业经营过程中的重要作用。基于企业特征，选择合适的财务分析方法和业绩评价方法是得出正确结论、辅助多方决策的关键。

关键词

财务分析　因素分析法　比较分析法　业绩评价　综合评价

思考题

1. 如何理解财务报表分析与财务比率分析的不同，以及财务分析与业绩评价的不同？

2. 财务分析与业绩评价的主体有哪些？它们关注企业信息的目的有何不同？

3. 常见的以财务指标为主的业绩评价方法有哪些？它们之间的区别是什么？有无其他方法？试举例说明。

4. 平衡计分卡法对企业绩效的评估原理是什么？主要包括哪几个维度？

5. 请说出平衡计分卡法与关键绩效指标考核法的优缺点。

第五章　企业筹资与资本结构

学习目标

1. 了解现阶段企业筹资活动的动机、原则、渠道和方式，熟悉资本成本的构成与种类。

2. 掌握资本结构的主要理论，理解成本和风险的关系。

3. 掌握资本结构决策方法，并能用其解决企业现实问题。

课程思政融入点

1. 通过"理论先行—案例支持—辩论反思—思政升华"的行动学习，提高学生对企业筹资活动的分析能力，形成财务全局分析思维，提升财务综合素养。

2. 领悟企业筹资活动中"成本"与"风险"之间的较量与平衡，培养学生"诚信守法""成本节约"的企业家精神。

3. 通过分析具体案例，引导学生思考企业筹资方式的选择动机及潜藏的风险，了解资本市场的运作方式及未来发展方向。

4. 通过本章内容的讲解，引导学生认识和思考企业通过资本市场筹集资金的渠道和方式，了解中国资本市场，并践行社会主义核心价值观，树立"四个自信"。

引　例　　**永太科技成为首家"深圳+伦敦"两地上市企业**

2023 年 7 月 12 日，永太科技发布公告称，公司发行的全球存托凭证（GDR）正式在伦敦证券交易所（简称"伦交所"）上市。本次共计发行 743.89 万份 GDR，发行价格为 9.41 美元/份，募集资金约 7000 万美元，所对应的基础证券为 3719.45 万股 A 股股票，占发行后 A 股股份总数的 4.07%。

永太科技成为深交所上市公司中首家在伦敦证券交易所发行 GDR、实现"深圳+伦敦"两地上市的公司，开启了深伦通这一全新的国际金融资源配置通道。永太科技业务覆盖多板块，以含氟技术为核心，横跨无机和有机氟化工领域，其多元化的精细化学品包括新能源锂电材料、医药及植物保护等。海外销售市场在永太科技业务版图中占据着重要地位，2022 年公司共计实现海外业务收入 26.74 亿元，同比增加 25.18%，占公司总营收比重为 42.20%。

永太科技董事长王莺妹表示："深伦通是中国资本市场对外开放的重要举措。通过深伦通进入国际资本市场，将有助于公司打开国际融资渠道，进一步优化股权架构和公司治理机制，推进全球战略布局，从而逐步扩大公司知名度和品牌影响力，持续提升综合竞争实力。"

资料来源：吴文婧《永太科技成为首家"深圳+伦敦"两地上市企业》，《证券日报》2023 年 7 月 13 日，第 B2 版。

第一节 企业筹资的基本原理

一 筹资的内涵

筹资（Financing）指企业根据其生产经营、对外投资、调整资本结构等需要，通过筹资渠道和金融市场，运用筹资方式，经济有效地筹措和集中资金，是企业财务管理最基本和最主要的活动之一。

（一）筹资的概念

1. 短期筹资

短期筹资（Short-term Financing）指筹集在一年以内或超过一年的一个营业周期内到期的资金，通常为短期负债筹资。短期筹资归入营运资本管理部分，本章主要讨论与长期筹资相关的内容。

2. 长期筹资

长期筹资（Long-term Financing）指的是企业通过长期筹资渠道，经济有效地筹措长期资本。任何一家企业在生存与发展过程中都需要维持一定规模的长期资本，以满足购置固定资产、取得无形资产和开展对外投资等需求。长期资本一般通过吸收直接投资、发行股票、发行债券、长期借款和融资租赁等方式形成。

（二）筹资的动机

1. 扩张性筹资动机

扩张性筹资动机指企业因扩大经营规模或增加对外投资而产生的追加筹资动机，一般存在于处于成长期、具有良好发展前景的企业。扩张性筹资动机所带来的直接结果是企业资产总额与资本总额均增加。

2. 调整性筹资动机

调整性筹资动机指企业因调整现有资本结构的需要而产生的筹资动机，一般存在于任何发展时期的企业。随着经营环境和企业自身情况的变化，现有资本结构可能不再适应企业的生存与发展，需要进行调整。调整性筹资动机所带来的直接结果是企业资产总额与资本总额保持不变，但资本结构发生变动。

3. 混合性筹资动机

混合性筹资动机指企业既为扩大经营规模又为调整资本结构而产生的筹资动机，兼容了扩张性与调整性两种筹资动机。混合性筹资动机带来的直接结果是企业资产总额与资本总额都会增加，且资本结构发生变动。

（三）筹资的原则

1. 规模适度原则

无论通过何种筹资渠道，运用何种筹资方式，企业都必须预先确定筹资的规模。一方面，要保证筹集的资金能满足生产经营、对外投资、调整资本结构等需要；另一方面，又不会因为资金闲置而徒增资本成本。因此在开展筹资活动之前需要确定筹资规模，合理预测资金需要量。

2. 时机得当原则

筹资时机指有利于企业筹资的一系列因素所构成的良好筹资环境或筹资机会。筹资时机是客观存在的，企业只能认识、了解并适应它，而不能左右它。因此，企业在把握有利筹资时机时，必须发挥其主观能动性。一般来说，筹资时机可在权衡企业自身因素和外在环境因素后确定。对国民经济发展状况、财政与金融政策、行业竞争程度、市场供求状况、产品周期与企业规模大小、市场占有能力、经营风险、经济效益等进行综合权衡后确定。

3. 结构合理原则

企业的筹资活动必须合理地确定资本结构。一是要合理确定债务资本与股权资本的结构，既要利用债务成本低的优势，又要警惕债务融资的财务风险。二是要合理确定长期资本与短期资本的比例，即企业全部资本的期限结构与企业资产持有的期限相匹配。

4. 依法筹资原则

企业的筹资行为和筹资活动必须遵循国家的相关法律法规，依法履行法律法规和投资合同约定的责任，依法披露相关信息，维护各方的合法权益。

5. 成本节约原则

企业应认真研究资金来源渠道和资本市场，合理选择资金来源。分析和对比各种筹资方式，选择经济、可行、合理的资金结构，以便降低资本成本，减少财务风险。

二　筹资的类型

（一）按照资本来源分类

1. 内部筹资

内部筹资（Internal Financing）是指企业通过留存利润形成的资本来源。内部筹资是在企业内部自然形成的，一般无须花费筹资费用，所筹集资本规模通常由企业可供分配利润的规模和所采用的利润分配政策决定。

2. 外部筹资

外部筹资（External Financing）是指企业向外部筹措资金而形成的资本来源。企业可通过发行股票、长期借款、吸收直接投资、发行债券等多种方式进行外部筹资。外部筹资大多需要花费筹资费用，如发行股票、债券等需要支付发行费用。

（二）按照筹资机制分类

按照筹资活动中是否借助银行等金融机构，企业的筹资活动可分为直接筹资和间接筹资。

1. 直接筹资

直接筹资（Direct Financing）是指企业不借助银行等金融机构，直接与资本所有者筹集资本的筹资活动。直接筹资的主要方式有发行股票、发行债券、吸收直接投资等。

2. 间接筹资

间接筹资（Indirect Financing）是指企业借助银行等金融机构筹集资本的筹资活动。在企业的间接筹资活动中，银行、融资租赁公司等金融机构发挥中介作用。间接筹资的主要方式有银行借款、融资租赁等。

（三）按照资本属性分类

按照所筹集资本的属性不同，企业的筹资活动可分为权益资本筹资、债务资本筹资和混合资本筹资。

1. 权益资本筹资

权益资本筹资（Equity Financing）是指企业依法取得并长期持有、可自由支配使用的资本。我国有关法规制度规定，企业的权益资本由投入资本（或股本）、资本公积、盈余公积和未分配利润组成。一般通过政府财政资本、社会个人资本、其他法人资本和企业内部资本等渠道，采用发行普通股、吸收直接投资等方式形成。

2. 债务资本筹资

债务资本筹资（Debt Financing）是指企业依法取得、依约使用、按期偿还的资本。债务资本体现出企业与债权人的债务债权关系。一般通过银行信贷资本、非银行金融机构资本、其他法人资本和社会个人资本等渠道，采用发行债券、长期借款和融资租赁等方式形成。

3. 混合资本筹资

混合资本筹资（Hybrid Financing）是指兼具权益资本筹资和债务资本筹资双重性质的长期筹资类型，主要方式包括发行优先股、发行可转换债券等。

第二节　企业筹资的主要方式

一　权益资本筹资方式

权益资本筹资方式是指企业通过开展长期筹资活动形成企业权益资本的方式，主要包括吸收直接投资和发行普通股。

（一）吸收直接投资

1. 概念

吸收直接投资也叫吸收投入资本，指的是企业不以股票为媒介，以协议等形式吸收国家、其他企业、个人和外商等直接投入的资金（现金、实物资产、无形资产等），形成企业权益资本的一种筹资方式，适用于包括个人独资企业、合伙制企业和有限责任公司在内的非股份制企业。

2. 优点和缺点

吸收直接投资筹资的优点主要有：①利用吸收直接投资所筹集的资金属于自有资本，能增强企业的信誉和借款能力，壮大企业的经营规模和整体实力；②吸收直接投资不仅能获取现金，还能直接获取投资者的先进技术，有利于尽快形成生产能力，尽快开拓市场；③吸收直接投资后根据企业的经营状况向投资者支付报酬，企业经营状况好就向投资者多支付一些报酬，企业经营状况不好就可不向投资者支付报酬或少支付报酬，比较灵活，财务风险较小。

吸收直接投资筹资的缺点主要有：①吸收直接投资支付的资本成本较高；②吸收直接投资容易分散企业的控制权。

（二）发行普通股

1. 概念

发行普通股是股份有限公司，特别是上市公司筹集权益资本的基本方式。普通股（Common Stock）是享有普通权利、承担普通义务的股份，是公司股份的最基本形式。普通股的首次发行称为 IPO，上市后的公开发行包括配股和增发两种方式。

2. 优点和缺点

发行普通股筹资的优点主要有：①发行普通股筹集的资本没有固定到期日，是公司的永久性资本；②发行普通股筹资没有固定的股利负担，股利支付视公司经营业绩、现金流量情况和未来投资机会而定；③发行普通股筹集的资本是公司最基本的资金来源，反映了公司的实力；④公司在普通股发行和上市的过程中，将得到各专业中介机构（如承销商、会计师、律师等）的协助，并从中获得许多具有建设性的建议。

发行普通股筹资的缺点主要有：①发行普通股筹资的资本成本较高；②普通股筹资可能会分散公司的控制权，并降低每股净收益。

延伸阅读 5-1
再融资新规实施逾 9 个月　增发规模同比增逾五成

自再融资新规实施开始至 2020 年 12 月 1 日，有 267 家上市公司实施了定增，较去年同期增长 53.45%；有 177 家上市公司完成可转债发行，较去年同期增长 88.3%。而去年全年，也仅有 131 家上市公司完成可转债发行。随着注册制改革的推进，科创板和创业板再融资亦实施注册制，同时推出小额快速融资通道。

中国证监会主席易会满发表的署名文章《提高直接融资比重》提出，"十四五"期间提高直接融资比重，要推动上市公司提高质量，持续优化再融资、并购重组、股权激励等机制安排，支持上市公司加快转型升级、做优做强。

资料来源：吴晓璐《再融资新规实施逾 9 个月　增发规模同比增逾五成》，《证券日报》2020年 12 月 2 日，第 A2 版。

二　债务资本筹资方式

债务资本筹资是指企业通过长期借款、发行债券和融资租赁等方式筹集长期债务资本。

（一）长期借款

1. 概念

长期借款（Long-term Loan）是指企业向银行等金融机构以及其他单位借入的、期限在一年以上的各种借款。根据筹资渠道的不同，可分为商业银行贷款、政策性银行贷款和其他金融机构贷款。

2. 优点和缺点

长期借款筹资的优点主要有：①长期借款程序较为简单，筹资速度快；②长期借款筹资的弹性较大，因为长期借款的还款期限、数量和利率可与银行直接商定，并可再行协商；③长期借款的资本成本较低；④长期借款能带来债务税盾；⑤长期借款能发挥财务杠杆作用。

长期借款筹资的缺点主要有：①长期借款的财务风险较高；②长期借款的银行限制条件较多；③长期借款的筹资数量有限。

事例 5-1

弗尔德公司的专利权质押贷款

弗尔德公司是一家集设计、研发、生产、销售、售后服务于一体的永磁同步无齿轮曳引机制造企业，其研发的永磁同步高效电机填补了国内电机行业空白，拥有 30 项科技成果、60 多件专利。

尽管技术行业领先、市场反响热烈，但弗尔德公司遭遇了发展路上的"拦路虎"——资金问题。"科技型企业有投入大、周期长、轻资产、缺抵押物等特点，在传统融资方式下受到诸多限制。"公司负责人陆金菊说。了解公司情况后，相关部门及时向企业介绍知识产权质押贷款政策。弗尔德公司凭借 3 项发明专利，获得银行授信 500 万元。

"我们持续加大南浔区加快科技创新若干政策宣传力度，制定出台《企业知识产权工作指南》，明确专利权质押贷款贴息补助对象范围，优化办理流程。"南浔区市场监管局相关负责人表示。

借"知"融资，浙江科宁电机有限公司走上转型升级的快速路。"没想到平时躺在抽屉里的专利证书这么值钱。"公司董事长宁慧敏感叹。拿到质押贷款后，企业着手上马第 3 条基于柔性制造技术的变频电机环型智能生产线，可实现 500 万台变频电机年产能。

资料来源：一新、罗振山《将"技术流"转化为"现金流"——湖州南浔办理知识产权质押融资超 10 亿元》，《中国市场监管报》2023 年 5 月 17 日，第 4 版。

（二）发行债券

1. 概念

债券（Bond）是债务人为筹集债务资本而发行的，约定在一定期限内向债权人还本付息的有价证券。

2. 优点和缺点

发行债券筹资的优点主要有：①发行债券的资本成本较低；②发行债券能带来债务税盾；③发行债券能发挥财务杠杆作用；④发行债券能保障普通股股东对公司的控制权。

发行债券筹资的缺点主要有：①发行债券的财务风险较高；②发行债券的限制

条件较多；③发行债券的筹资数量有限，如我国《公司法》规定，发行公司流通在外的债券累计总额不得超过公司净资产的40%。

（三）融资租赁

1. 概念

融资租赁（Financing Leasing）是企业广泛采用的一种特殊的筹资方式，适用于各种类型的企业。租赁（Leasing）是出租人以收取租金为条件，在契约或合同规定的期限内，将资产租借给承租人使用的一种经济行为。由于其具有借贷属性，因此属于债务资本筹资方式。租赁活动按照性质可以分为融资租赁和经营租赁两大类。二者的主要区别如表5-1所示。

表5-1　融资租赁与经营租赁的区别

区别	融资租赁	经营租赁
目的	取得设备所有权	短期使用
判断方法	转移与资产所有权有关的全部风险和报酬	仅转移资产的使用权
租赁程序	由承租企业提出要求购买；或由承租企业直接从制造商或销售商处选定	由租赁公司根据市场需要选定
租赁期限	租赁期较长，接近于资产的有效使用期	租赁期较短，短于资产有效使用期
维修保养责任方	承租人对融资租赁的设备有维修保养保险等义务	出租人对融资租赁的设备有维修保养保险等义务
期满处置方法	一般由承租人留购	承租资产由租赁公司收回
租赁费用	以占有租赁设备的融资额来计算租金（一般以银行利率为基准）	以占有租赁设备的时间来计算租赁（一般以行业标准或行业规则为基准）

2. 优点和缺点

融资租赁筹资的优点主要有：①能够迅速获得所需资产；②保存公司的举债能力；③筹资限制性条款少；④避免设备陈旧过时的风险；⑤租金允许在税前扣除，享受节税效益。

融资租赁筹资的缺点主要有：①租金较高；②租金期限与金额固定，不利于资金调度，加重财务负担；③丧失资产残值；④难以改良资产。

延伸阅读与讨论 5-1

商务部在2018年5月发布了《关于融资租赁公司、商业保理公司和典当行管理职责调整有关事宜的通知》，规定将这三类公司统一归银保监会监管。这种获得工商牌照但实质上开展金融业务的公司称为类金融机构。监管部门将融资租赁行业划分为非银行金融机构（金融租赁公司）和非金融机构（内外资融资租赁公司），二者从事的业务类型和风控等并无实质区别。2020年12月4日，银保监会课题组发布的《中国影子银行报告》，明确将融资租赁公司提供的融资列为广义影子银行的一部分，并对占主要组成部分的售后回租业务进行了点名，指出"名租实贷"和资金投向集中于房地产等国家限制领域的问题。探究背后的原因，近年来，我国非金融企业受到金融行业利润回报率高等因素干扰，呈现出一定的"脱实向虚"特点。根据《中国影子银行报告》，相比于 2018 年同期归银保监会监管的商业保理公司和典当行，截至 2019 年末，融资租赁公司的租赁资产高达 2.18 万亿元，而商业保理公司的保理余额和典当行贷款均只有 0.1 万亿元。请结合参考资料，讨论实体企业参控股融资租赁公司类金融机构是否产生更大的经营风险。

资料来源：申立敬、王光、史燕平《实体企业金融化风险研究——基于参控股融资租赁类金融机构的视角》，《投资研究》2021 年第 5 期，第 17~32 页。

三　混合资本筹资方式

混合资本筹资方式兼具权益资本筹资和债务资本筹资的性质，主要有发行优先股和发行可转换债券等方式。

（一）发行优先股

1. 概念

优先股（Preferred Stock）是企业发行的优先于普通股股东分配股利和公司剩余财产的股票。优先股的"优先"是相对于普通股而言的，具有以下四个特征：优先分配固定股利；优先分配剩余财产；优先股股东一般无表决权；大部分可由公司赎回。

2. 优点和缺点

发行优先股筹资具有如下优点：①优先股一般没有固定的到期日，不用偿付本金；②优先股股东一般无表决权，可以避免公司股权分散，保持普通股股东对公司的控制权；③公司需要现金时可发行优先股，现金闲置时可赎回优先股，从而调整现金余缺；④公司权益资本比重过高、债务资本比重过低时可赎回优先股，从而优化资本结构；⑤优先股股利的支付既固定又有一定的灵活性；⑥从法律上讲，优先股股本属于自有资本，发行优先股能加强公司的资金实力，增强公司的信誉，提高公司的举债能力。

发行优先股筹资具有如下缺点：①发行优先股筹资的资本成本虽然低于普通股，但一般高于债券；②会形成较重的财务负担。比如，企业盈利不多时，为了保证支付优先股固定股利，普通股股东可能分不到股利；优先股股利不能在税前支付，无法抵税；如果延期支付，就会影响公司形象。

（二）发行可转换债券

1. 概念

可转换债券（Convertible Bond）也称可转债，是指根据发行公司债券募集办法的规定，债券持有人在一定期限内可按照约定的条件将其转换为发行公司普通股的债券。在可转换债券持有者将其转换为发行公司股票前，属于债务资本筹资；持有者将其转换为发行公司股票后，属于权益资本筹资。因发行可转换债券具有债务资本筹资及权益资本筹资的双重属性，所以将其归入混合资本筹资方式。

2. 优点和缺点

发行可转换债券筹资的优点有：①可以使公司在不追加资金来源的情况下，调整公司未来的资本结构，增加公司财务杠杆的灵活性；②可以为公司降低资本成本创造条件，比如，以较低的利率和较优的契约条件出售债券或优先股，或者以高于现行市场价格出售普通股。

发行可转换债券筹资的缺点有：①可转换债券票面利率一般较低，当它调换成股票后，公司失去了低成本负债；②如转换时股价高于转换价格，公司将蒙受损失。

事例 5-2

贝恩资本投资国美电器可转换债券案例

2009 年 6 月 22 日，贝恩资本向国美电器购买 2016 年到期的价值 15.90 亿元的可转换公司债券，交易于 2009 年 8 月 3 日完成。转换期为可转换债券发行日期起 30 个日历以后至 2016 年 8 月 3 日止任何时间，转股价格为每股 1.108 港元，转股后贝恩资本将持有约 16.28 亿股国美电器股份。

2010 年 5 月 11 日，竺稼等 3 名贝恩资本代表进入国美电器董事会担任非执行董事。2010 年 9 月 15 日，国美电器宣布收到贝恩资本的转换股份通知，贝恩资本以每股转换股份 1.108 港元的转换价全数将 2016 年可转换债券转换为公司股份。转股后，贝恩资本将持有国美电器现有已发行股本的大约 11.06% 以及经发行转换股份后扩大的已发行股本的约 9.98%。此次转换事件引起广泛讨论，普遍认为国美电器享用的是"昂贵的盛宴"，学术界纷纷关注可转换债券条款设计和执行引发发行企业控制权转移的机理和途径。

资料来源：祝继高、张乔、汤谷良《可转换债券：融资工具还是制度安排——基于贝恩资本投资国美电器可转换债券的案例研究》，《中国工业经济》2012 年第 5 期，第 122~134 页。

第三节　企业资本结构理论和决策

资本结构（Capital Structure）是指企业各种资本的价值构成及其比例关系，实质是债务资本与权益资本各占的比重，是企业筹资决策的核心问题。广义的资本结构指企业全部资本的价值构成及其比例关系，不仅包括长期资本（长期负债和股东权益），还包括短期资本（流动负债）；狭义的资本结构指企业长期资本的价值构成及其比例关系，只包括长期资本（长期负债和股东权益），短期资本（流动负债）列入营运资金管理。

一 资本结构理论

（一）现代企业资本结构理论

传统的资本结构理论包括 MM 理论、权衡理论和米勒模型等，可见本书第一章第一节。早期的资本结构理论可以归纳为以下三种观点。

1. 净收益观点

净收益观点认为，在公司的资本结构中，债权资本的比例越大，公司的净收益或税后利润就越多，企业价值就越高。按照这种观点，公司获取资本的来源和数量不受限制，并且债权资本成本和股权资本成本都是固定不变的，不受财务杠杆的影响。

2. 净营业收益观点

净营业收益观点认为，在公司的资本结构中，债权资本的多寡和比例的高低与公司的价值没有关系。按照这种观点，公司债权资本成本是固定的，但股权资本成本是变动的。债权资本越多，公司的财务风险就越大，股权资本成本率就越高；反之亦然。经加权平均计算后，公司的综合资本成本不变。因此，资本结构与企业价值无关。因此，决定企业价值的真正因素应该是公司的净营业收益。

3. 折中观点

除了上述两种极端的观点以外，还有一种介于这两种极端观点之间的折中观点。按照这种观点，增加债权资本对提高企业价值是有利的，但债权资本的规模必须适度。

（二）新资本结构理论

1. 啄食顺序理论

1984 年，梅耶和马基卢夫提出啄食顺序理论，该理论认为信息不对称的存在影响着经济主体的投资行为和投资激励。企业在需要资金时，会优先倾向使用内部筹资，比如留存收益。如果需要外部筹资，企业会优先选择债务资本筹资，最后才考虑股权融资。这样可以向外传递企业发展前景良好，能够承担财务风险的信号，从而利用财务杠杆增加股东权益报酬率与每股利润，提高企业价值。

2. 动态权衡理论

相比资本结构静态权衡理论，资本结构动态权衡理论同样认为企业存在最优资本结构，且最优资本结构是基于对负债产生的收益和成本之间的权衡。但不同的是，资本结构动态权衡理论认为企业资本结构的决定因素和最优资本结构均处在动态变化之中，由于随机事件的发生和资本结构调整成本的存在，企业在短期内将会出现偏离最优资本结构的情形，因此企业是通过动态过程来确定其资本结构的，即在权衡税盾效应和破产成本时，还需要考虑税收、破产成本、股东和债权人之间的代理成本、财务危机成本等内部因素，以及宏观经济状况、商业周期等外部因素对企业资本结构动态调整的影响。

3. 控制权理论

资本结构控制权理论指以融资契约的不完全性为研究起点，以公司控制权的最优配置为研究目的，分析资本结构如何通过影响公司控制权来影响企业价值的理论体系。该理论的基本逻辑是：资本结构不仅仅是利息和股利的剩余收益分配，还规定着企业剩余控制权的分配。不同的融资手段会形成不同的控制权安排，股票赋予投资者重大决策的投票权和剩余索取权，负债赋予债权人强制破产的或有控制权，两种不同的融资组合构成了资本结构的控制权安排。

早期的资本结构控制权理论本质上是基于管理者与投资者利益一致假设，研究资本结构控制权安排，基本观点为：①控制权的最优分配→控制权分配结构→选择企业资本结构→满足控制权分配结构；②面对接管威胁，接管目标会增加债务，并伴随着股票价格的正向反应；③财务杠杆与要约收购负相关。[①]

后来学者们考虑资本结构安排的契约不完备和代理成本因素。代表人物是 Hart，其在 1995 年出版的著作 *Firms，Contracts，and Financial Structure* 中构建了管理者和投资者利益发生冲突时控制权相机转移的最优负债融资规模，按照企业价值最大化目标及时决定是继续经营还是破产清算。

4. 信号传递理论

资本结构信号传递理论建立在内外部关于企业真实价值或投资机会的信息不对称基础之上。信息不对称会导致企业的市场价值扭曲以及无效率的投资，而不同的融资结构会传递有关企业真实价值的不同信号。因此，内部人会选择合适的融资结构，增强正面信号，避免负面信号。

（1）通过债务比例传递信号

罗斯（Ross）认为给定投资水平，负债股权比可以充当企业收益分布的私人信息的一个信号。[②] 在罗斯模型中，每个经理均了解其企业收益的真实分布，外部投

---

① 韩俊华、王宏昌、韩贺洋：《资本结构控制权理论演进探讨》，《华东经济管理》2017 年第 2 期，第 164~169 页。

② Ross，S. A.，The Determination of Financial Structure：The Incentive Signaling Approach. *The Bell Journal of Economics*，1977，8（1）：23-40.

资者则不知道。破产概率、企业价值和负债水平均正相关。所以，外部投资者把较高负债水平视为高质量信号。海英卡尔（Heinkel）认为高质量企业的总价值高，但是债券质量低，从而股票价值高。[①] 所以高质量的企业将发行更多的债券。

（2）通过内部人持股比例传递信号

在利兰德和帕尔（Leland and Pyle）的模型中，企业家是风险回避者，他们将一个可变项目等同于一笔不确定收益，他们对收益的分布了解得比别人多。[②] 由于他们是风险的回避者，且其财富是有限的，他们希望与外部投资者共同分担这个项目。他们的问题是如何使投资者相信项目的真实价值。在均衡状态下，企业家的股份将完全揭示其自己所相信的项目收益均值。因此，企业家内部人持股比例越高，企业质量也越高。

5. 激励模型

激励模型讨论的是融资结构与经营者行为之间的关系，根据张维迎和吴有昌的梳理[③]，主要有以下四种模型。

（1）代理成本模型

詹森和麦卡林（Jensen and Meckling）用代理理论、企业理论和财产所有权理论系统地分析和解释信息不对称下的企业资本结构问题，提出融资结构的选择是为了使代理成本最小化。[④] 最优资本结构可以通过最小化总代理成本来获得。在最优点上，股权的边际代理成本等于债务的边际代理成本。

（2）担保模型

格罗斯曼和哈特（Grossman and Hart）将债务视为一种担保机制，可以促使经理努力工作，做出更好的决策，从而降低代理成本。他们认为，经理的效用依赖企业的生存，因此需要权衡较高的私人收益流量与较高的破产并丧失所有任职好处的风险。破产对经理约束的有效性取决于企业的融资结构，尤其是负债股权比。[⑤] 因此，举债融资可以被用作缓和股东和经理之间冲突的激励机制。

（3）债务缓和模型

哈里斯和雷维吾（Harris and Raviv）认为，经理和投资者（股东与债权人）的冲突源于对经营决策的分歧，因此最优的融资结构是在强化清算决策和高调查成本

① Heinkel, R., A Theory of Capital Structure Relevance under Imperfect Information. *The Journal of Finance*, 1982, 37 (5): 1141-1150.

② Leland, H. E., Pyle, D. H., Informational Asymmetries, Financial Structure, and Financial Intermediation. *The Journal of Finance*, 1977, 32 (2): 371-387.

③ 张维迎、吴有昌：《公司融资结构的契约理论：一个综述》，《改革》1995年第4期，第52、109~116页。

④ Jensen, M. C., Meckling, W. H., Theory of the Firm: Managerial Behavior, Agency Costs and Ownership Structure. *Journal of Financial Economics*, 1976, 3 (4): 305-360.

⑤ Grossman, S. J., Hart, O. D., Corporate Financial Structure and Managerial Incentives. In McCall, J. J., ed., *The Economics of Information and Uncertainty*. University of Chicago Press, 1982: 107-140.

之间进行权衡。① 斯达尔兹（Stulz）假定经理总想把所有可获资金用于投资，即使更好的选择是支付现金股利；而债务可以用来减少投资的现金流量，从而缓和矛盾。最优的融资结构是债务收益和成本间的权衡。对于成熟的、拥有良好投资机会的企业，应该减少对债务的依赖。②

（4）声誉模型

根据詹森和麦卡林的理论，举债融资会导致资产替代问题，即股东会积极地选择有风险的，甚至价值下降的投资。戴蒙德（Diamond）认为，这一问题将由于企业考虑到其声誉而得到缓解，因此声誉与企业的融资成本正相关。有良好声誉的企业将会选择安全的项目，从而避免丧失价值无穷的声誉，这是最优的决策。③ 海什里弗和赛克尔（Hirshleifer and Thakor）认为股东喜欢的是高风险、高收益的项目，而经理则考虑到自身的声誉而偏好相对安全的项目。经理的行为会降低债务的代理成本，因此企业负债会增多。④

二 资本结构决策

资本是与资产相对应的概念，指企业资产所占用资金的全部来源，体现在资产负债表右方的各个项目上，包括长短期负债和所有者权益。⑤

（一）资本成本的概念

资本成本（Cost of Capital）指企业为筹措和使用资本而付出的代价，其内容包括筹资费用与用资费用两部分。筹资费用也叫资金筹集费用，指企业在筹资过程中为获取资本而支付的费用，包括银行借款的手续费，股票和债券的印刷费、发行费、公证费、广告费、律师费等，在筹集资本时一次性发生，是筹资总额的一项扣除，属于固定性资本成本。用资费用也叫资金使用费，指企业在生产经营、投资过程中因使用资本而支付的费用，包括向债权人支付的利息、向股东支付的股利等，是资本成本的主要内容，属于变动性资本成本。

资本成本是选择资金来源、确定筹资方案、进行筹资决策的重要依据。资本成本可以用绝对数表示，也可以用相对数表示。一般情况下，如果不做特别说明，资

① Harris, M., Raviv, A., Capital Structure and the Informational Role of Debt. *The Journal of Finance*, 1990, 45 (2): 321-349.

② Stulz, R., Managerial Discretion and Optimal Financing Policies. *Journal of Financial Economics*, 1990, 26 (1): 3-27.

③ Diamond, D. W., Reputation Acquisition in Debt Markets. *Journal of Political Economy*, 1989, 97 (4): 828-862.

④ Hirshleifer, D., and Thakor, A. V., Managerial Conservatism, Project Choice and Debt. *The Review of Financial Studies*, 1992, 5 (3): 437-470.

⑤ 由于资本成本主要用于企业长期筹资决策和长期投资决策，因此本节所讨论的资本成本仅指长期资本成本，包括长期负债成本与所有者权益成本，不考虑流动负债成本，所讨论的资本结构也仅指长期资本中各项目的构成。

本成本就是用相对数表示的成本率。资本成本包括个别资本成本、综合资本成本和边际资本成本。

（二）资本成本的测算

1. 个别资本成本的测算

个别资本成本指企业各种长期资本的成本率，是企业用资费用与筹资净额（筹集的全部资本扣除筹资费用后的余额）的比率。个别资本成本的基本测算公式为：

$$K = \frac{D}{P - F} = \frac{D}{P(1 - f)}$$

式中，K 表示个别资本成本；D 表示用资费用；P 表示筹资总额；f 表示筹资费用率；F 表示筹资费用。由公式可知，个别资本成本的高低主要取决于用资费用、筹资费用和筹资总额三个因素。

2. 综合资本成本的测算

综合资本成本又称为加权平均资本成本（Weighted Average Cost of Capital，WACC）。它是依据各种长期资本占全部长期资本的比重，对个别资本成本进行加权平均计算的企业全部长期资本的综合成本，由个别资本成本与各种长期资本的比重（资本结构）两个因素决定。综合资本成本的计算公式为：

$$WACC \text{ 或 } K_w = \sum_{i=1}^{n} K_i W_i$$

式中，K_w 为综合资本成本；K_i 表示第 i 种资本的个别资本成本；W_i 表示第 i 种资本所占的比重。

综合资本成本所用的权数 W_i 有三种选择，分别是账面价值权数、市场价值权数与目标价值权数，运用这三种权数所测算出的综合资本成本，分别对应资本的账面价值结构、市场价值结构和目标价值结构。

3. 边际资本成本的测算

边际资本成本是指企业追加筹资的资本成本。一般来说，企业不可能以某一固定的资金成本来筹措无限的资金，当筹集的资金超过一定限度时，资金成本将有所变化。因此，企业在追加筹资时，应当更关注新筹措资金的成本。

如果企业在追加筹资时只采用一种筹资方式，则边际资本成本的测算与前述的个别资本成本的测算方法相同。如果企业目标资本结构和筹资组合确定，那么边际资本成本就是新筹措的各种资金的综合资本成本。如果追加筹资的金额未定，那么需要测算不同筹资范围内的边际资本成本。具体步骤为：①确定各种资金的目标比例；②测算不同筹资范围内各种资金的个别资本成本；③测算筹资总额的分界点，即各种资金的个别资本成本发生改变的分界点对应的筹资总额的分界点；④测算各个筹资范围内对应的加权资本成本，即得到该范围内的边际资本成本。将不同筹资范围内的边际资本成本与该筹资规模内的边际投资报酬率相比较，以选择有利的投资机会和合理的筹资金额。

（三）资本结构决策分析

最佳资本结构（Optimum Capital Structure）指的是企业在一定时期内，使综合资本成本最低，企业价值最大的资本结构。企业管理当局应结合公司财务目标，在资本数量一定的条件下，通过调整资本结构使企业价值实现最大化。资本结构决策是企业核心财务决策之一。

1. 资本结构的决策方法

（1）综合资本成本比较法

通过计算不同资本结构的综合资本成本，并以此为标准，从中选择综合资本成本最低的资本结构的决策方法。决策标准为综合资本成本的最小化。综合资本成本比较法考虑到了企业的资本成本，有一定的合理性，但忽略了财务风险和企业价值，适合规模较小、资本结构比较简单的企业进行资本结构决策。

（2）每股收益分析法

每股收益分析法也叫无差别点法，是在分析资本结构与息税前利润（EBIT）、每股收益（EPS）之间关系的基础上，利用每股收益无差别点确定最佳资本结构的方法。每股收益无差别点（EPS Indifference Point）指的是权益资本筹资和债务资本筹资两种方式下普通股每股收益等同时的息税前利润点，也叫息税前利润平衡点（Break-Even EBIT）。根据每股收益无差别点，可以判断在什么情况下运用债务资本筹资来安排和调整资本结构。

每股收益分析法的决策标准为股东财富的最大化，以每股收益的高低作为衡量标准来确定最佳资本结构，有其合理性。但该方法并没有考虑风险因素，而且忽略了资本成本，也没有直接体现企业价值最大化的财务管理目标，适合规模适中的股份制企业选用。

（3）企业价值比较法

企业价值比较法是在反映企业财务风险的条件下，以企业价值最大、综合资本成本最低为标准，测算与判断公司最佳的资本结构。

企业价值比较法充分考虑了财务风险和资本成本等因素的影响，决策标准为企业价值的最大化，更契合企业价值最大化这一财务管理目标，但其测算原理及过程更为复杂，适用于规模较大的上市公司进行资本结构决策。

2. 资本结构的影响因素

（1）宏观经济因素

负债和权益的成本是潜在宏观经济因素的函数。国库券收益和国库券期限收益显著地影响违约和权益溢价；同时，利息率和通货膨胀的变动扭曲了税收利益和破产成本，因此影响最优资本结构。

（2）行业因素

由于资产风险、资产类型以及外部资金的需求随行业而变化，平均负债比率将随行业的不同而变化。

（3）公司特征因素

除了资产构成、公司规模、非债务税盾、成长性、资产流动性、独特性、风险和盈利能力等因素外，公司治理因素也会对资本结构产生影响。比如，企业所有者和管理人员的态度。如果企业的股权被少数股东绝对控股，而股东又很重视控制权，就会尽量避免股票融资，以免股权稀释，控制权旁落他人；管理人员如果是风险决策者，可能会安排较高的负债比率，稳健型决策者则会使用较少的债务。

事例 5-3

赛格系股权结构与筹资决策

深圳赛格集团公司前身为深圳市电子工业总公司，是深圳市政府属下的一家国有企业。1988 年，深圳电子集团易名为深圳赛格集团公司（简称"赛格集团"）。该公司下设 4 家子公司，分别是：深圳市赛格达声股份有限公司（简称"深达声"，股票代码：000007）、深圳华发电子股份有限公司（简称"深华发"，股票代码：000020、200020）、深圳赛格股份有限公司（简称"深赛格"，股票代码：000058、200058）以及深圳市赛格三星股份有限公司（简称"赛格三星"，股票代码：000068）。这 4 家公司上市以后的股权结构如表 5-2 所示。

表 5-2 赛格集团 4 家子公司的股权结构基本情况

公司名称	赛格集团持股比例（％）	赛格集团及关联方持股比例（％）	持股比例超过 20％的股东数量（人）	上市时间
深达声	49.03	60.44	1	1992 年 4 月 13 日
深华发	24.16	24.16	3	1992 年 4 月 28 日（A 股） 1992 年 4 月 28 日（B 股）
深赛格	66.09	66.09	1	1996 年 12 月 26 日（A 股） 1996 年 7 月 22 日（B 股）
赛格三星	28.49	50.00	3	1997 年 6 月 11 日

在所属的 4 家上市公司中，赛格集团及关联方在深达声、深赛格和赛格三星的持股比例均在 50.00％及以上，拥有绝对的控制权。这 3 家上市公司的权益融资动机

可能是无条件"圈钱"，形成大量的自由现金流，然后通过关联交易或其他手段将资金转出，造成公司的主营业务受损，经营业绩大幅下滑。而在公司经营业绩大幅下滑的同时，大股东却可以通过转让股权获得大量的投资收益。

在股权相对分散的赛格三星，虽然不会有明显的大股东占用公司财产的迹象，但是在公司经营状况较好时，却会出现大规模地发放现金股利的现象，在公司出现问题，未来的权益融资资格可能受到威胁时，会转而利用现有的融资机会筹集备用资金。

资料来源：李志文、宋衍蘅《股权结构会影响筹资决策吗？——来自中国赛格系公司的案例》，《管理世界》2003 年第 6 期，第 128～138、146 页。

第四节　案例分析：四川路桥的融资结构

四川路桥建设集团股份有限公司是四川省国有骨干企业，自上市以来，其发行了 20 余次公司债券、中期票据、非公开定向债务融资工具与（超）短期融资券等，债务融资方式多元化；同时，公司也非公开发行股票 4 次，用以满足一定的资金需求。

一　案例概况

（一）四川路桥基本情况

1. 公司简介

四川路桥建设集团股份有限公司（简称"四川路桥"）系 1999 年 12 月 17 日经四川省人民政府批准，由四川公路桥梁建设集团有限公司（简称"路桥集团公司"）、四川九寨黄龙机场建设开发有限责任公司（现已更名为"四川九寨黄龙机场有限责任公司"）等共同发起设立的股份有限公司。2003 年 3 月 25 日在上海证券交易所正式挂牌交易，股票简称"四川路桥"（股票代码：600039）。

四川路桥是集勘察设计、工程建设、智能制造、交通运维和其他业务于一体的大型企业集团，注册资金 60 亿元，拥有公路工程施工总承包特级资质和公路行业甲级设计资质，主要从事公路、铁路、房建、市政、矿山及新能源基础设施等"大土木"领域的工程建设，下辖 100 余家全资、控股及参股公司，员工 1 万余人。2022年，资产规模达 1200 亿元，营业收入超 800 亿元。四川路桥从 20 世纪 60 年代开始承担海外工程，是中国重要的对外工程承包商。建设版图遍布非洲、欧洲、东南亚、大洋洲的 13 个国家，海外市场规模累计达 20 亿美元。四川路桥创造了多项"中国第一""世界之最"。代表工程有：建成时山区峡谷大桥世界第一高塔、世界第二跨径的悬索桥——赤水河红军大桥；世界第三、国内第二长的公路隧道——米仓山隧道；世界最大跨径的悬索桥——土耳其恰纳卡莱大桥；等等。

2. 股权结构

四川路桥是四川省属国有企业。如表 5-3 所示，四川路桥控股股东为四川省铁路产业投资集团有限责任公司。四川省铁路产业投资集团有限责任公司是由四川省人民政府授权出资设立的国有投资集团，于 2009 年 1 月正式挂牌成立并投入运行。蜀道投资集团有限责任公司由四川省交通投资集团有限责任公司和四川省铁路产业投资集团有限责任公司新设合并组建，于 2021 年 5 月 28 日正式揭牌。

表 5-3　2022 年底四川路桥前十大股东情况

单位：股，%

股东名称	持股数	占流通股比重
四川省铁路产业投资集团有限责任公司	32.49 亿	68.51
蜀道投资集团有限责任公司	1.83 亿	3.86
香港中央结算有限公司	8966 万	1.89
中央汇金资产管理有限责任公司	4460 万	0.94
谢易	3137 万	0.66
大成基金-农业银行-大成中证金融资产管理计划	2674 万	0.56
广发基金-农业银行-广发中证金融资产管理计划	2674 万	0.56
南方基金-农业银行-南方中证金融资产管理计划	2674 万	0.56
银华基金-农业银行-银华中证金融资产管理计划	2625 万	0.55
易方达基金-农业银行-易方达中证金融资产管理计划	2589 万	0.55

资料来源：四川路桥 2022 年年报。

（二）四川路桥的融资结构

1. 工程建设类企业的财务特征

工程建设类企业主要包括四川路桥、山东路桥等上市公司，同时，中国铁建是涵盖工程建设的特大型建筑央企。这三家公司 2015~2022 年财务数据如表 5-4 所示，可见这三家公司均表现出资产负债率高、销售净利率低、总资产周转天数多的财务特征。工程建设类企业高负债的融资结构具有一定的普遍性，三家公司的资产负债率在 80% 左右。

表 5-4　2015~2022 年四川路桥与同类上市公司财务数据比较

单位：天，%

指标	公司名称	2022 年	2021 年	2020 年	2019 年	2018 年	2017 年	2016 年	2015 年
资产负债率	四川路桥	77.92	78.18	77.73	82.33	82.02	80.28	83.25	82.99
	山东路桥	77.67	76.00	76.59	72.83	72.91	76.94	76.93	70.82
	中国铁建	74.67	74.39	74.76	75.77	77.41	78.26	80.42	81.49

续表

指标	公司名称	2022 年	2021 年	2020 年	2019 年	2018 年	2017 年	2016 年	2015 年
总资产收益率	四川路桥	6.25	5.05	2.83	1.85	1.52	1.65	1.89	1.95
	山东路桥	3.40	3.97	3.17	2.55	3.23	3.54	3.39	3.70
	中国铁建	2.21	2.26	2.21	2.26	2.28	2.14	2.04	2.03
总资产周转天数	四川路桥	484.6	477.9	597.6	627.2	715.7	749.9	720.7	607.0
	山东路桥	516.1	433.3	486.3	459.2	499.9	474.8	562.4	496.0
	中国铁建	472.4	458.1	459.5	433.3	428.9	418.0	416.3	395.5
销售净利率	四川路桥	8.41	6.70	4.70	3.22	3.02	3.44	3.78	3.29
	山东路桥	4.88	4.78	4.28	3.26	4.48	4.67	5.29	5.09
	中国铁建	2.90	2.87	2.82	2.72	2.72	2.48	2.36	2.23

资料来源：根据各公司 2015~2022 年年报数据计算。

2. 四川路桥的营业收入结构

如表 5-5 所示，2022 年，四川路桥工程施工板块的营业收入占比为 84.40%，利润占比为 91.55%，毛利率为 18.50%。毛利率最高的是高速公路投资运营，为 58.39%。

表 5-5　2022 年四川路桥营业收入按行业统计

单位：元，%

行业	主营收入	收入比例	主营成本	成本比例	主营利润	利润比例	毛利率
工程施工	1141 亿	84.40	929.7 亿	82.93	211.0 亿	91.55	18.50
其中:设计咨询	6.300 亿	0.47	4.643 亿	0.41	1.656 亿	0.72	26.29
贸易销售	140.6 亿	10.40	139.7 亿	12.46	9045 万	0.39	0.64
矿业及新材料	39.06 亿	2.89	35.80 亿	3.19	3.261 亿	1.41	8.35
高速公路投资运营	24.29 亿	1.80	10.11 亿	0.90	14.18 亿	6.15	58.39
清洁能源	1.987 亿	0.15	1.319 亿	0.12	6684 万	0.29	33.63
其他	1.655 亿	0.12	1.574 亿	0.14	809.3 万	0.04	4.89

资料来源：四川路桥 2022 年年报。

问题一：请结合行业特征和四川路桥的财务数据，思考工程建设类企业呈现高负债融资结构的原因。

3. 四川路桥的融资结构特征

表 5-6 列示了 2015~2022 年四川路桥融资结构相关的财务指标。2020 年，受到经济政策和新冠疫情等影响，其经营活动产生的现金流量净额为负，其余年份经营活动产生的现金流量净额为正，2022 年增加明显，增长到 133.90 亿元。同时，投

资活动在 2020 年减少，之后逐步增加。通过比较债务现金流量净额和吸收投资收到的现金可知，公司更依赖债务方面的融资。

表 5-6   2015~2022 年四川路桥融资结构特征

指标	2022 年	2021 年	2020 年	2019 年	2018 年	2017 年	2016 年	2015 年
经营活动产生的现金流量净额（亿元）	133.90	52.53	-0.77	36.71	32.33	11.85	11.90	30.77
投资活动产生的现金流量净额（亿元）	-78.44	-50.64	-19.93	-62.23	-44.31	-48.93	-38.15	-28.48
吸收投资收到的现金（亿元）	26.01	5.432	50.16	1.166	1.509	25.84	0.686	0.02
债务现金流量净额（亿元）	76	66.1	28.2	41.2	42.78	49.43	51.96	18.15
分配股利、利润或偿付利息支付的现金（亿元）	47.52	37.40	26.95	20.34	20.92	16.87	14.81	14.27
资产负债率（%）	77.92	78.18	77.73	82.33	82.02	80.28	83.25	82.99
无息负债（亿元）	908.282	516.14	338.922	312.817	287.219	238.286	231.46	230.5654
无息负债/有息负债	1.60	1.00	0.75	0.75	0.79	0.70	0.80	0.98
无息负债/负债总额	0.56	0.42	0.37	0.39	0.41	0.41	0.44	0.49

注：债务现金流量净额=取得借款收到的现金+发行债券收到的现金-偿还债务所支付的现金。国资委允许扣除的无息负债包括"应付票据""应付账款""预收账款""应交税费""应付利息""其他应付款""其他流动负债"，此处无息负债仅包含这七项。此处有息负债指短期借款、短期应付债券、一年内到期的非流动负债、长期借款、应付债券。投资活动产生的现金流量净额的负号表示存在对外投资，因此其绝对值越大，表示投资活动越多。

资料来源：根据四川路桥 2015~2022 年年报数据计算而得。

问题二：请结合行业特征和四川路桥的财务数据，分析四川路桥融资结构具有怎样的特征。

（三）四川路桥的融资方式

1. 债务融资方式多元化

四川路桥作为四川省属国有企业，在发行公司债券、中期票据、非公开定向债务融资工具与短期融资券、超短期融资券上具有明显优势。发行非公开定向债务融资工具和短期融资券均需要在中国银行间市场交易商协会[①]注册。四川路桥作为国

[①]   中国银行间市场交易商协会是全国性的非营利性社会团体法人，业务主管部门为中国人民银行。该协会对债务融资工具发行实施注册制管理。在注册制模式下，按照市场化、专业化、公开化原则，将企业能不能发债、能发多少债、以什么价格发债、什么时间发债等事项，更多地交由市场去决定，该协会对注册材料仅做形式评议，不做投资价值与风险判断。

有企业，承担风险的能力更容易被市场接受、认可，债券发行较为容易。四川路桥债务融资方式如表 5-7 所示。

表 5-7 四川路桥债务融资方式

时间	融资方式	融资规模（亿元）	具体内容
2023 年 7 月 12 日	2023 年度第一期中期票据	8	期限：3 年；面值：100 元；票面利率：3.17%
2023 年 7 月 5 日	2023 年度第一期短期融资券	9	期限：366 天；面值：100 元；票面利率：2.59%
2023 年 4 月 13 日	2023 年度第一期超短期融资券	5	期限：180 天；面值：100 元；票面利率：2.73%
2022 年 10 月 31 日	2022 年度第三期超短期融资券	10	期限：180 天；面值：100 元；票面利率：1.95%
2022 年 7 月 11 日	2022 年度第二期短期融资券	11	期限：365 天；面值：100 元；票面利率：2.50%
2022 年 6 月 10 日	2022 年度第一期短期融资券	9	期限：365 天；面值：100 元；票面利率：2.55%
2022 年 5 月 10 日	2022 年度第一期中期票据	10	期限：3 年；面值：100 元；票面利率：3.22%
2022 年 5 月 9 日	2022 年度第二期超短期融资券	5	期限：180 天；面值：100 元；票面利率：2.41%
2022 年 1 月 19 日	2022 年度第一期超短期融资券	10	期限：180 天；面值：100 元；票面利率：2.68%
2021 年 10 月 18 日	2021 年度第一期中期票据	10	期限：3 年；面值：100 元；票面利率：3.77%
2021 年 8 月 20 日	2021 年度第二期超短期融资券	5	期限：180 天；面值：100 元；票面利率：2.69%
2021 年 5 月 8 日	2021 年度第一期超短期融资券	10	期限：180 天；面值：100 元；票面利率：2.95%
2020 年 3 月 12 日	2020 年度第二期短期融资券	5	期限：365 天；面值：100 元；票面利率：2.78%
2019 年 6 月 18 日	2019 年度第一期中期票据	5	期限：3 年；面值：100 元；票面利率：4.39%
2019 年 5 月 20 日	2019 年面向合格投资者公开发行公司债券（第一期）	15	期限：3 年；面值：100 元；票面利率：4.34%
2019 年 3 月 22 日	2019 年度第一期短期融资券	4	期限：366 天；面值：100 元；票面利率：3.55%
2018 年 7 月 11 日	2018 年度第二期短期融资券	8	期限：365 天；面值：100 元；票面利率：5.23%

时间	融资方式	融资规模（亿元）	具体内容
2018 年 6 月 25 日	2018 年度第一期短期融资券	8	期限：365 天；面值：100 元；票面利率：5.68%
2016 年 7 月 6 日	2016 年度第一期非公开定向债务融资工具	5	期限：3 年；面值：100 元；票面利率：4.35%
2015 年 6 月 29 日	2015 年度第一期非公开定向债务融资工具	5	期限：3 年；面值：100 元；票面利率：5.90%
2013 年 7 月 30 日	公司债券	15	期限：5 年；面值：100 元；票面利率：5.65%

资料来源：根据四川路桥公告整理。

2. 权益融资以定增为主

除了债务融资外，截至 2022 年 12 月四川路桥曾向特定投资者非公开发行股票 4 次，具体如表 5-8 所示。

表 5-8　四川路桥权益融资方式

时间	融资方式	融资规模	目的
2022 年 12 月 1 日	定向配售	发行股份方式作价 74 亿元；向蜀道资本非公开发行股份募集配套资金 18 亿元	向川高公司、藏高公司、港航开发发行股份及支付现金购买交建集团 95% 的股权；向蜀道集团、川高公司、高路文旅发行股份购买高路建筑 100% 的股权；向川高公司发行股份购买高路绿化 96.67% 的股权
2020 年 11 月 25 日	定增	42.5 亿元	向控股股东四川省铁路产业投资集团有限责任公司定向增发，增发后，其持股比例从 57.12% 上升至 66.69%
2017 年 9 月 13 日	定增	23 亿元	向包括控股股东四川省铁路产业投资集团有限责任公司在内的 10 名投资者非公开发行股份
2013 年 12 月 20 日	定增	23.4 亿元	向 8 名投资者非公开发行股份

资料来源：根据四川路桥公告整理。

问题三：请结合经济环境因素和公司财务指标，思考四川路桥的融资结构和方式是否合理、应如何改善。

二 案例分析

（一）问题一：请结合行业特征和四川路桥的财务数据，思考工程建设类企业呈现高负债融资结构的原因

工程施工具有投资规模大、工程款回收期长的业务特征。四川路桥主要从事公路、铁路等"大土木"领域的工程建设，建设周期较长，往往需要数年时间，导致工程款回收周期较长，应收账款规模较大。2020~2022年，四川路桥应收账款总额分别为126.2亿元、185.5亿元和164.8亿元，占流动资产的比例分别为21%、21%和13%。从应收账款回收期来看，四川路桥2020~2022年的应收账款回收期在48~56天（见表5-9）。结合表5-9中航运港口、房地产开发和商业百货行业公司的应收账款回收期，可以看出，工程建设行业公司的应收账款回收期较长。2015~2022年，四川路桥和中国铁建的平均应收账款回收期较长，分别为38.89天和62.79天，约为万科A的13倍和22倍。

表5-9 2015~2022年不同行业上市公司应收账款回收期比较

单位：天

公司名称	2022年	2021年	2020年	2019年	2018年	2017年	2016年	2015年	均值
四川路桥（工程建设）	48.31	55.72	54.70	40.62	41.74	36.38	20.95	12.69	38.89
中国铁建（工程建设）	52.23	55.12	52.67	49.74	64.23	77.00	76.74	74.62	62.79
招商南油（航运港口）	9.18	12.77	25.01	33.91	36.17	30.40	18.93	20.72	23.39
万科A（房地产开发）	4.39	3.09	2.16	1.76	1.83	2.60	3.43	4.05	2.91
永辉超市（商业百货）	2.01	1.83	2.78	6.53	7.82	4.51	2.15	0.91	3.57

资料来源：根据各公司2015~2022年年报数据计算。

应收账款占用资金规模大会引发流动性风险，因而需要通过债务融资的方式补充流动资金。四川路桥2022年年报显示，其工程施工部分的主要成本构成项目为原材料、人工费和机械费，报告期内这些项目的金额为929.72亿元，占总成本的83.15%，四川路桥需要满足以上日常经营开支，方能保障工程建设的有序开展。工程建筑类企业的业务特征是其高负债融资结构的重要影响因素。

（二）问题二：请结合行业特征和四川路桥的财务数据，分析四川路桥融资结构具有怎样的特征

从表5-6 2015~2022年四川路桥的财务指标可以看出，其融资结构呈现出三个特征。

1. 企业内源融资不足

2016~2020年，四川路桥经营活动产生的现金流量净额不足以满足投资活动所需的现金，因此需要大规模外源融资。除了 2020 年吸收投资收到的现金 50.16 亿元超过债务现金流量净额外，其余外部权益融资水平相对较低。因而，四川路桥通过高比例的债务融资来满足资金需求。

2. 债务融资比例较高

2019 年及以前，四川路桥的资产负债率超过 80%，2020~2022 年略有下降，但也在 78% 左右，四川路桥采用高杠杆运营。

3. 无息负债占比不高

除了 2022 年外，无息负债占负债总额的比例均在 50% 以下。这表明四川路桥的商业信用融资规模不大，其与供应商、客户的资金往来管理还可以继续加强，可以通过应付账款、应付票据、预收账款等商业信用融资方式增加筹集资金的数量。

（三）问题三：请结合经济环境因素和公司财务指标，思考四川路桥的融资结构和方式是否合理、应如何改善

1. 行业特征决定其应采用高比例的债务融资

结合表 5-5，2022 年四川路桥的工程施工收入占比 84.40%，是四川路桥的核心业务，毛利率为 18.50%，低于高速公路投资运营（58.39%）和清洁能源（33.63%）。2020~2021 年，工程施工的毛利率分别为 16.01% 和 16.97%。这说明工程施工的毛利率有所提升，也提高了公司的整体盈利能力。虽然如此，结合表 5-6 中的数据可知，公司的盈利提升仍不足以满足公司投资活动的资金需求，需要依靠高比例的债务融资。

2. 流动性风险需求导致其短期债务融资较多

前文指出，四川路桥的应收账款占用资金规模大，存在一定的流动性风险，且公司无息负债占负债总额的比例不高，应付账款、应付票据、预收账款等商业信用融资方式还需要强化，因此公司仍需要及时补充流动资金。结合融资成本问题，公司首选（超）短期融资券募集资金。

3. 长短期融资方式相互结合

通常来说，债务融资成本低于权益融资成本，结合表 5-7 数据，四川路桥同期的短期融资券成本基本上低于中期票据和公司债券，可以推论公司债务融资符合市场预期；同时，结合四川路桥的国有企业属性，公司有能力连续、多次发放多元化的债务融资方式，市场接受度较高。因此，考虑到成本低、便利性等问题，四川路桥依赖债务融资。

但是，财务杠杆高容易带来经营风险。2020 年，受经济政策和新冠疫情的影响，公司业务下滑，营业收入同比增长率从 2019 年的 31.75% 下降到 22.45%（见表 5-10）。在此背景下，较高的财务杠杆可能会影响企业盈利能力和流动性。因而，公司选择在 2020 年向控股股东四川省铁路产业投资集团有限责任公司定向增发，募集资金 42.5 亿元。此次定向增发，不仅使控股股东持股比例从 57.12% 上升至 66.69%（见表 5-8），体现了国有资本对交通强国和中国建造的重视，更是四川路桥对公司资本结构的直接调整，使权益乘数从 2019 年的 5.66 下降到 2020 年的 4.49（见表 5-10），有效降低了财务风险。

表 5-10　2015~2022 年四川路桥主要财务指标

指标	2022 年	2021 年	2020 年	2019 年	2018 年	2017 年	2016 年	2015 年
基本每股收益（元）	1.81	1.15	0.78	0.47	0.32	0.3308	0.3459	0.3503
每股经营现金流（元）	2.1503	1.1	-0.0161	1.0166	0.8954	0.3283	0.3941	1.0189
营业收入同比增长率（%）	31.79	58.84	22.45	31.75	22.15	8.82	-7.07	20.12
净资产收益率（%）	26.78	24	15.32	11.49	8.67	9.68	11.24	13.09
总资产收益率（%）	6.25	5.05	2.83	1.85	1.52	1.65	1.89	1.95
毛利率（%）	17.05	15.33	14.66	10.97	10.69	11.42	12.65	12.34
净利率（%）	8.41	6.7	4.7	3.22	3.02	3.44	3.78	3.29
资产负债率（%）	77.92	78.18	77.73	82.33	82.02	80.28	83.25	82.99
权益乘数	4.528	4.582	4.49	5.66	5.561	5.07	5.97	5.879
总资产周转率（次）	0.743	0.753	0.602	0.574	0.503	0.48	0.499	0.593

资料来源：四川路桥 2015~2022 年年报。

三　案例讨论

第一，请上网查找四川路桥的公司债券和中期票据发行公告，分析四川路桥如何选择长期负债和权益融资。

第二，请上网查找行业内任意一家的民营企业债务融资情况，讨论与四川路桥的债务融资情况是否存在差异。

第三，结合本案例资料，分析公司的融资结构受到哪些因素的影响。

四　案例拓展阅读

违约债券的债券持有人权益保护

2015 年 4 月 21 日，天威集团发布公告称，由于公司发生巨额亏损，无法按期兑付 2011 年度第二期中期票据（11 天威 MTN2，债券代码：1182127）本年利息，成为首只违约的国企债券。由于天威集团属于国有企业，一时之间对市场冲击较大。

（一）天威集团和保定电器概述

公开资料显示，天威集团前身为保定变压器厂，2008 年 1 月，国务院国资委批准中国兵器装备集团有限公司（简称"兵装集团"）无偿接收天威集团 100% 的股权。

2008 年 3 月 13 日，天威集团完成工商部门登记注册，正式并入兵装集团，成为兵装集团的全资子公司。1999 年 9 月 27 日，经河北省人民政府股份制领导小组以冀股办〔1999〕33 号文批准，以保定天威集团有限公司（简称"天威集团"）为主发起人，联合保定惠源咨询服务有限公司、乐凯胶片股份有限公司、河北宝硕集团有限公司、保定天鹅股份有限公司共同发起设立保定天威保变电气股份有限公司（简称"保变电气"），并于 2001 年 1 月 12 在上海证券交易所发行，股票代码：600550。

保变电气 2015 年年报显示，中国兵器装备集团有限公司和保定天威集团有限公司分别是保变电气的第一大和第二大股东，二者持股比例分别为 33.47% 和 22.96%。

（二）天威集团违约情况概述

1. 债券基本情况

（1）发行人：保定天威集团有限公司

（2）债券名称：保定天威集团有限公司 2011 年度第二期中期票据

（3）债券简称：11 天威 MTN2；债券代码：1182127

（4）发行总额：15 亿元；债券利率：5.70%

（5）到期兑付日：2016 年 4 月 21 日

（6）债券期限：5 年

（7）评级情况：AA+

（8）主承销商：中国建设银行股份有限公司

2. 违约公告概述

2015 年 4 月 21 日，保变电气公告：本公司获悉天威集团发布了《保定天威集团有限公司 2011 年度第二期中期票据 2015 年应付利息未按期付息的公告》，称天威集团 2011 年度第二期中期票据（11 天威 MTN2，债券代码：1182127）应于 2015 年 4 月 21 日兑付利息，由于天威集团发生巨额亏损，未能按期兑付本年利息。

未能按期兑付利息的原因是：2014 年天威集团累计利润总额 −1014028 万元。其中，经营性利润 −113790 万元，主要来自新能源产业；同时，基于谨慎性原则，天威集团计提减值准备 834131 万元。由于天威集团 2014 年发生巨额亏损，资产负债率急剧上升，融资能力丧失，资金枯竭，虽经多方努力，仍未筹措到付息资金，因此 2011 年度第二期中期票据 2015 年应付利息未能按期兑付。

后续天威集团将通过各种努力做好以下工作：①继续努力通过资产处置等各种方式筹措偿付资金；②按照《银行间债券市场非金融企业债务融资工具信息披露规则》及《保定天威集团有限公司 2011 年度第二期中期票据募集说明书》的规定，做好相关信息披露工作；③积极配合召集人召开持有人会议，参与商议违约后投资者保护措施；④保持与投资者及相关中介机构密切沟通，按照债务融资工具各项规定及募集说明书的要求，做好违约后续工作。

（三）天威集团违约前的资产置换争议

受到全球金融危机、新能源产能过剩、欧盟与美国"双反"调查等一系列影响，2012 年和 2013 年保变电气连续两年亏损，被上海证券交易所实施退市风险警示。为此，兵装集团和天威集团进行了一系列重组。

根据国金证券研究所研报的梳理，2013 年 6 月，天威集团将其持有的保变电气 3.52 亿股、占总股本 25.64% 的股权转让给了兵装集团；2014 年 12 月，保变电气向兵装集团定向增发 1.61 亿股，兵装集团的持股比例上升至 33.47%，成为保变电气的直接控股股东。公开资料显示，2013 年 10 月，保变电气将旗下的风电科技、风电叶片、新能源长春和薄膜光伏等新能源资产置换至天威集团，天威集团则将旗下天威结构、天威维修、保定保菱、保定多田、保定惠斯普、三菱电机等传统输变电业务资产以及部分房屋土地转入保变电气，此外天威集团还需要以现金支付差价 7079 万元。

天威集团接手的四家新能源企业截至 2013 年 8 月累计亏损 18.5 亿元，而置出的参股企业则多为盈利或是小幅亏损。

2014 年 12 月，保变电气又向天威集团出售了正处于亏损中的天威英利 7% 的股权，交易对价 3.9 亿元。2014 年 1~9 月，天威英利亏损超过 2 亿元。

2016 年 1 月 8 日，保定中院裁定受理天威集团的破产申请。至此，天威集团丧失清偿到期债务的能力。

建信信托认为，兵装集团和旗下控股子公司通过上述股权和资产置换，"掏空了"天威集团，导致其经营恶化，进而丧失偿债能力；而兵装集团则认为旗下控股公司间的交易是针对天威集团财务危机所做出的救助。

（四）建信信托提起诉讼，获得赔偿

由于双方之间存在分歧，2018 年 4 月，建信信托在北京高院起诉兵装集团和保变电气，要求索赔 9.3 亿元，并申请对天威集团与保变电气此前所置换的一系列资产重新评估。北京高院在此案一审判决中指出，保变电气与实际控股人兵装集团需连带赔偿建信信托损失 6333 万元，并向建信信托支付律师费 70 万元。

该判决被认为开启债券持有人维护自身权益的先例。2020 年 11 月召开的金融委第四十三次会议提出了对逃废债等违法违规行为"秉持'零容忍'态度，维护市场公平和秩序"的要求。本案一审判决是对商业世界底层逻辑的维护，更使人们认识到国企的失信及违约事实上会带来更严重的一系列连锁反应，破坏国家金融生态和信用环境，因此国企的失信违约行为更应被严格禁止。

资料来源：《首例国企债券违约案宣判，保变电气及实控人借资产置换侵占资产、逃废债》，"第一

财经"百家号，2023 年 8 月 14 日，https：//baijiahao.baidu.com/s？id＝1774172527429491339&wfr＝spider&for＝pc。

要求：

1. 请结合行业环境和案例资料，讨论债券持有人如何判断企业债券风险。

2. 结合案例和公开资料，思考本案例中的资产置换为何会产生争议。

3. 自 2014 年起，公司债券出现违约打破"刚性兑付"，此后债券违约时有发生，请思考应如何保护债券持有人的利益。

小　结

资本结构是筹资管理中的核心问题。实现并保持最佳的资本结构是企业筹资管理的重要目标之一。企业融资结构和融资方式受到多方因素的影响。资本成本是筹资管理中的重点内容。除此之外，还需要重视筹资中的财务杠杆和风险问题。

关键词

筹资方式　资本结构　债务资本筹资　权益资本筹资　混合资本筹资

思考题

1. 公司最佳资本结构是什么？企业价值与最佳资本结构的关系是什么？

2. 债务资本筹资的方式包含哪些？各自的优缺点是什么？

3. 权益资本筹资的方式包含哪些？各自的优缺点是什么？

4. 公司的资本结构受到哪些因素的影响？

第六章　企业投资与项目评估

学习目标

1. 了解企业投资的内涵、分类及投资管理的原则等。

2. 熟悉投资相关的主要理论，理解投资决策的过程和影响因素。

3. 掌握投资项目评估的基本方法，能够运用正确的方法开展项目评估工作。

课程思政融入点

1. 领悟企业投资管理的内涵和分类，把握投资的原则和目的，加强学生对于投资过程的熟悉程度，培养学生的创新创业能力。

2. 通过投资决策和评估方法的学习，帮助和引导学生独立思考和判断，培养学生综合运用知识、解决实际投资问题的能力。

3. 引导学生对具体案例进行分析，紧扣国内国际形势和国家发展战略，用典型案例和取得的成就，引导学生坚定"四个自信"，形成道路认同与制度认同。

引　例　　中国恒大背负万亿元级负债　恒大汽车还有钱可烧吗？

已停牌近 16 个月的中国恒大终于在近日公开了自己的"账本"，公司连发包括 2021 年、2022 年业绩公告以及 2022 年中期业绩公告在内的三份财报。财报显示，中国恒大两年亏损超 8120 亿元，总负债超 2.4 万亿元。

恒大集团目前有中国恒大、恒大物业以及恒大汽车 3 个上市公司。对于下一步的部署，恒大集团表示，将全力保障"保交楼"等重点工作稳步有序推进，同时重点做好新能源汽车等板块的持续运营。

具体到恒大汽车方面，截至 2023 年 5 月，公司才恢复了汽车的生产制造活动。根据官网介绍，作为恒大造车的首款量产车型，恒驰 5 定位为纯电紧凑型 SUV 车型，CLTC 工况下综合续航里程 602 公里，目前这一款车型的售价为 17.9 万元。恒大汽车表示，2022 年公司实现了恒驰 5 车型的量产和交付。员工人员方面，截至 2022 年末，公司拥有员工 4506 人，仅占恒大集团员工总数的 4.38%。外界普遍关心，恒大汽车创立至今累计花费几何？早在恒大汽车 2020 年全年业绩发布会上，恒大集团首席财务官潘大荣在接受《证券日报》记者采访时就表示，恒大汽车对新能源汽车产业已累计投入 474 亿元，其中用于收购核心技术及研发方面的费用为 249 亿元，用于工厂建设及设备、零部件采购的费用为 225 亿元。

资料来源：龚梦泽《中国恒大背负万亿元级负债　恒大汽车还有钱可烧吗？》，《证券日报》2023 年 7 月 20 日，第 B3 版。

第一节　企业投资的基本原理

一　企业投资的概述

（一）企业投资的内涵

投资作为人类经济活动中的基本活动，是指以获利为目的的资本使用。狭义的投资指投资人购买各种证券，包括政府公债、公司股票、公司债券、金融债券等。广义的投资既包括购买股票和债券，也包括运用资金建筑厂房、购置设备和原材料等活动。

企业投资指企业作为投资主体进行投资的行为。它是指企业将筹集的资金投入使用的过程，包括企业内部使用资金的过程（如购置流动资产、固定资产、无形资产等）和对外投放资金的过程（如投资购买其他企业的股票、债券或与其他企业联营等）。投资决策在公司财务管理活动中是最重要的，它决定着公司的发展前景。一般而言，企业投资具有以下特点。

1. 长期性

企业投资过程是指一项投资从决策、筹资、投入资金、使用资金到回收资金的整个过程。它大致分为三个时期：投资决策期、投资建设期和投资回收期。科学的投资决策、项目建设和实施均需要一定的时间，且按照一定的步骤、程序进行。

2. 科学性和复杂性

企业投资项目能否在预计时期内获取收益，主要取决于投资决策是否科学。科学的投资决策建立在广泛的调查研究、大量的信息收集与处理，以及多种技术方法运用的基础上，以较为准确地预测和分析。这种投资决策过程本身就体现了企业投资的复杂性。不仅如此，企业投资活动不只局限于企业内部，更受到经济环境、金融环境、行业政策等综合因素的影响，这就决定了企业投资是一项复杂的经济活动。

3. 不确定性和风险性

企业实施投资活动，并不一定能带来预期收益，不能保值、增值甚至丧失本金而不能收回投资成本的风险是存在的。企业投资收益的不确定性与投资活动本身的复杂性有关，也受到预测和决策技术的偏差和失误的影响。

（二）企业投资的分类

1. 直接投资与间接投资

按投资与企业生产经营的关系来划分，企业投资可分为直接投资与间接投资。直接投资是指投资主体将货币资金直接投入投资项目，形成生产经营性资产，以便获取收益的一种投资。企业的经营特征影响直接投资的规模，一般非金融类企业的直接投资比重较大。间接投资又称证券投资，是指投资主体用资金购买各类债券或公司股票等金融资产，以期获取利息或股利等收益的投资。相较于直接投资，间接投资的投资主体一般只能获取一定的投资收益，不能干预被投资对象对其投入资金的具体使用及经济管理；但间接投资的资本运作较为灵活，可以随时进行交易，获取其他投资收益。

2. 短期投资与长期投资

按投资期限或投资回收期的长短来划分，企业投资可分为短期投资与长期投资。长期投资是指投资回收期在一年以上的各种投资，包括对企业厂房、机器设备、无形资产和长期金融资产等的投资。长期资产的资金投入量大，投资回收期长，短期变现能力差，因此其投资风险与投资收益均较高。短期投资又称流动资产投资，是指预期在一年以内收回投资的各种投资业务，包括企业的各类流动资产、短期证券等投资。短期投资的资金周转快，资产流动性强、风险低，但从长期来看，其收益低于长期投资。

3. 对内投资与对外投资

按投资的方向不同来划分，企业投资可分为对内投资与对外投资。对内投资是指将资金投到企业内部用于购置生产经营过程中所需的各类资产的投资。对外投资是指投资主体通过向其他单位投入货币资金、有价证券、实物资产、无形资产等资产，实现投资的行为。因此，对内投资属于直接投资，对外投资主要是间接投资。当对外投资的规模较大，实现对被投资单位的控制时，对外投资则为直接投资。

（三）企业投资管理的原则

企业投资的根本目的是谋求利润、增加企业价值。企业能否实现这些目标，关键在于能否在风云变幻的市场环境下，抓住有利的时机，进行合理的投资决策。为此，企业在投资时必须坚持以下原则。

1. 认真进行市场调查，及时捕捉投资机会

捕捉投资机会是企业投资活动的起点，也是企业投资决策的关键。在市场经济条件下，投资机会不是固定不变的，而是不断变化的，它受到诸多因素的影响，其

中最主要的因素是市场需求的变化。企业在投资之前，必须认真进行市场调查和市场分析，寻找最有利的投资机会。市场是不断变化发展的，对于市场和投资机会的关系也应从动态的角度加以把握。

2. 建立科学的投资决策程序，认真进行投资项目的可行性分析

在市场经济条件下，企业的投资决策会面临一定的风险。为了保证投资决策的正确有效，必须按科学的投资决策程序，认真进行投资项目的可行性分析。

3. 及时足额地筹集资金，保证投资项目的资金供应

企业的投资项目，特别是大型投资项目，其建设周期长，所需资金多，一旦开工就必须有足够的资金供应，否则就会使工程建设中断，造成很大的损失。因此，在投资项目开始建设之前，必须科学预测投资所需资金的数量和时间，采用适当的方法筹措资金，保证投资项目顺利完成，尽快产生投资效益。

4. 认真分析风险和报酬的关系，适当控制企业的投资风险

投资的报酬和风险是共存的。一般而言，报酬越高，风险也越大，报酬的增加是以风险的增大为代价的，而风险的增大将会引起企业价值的下降，不利于企业财务目标的实现。

二 企业投资理论

（一）新古典投资理论

1. Q 理论

传统投资理论在完美市场的假设下，主要从预期盈利能力、资本使用成本等纯技术角度来研究企业投资行为，认为内外部融资成本相同，融资方式的选择对企业没有影响，投资决策与融资行为及其状态不相关，投资支出的多少完全取决于企业的投资机会。比如 Q 理论。

托宾（Tobin）对厂商的投资行为进行了分析，认为如果资本是完全耐用的（即资本折旧率为 0），厂商的投资水平将取决于新增资本的市场价值与重置成本之间的比例。托宾用 Q 来表示这个比例，托宾的投资理论因而也就被称为 Q 理论。Q 理论的经济含义非常直观。如果 Q>1，厂商应当进行投资；如果 Q<1，厂商应当出售资本；如果 Q = 1，厂商则应当保持原有的资本存量。

2. 融资约束理论

20 世纪 70 年代以来，随着信息经济学的不断兴起与发展，企业投资决策模型中逐渐增加了衡量融资约束的财务变量。理论基础是：基于资金供求双方的信息不对称以及外部交易成本的存在，企业融资遵循啄食顺序规律，内部现金流影响企业投资水平。

当企业有好的投资机会而内部资金不足时，鉴于外部融资成本较高，或者给定成本下存在的资金配给现象使企业面临融资约束，理性的企业进行次优选择时，可

能会放弃部分净现值为正的投资项目，从而导致投资不足。反之，当内部资金较为充裕，且内部资金处于经理人的控制之下时，企业同样会表现出对投资的追求，可能导致投资过度。

（二）行为财务理论

传统财务理论是在"理性经济人"假设的基础上研究企业投资行为的。基本观点是：资本市场是有效的，管理层和投资者是理性的，能够获得决策所需要的全部信息并能做出无偏差估计，实现最优决策。然而这些十分理想化的假设在现实中是不存在的。行为财务理论框架下的企业投资行为研究关注的正是管理层和投资者的非理性对企业资本配置行为的影响。具体可以分为三类。

1. 管理层理性和投资者非理性条件下的企业投资行为

Stein 认为非理性投资者可能影响股票发行时机，但不会影响企业投资计划。[①]在企业股价被高估时，管理层不会为了迎合投资者的心态而进行负的净现值项目投资，因为从长期来看，没有正净现值项目支撑的股价必然会大幅下跌，即理性的管理者会客观地看待投资者情绪。

2. 管理层非理性和投资者理性条件下的企业投资行为

管理层非理性行为主要表现为管理者过度乐观和过度自信。基本观点为：管理者过度乐观和过度自信往往高估投资收益，更容易投资高风险或净现值为负的项目。Roll 提出了"自负假说"（Hubris Hypothesis）。[②]

3. 管理层和投资者都非理性条件下的企业投资行为

股票市场投资者和股票分析家过度乐观将导致股票可能严重背离企业内在价值，同时还会诱导非理性的企业管理者进一步过度乐观和自信，更加低估投资风险，更积极地进行高风险投资扩张活动，包括兼并收购、从事迎合股票市场短期投资活动等。

延伸阅读与讨论 6-1

已有文献梳理了 2000 年前后，上市公司非理性的投资行为，并结合实例划分为"不自量力""为所欲为""任人宰割"三类，研究指出根源在于公司治理机制的不完善，必须从优化上市公司股权、重组董事会以及关联公司集团化治理方面完善治理机制，以减少非理性投资行为的发生。请结合参考资料，思考上述公司非理性投资行为是否依旧存在，应如何预防非理性投资行为。

资料来源：刘星、曾宏《我国上市公司非理性投资行为：表现、成因及治理》，《中国软科学》2002 年第 1 期，第 66~70 页。

---

① Stein, J. C., Rational Capital Budgeting in an Irrational World. *Journal of Business*, 1996, 69：429-455.

② Roll, R., The Hubris Hypothesis of Corporate Takeovers. *Journal of Business*, 1986, 59：197-216.

第二节　项目评估的基本原理

一　项目投资程序

（一）初选阶段

1. 确定投资方向和需求

根据公司发展战略和部署，明确企业未来的投资方向和目标，比如是股票投资、债券投资、房地产投资或是其他领域的投资；通过各种渠道收集项目信息或投资意向，搜寻投资机会。

事例 6-1

2022 年，全国商品房销售额约 13.33 万亿元，同比下降了 26.7%，是有统计数据以来最大幅度的下跌。企业的经营压力也上升到了历史高点，上市房企大面积增收不增利。

郁亮（万科）认为：开发业务规模不再也不应是衡量房企的唯一标准，未来，开发、经营、服务并重是房企的唯一选择，要接受和学会赚小钱、长钱、辛苦钱。

刘平（保利）将 2022 年视为不平凡的一年，因为行业发展逻辑发生了根本性变化。他认为，目前房地产行业正处在由"规模扩张"转向"高质量发展"的关键时期，总体将表现出"趋势修复、结构优化、动能转换"的新特征，房企将从规模高速增长向经营规模合理增长、经营质量有效提升转变。

莫斌（碧桂园）的结论是一、二线城市及改善性需求更具发展弹性。该公司希望在未来三至五年内，将原先偏重三、四线城市的布局，优化为一、二线城市和三、四线城市"五五开"。2022 年，碧桂园新拿的土地已经有七成是位于一、二线城市，今年的投资方向也会聚焦在一、二线核心城市和三、四线城市核心区位。公司将在一、二线城市打造新的独立产品体系，匹配刚需和刚改需求，三、四线城市则主打面向改善性需求的产品。

资料来源：曾冬梅《莫斌、刘平、郁亮的感悟：行业逻辑变了　要认清大势》，《中国房地产报》2023 年 4 月 10 日，第 5 版。

2. 投资项目初筛

结合公司或投资部门意见，对投资项目进行初步审查、筛选和分类，准备做进一步考察，形成初步分析报告，提交到总经理办公室，决定是否对项目做进一步调查评估。

（二）论证阶段

1. 尽职调查

根据项目的具体情况，成立专门的工作团队对项目进行调查、研究和分析。项目组需要了解该领域的市场情况、行业发展趋势、竞争情况、相关政策法规等，分析和评估该领域的潜在投资机会和风险。

延伸阅读 6-1

并购审计 ≠ 尽职调查

近年来，中国企业海外投资并购增长迅速。但有调查显示，70% 的海外投资并购交易未能为股东带来预期价值。投资并购已经成为企业海外投资中复杂程度最高、风险最大的战略行为。大部分海外投资并购企业会完成常规的审计工作。但在实践中，很多企业常存在"如果全球四大会计事务所已经审计过，就不需要做财务尽职调查"的认识误区。

安永（中国）企业咨询有限公司合伙人郝进军指出：财务尽职调查与审计不同，尽职调查重点关注影响公司估值、交易架构、交易文件谈判以及收购后集团各分子公司之间协同作用等事项，而不单单是对财务报表的真实性和公允性发表意见。郝进军建议企业从以下三个步骤进行海外投资并购财务风险管理。

首先，选定投资项目前，对当地市场、行业进行研究，了解项目背景及当地合作伙伴的潜在合作方式，从商业、财务、税务的角度，熟悉项目相关细节（如研读技术可行性报告）。其次，选定投资项目后，从商业、财务、税务角度，研读并理解项目商业计划。准备数据采集清单、收集模型建构所需资料。确定商业计划中的关键假设，针对假设及风险参数进行讨论及情景分析。确定备选的合资计划及相关的融资方案，建立投资模型。最后，测算项目的回报率，如净现值等。根据备选的合资计划以及相关的融资方案，测算股东的回报率。对关键假设进行分析，权衡不同方案并关注特定运营风险，总结出可行性分析结果，最终敲定财务风险管理计划，并帮助完成海外投资计划。

此外，在海外投资并购过程中常会出现目标公司业务季节变化明显，导致运营资本的波峰和波谷变化差异较大，在交割时没有足够的现金来应对运营需求。郝进军说："当目标公司不能产生足够的经营活动现金流时，可能需要进一步融资。如果企业没有做好融资的准备，应提前做好调查，避免收购此类企业。"

资料来源：钱颜《并购审计 ≠ 尽职调查　财务风险不可小觑》，《中国贸易报》2018 年 6 月 28 日，第 A6 版。

2．项目论证

根据尽职调查结果，商务、技术、财务等各个部门开展相关环节研究，进行项目可行性分析，论证项目的经济、技术、组织和社会方面的可行性。重点论证项目的长短期收益情况、技术的可实现情况、组织架构和项目管理人员情况、可能涉及的法律和社会影响情况。在此工作基础上对项目进一步考察论证，形成具体的投资方案。

3．确定投资意向，签订合同

将可行性报告提交到总经理办公室进行审议，确定项目情况和具体要求；起草合同，进行商务洽谈，并最终签订合同。

延伸阅读与讨论 6-2

风险投资（Venture Capital，VC）简称风投，又译为创业投资，主要是指向初创企业提供资金支持并取得该公司股份的一种融资方式。风险投资是私人股权投资的一种形式。风险投资公司为专业的投资公司。风险投资循环包括投资基金的募集、实施具体投资（包括选择标的企业和对被投企业进行监督和增值服务）、成功退出，为投资者赢得投资回报，最终再回到新的资金募集环节。请结合参考资料，思考并讨论风险投资决策的核心环节。

资料来源：张曦如、沈睿、路江涌《风险投资研究：综述与展望》，《外国经济与管理》2019年第4期，第58~70、138页。

二 项目投资评估方法

（一）投资决策中的现金流量分析法

1．现金流量的概念

现金流量是指在长期投资中，与某一特定的项目相关的现金流入和现金流出的资金数量。它是计算长期投资决策指标的主要依据，是评价投资项目是否可行或进行投资项目选择的基础数据。现金流量包括现金流入量、现金流出量和现金净流量，三者关系如下：

$$现金净流量 = 现金流入量 - 现金流出量$$

在整体项目投资决策过程中，估计或预测投资项目的现金流量是非常关键的，是项目投资评估的首要环节，也是最重要、最困难的步骤之一。

2．现金流量的构成

在投资决策中，现金流量一般由三部分构成。

（1）初始现金流量

初始现金流量是指投资项目在建设阶段发生的现金流量，一般包括以下内容：

固定资产投资、垫支营运资金、原有固定资产的变价收入、其他费用等。

（2）营业现金流量

营业现金流量是指项目建成投入使用后，在其寿命期内由于正常的生产经营所产生的现金流入量、现金流出量及现金净流量。现金流入量一般是指年度内由营业收入带来的现金流入的数量；现金流出量一般是指年度内由付现的营业成本和所得税带来的现金流出的数量。

（3）终结现金流量

终结现金流量是投资项目寿命终结时所发生的现金流量，包括固定资产残值或变价收入、收回的项目初始阶段垫支的营运资金、停止使用的土地变价收入等。

延伸阅读与讨论 6-3

证券分析师是资本市场重要的信息中介，他们通过多种渠道收集、整理和分析上市公司的财务信息，形成研究报告，为投资者提供增量信息。近年来，国内外资本市场上证券分析师发布现金流预测报告的数量均呈现出快速增长的趋势。请结合参考资料，思考证券分析师发布现金流预测报告的动机，以及对于公司信息质量的影响。

资料来源：李翠芝、杨小康、周冬华《分析师发布现金流预测的动机研究——基于信号传递理论的研究视角》，《经济问题》2019 年第 7 期，第 104~114 页。

（二）非贴现评价法

1. 静态投资回收期法

静态投资回收期代表收回全部投资额所需要的时间，即以投资项目经营产生的现金净流量补偿初始固定资产投资额所需的时间。该指标一般以年为计量单位，用 PP 表示。

（1）原始投资额一次支出，静态投资回收期的计算公式如下：

$$静态投资回收期 = \frac{固定资产原始投资总额}{每年的现金净流量}$$

（2）各年营运现金净流量不相等时，或原始投资分 m 年投入，投资回收期的计算公式如下：

$$\sum_{k=0}^{m} BI_k = \sum_{j=0}^{n} NCF_j$$

其中，BI_k 为第 k 年的投资额；NCF_j 为第 j 年的现金流入量。

投资回收期法是按照收回初始固定资产投资总额所需的时间长短来判断投资决策的一种方法，因此，该指标数值越小，表明回收期越短，方案越有利。投资回收期指标能直观反映项目收回初始固定资产投资总额所需的时间，计算较为简便，且容易理解，但它没有考虑货币时间价值的影响，也没有考虑投资回收期之后的收益情况，使得以此指标为基础进行项目筛选时，容易重视短期收益，忽视长期收益，从而放弃收益分布在后期的项目。

2. 投资报酬率法

投资报酬率是指年均利润占初始投资总额的比例，计算公式如下：

$$投资报酬率 = \frac{年均利润}{初始投资总额}$$

投资报酬率的高低用相对数表示，反映项目收回投资的速度。使用该指标进行决策需要先确定项目的必要报酬率，比较投资报酬率与必要报酬率，若投资报酬率≥必要报酬率，则项目可行，且有多个备选方案时，选择投资报酬率最大的项目；若投资报酬率<必要报酬率，则拒绝该项目。

投资报酬率指标是非贴现现金流量指标，是正向指标，其计算过程较为简单，易于掌握，且该指标不受建设期长短和投资方式的影响，能反映投资项目的收益水平；但该指标没有考虑货币时间价值的影响，分子与分母的时间特征不同，分母是时点指标，分子是时期指标，数据统计口径不一致，不具有可比性，无法直接使用现金流量数据。

（三）贴现评价法

1. 净现值法

净现值（Net Present Value，NPV）是指在项目的使用寿命期内，按照一定的折现率计算的各年现金净流量的现值之和，用 *NPV* 表示，基本计算公式为：

$$NPV = \sum_{t=0}^{n} 项目寿命期内各年现金净流量的现值$$

根据投资项目净现值的大小决定方案是否可行。按照一定的折现率计算净现值指标，如果净现值≥0，说明投资项目产生的现金流入量的现值大于等于现金流出量的现值，项目可行；如果净现值<0，说明投资项目产生的现金流入量的现值小于现金流出量的现值，项目的投资报酬率小于预定的报酬率，项目不可行。

净现值是贴现现金流量指标，属于正向的绝对值指标，是在投资决策中被广泛应用的一种评价指标。该评价指标的优点是考虑了资金时间价值因素，利用项目寿命期内的所有现金净流量进行全面分析判断；其缺点在于预定的折现率存在主观性，不能反映投资项目可能达到的实际报酬率水平。

2. 获利指数法

获利指数是指在项目寿命期内，项目投入使用后的现金净流量的现值之和与初始阶段现金净流量现值之和的比值，用 *PI* 表示。计算公式为：

$$PI = \frac{\sum\limits_{t=1}^{n} \text{项目营业现金净流量的现值}}{\sum\limits_{t=1}^{n} \text{初始投资额的现值}}$$

获利指数是贴现现金流量指标，属于正向的相对值指标。如果获利指数 PI 大于 1，说明项目的投资报酬率超过预定的折现率，净现值 NPV 大于 0，项目可行；如果获利指数 PI 等于 1，说明项目的投资报酬率等于预定的折现率，净现值 NPV 等于 0，项目可行；如果获利指数 PI 小于 1，说明项目的投资报酬率小于预定的折现率，净现值 NPV 小于 0，项目不可行。在多个投资方案的选择中，获利指数最大的方案最佳。

获利指数的优点是考虑了资金的时间价值，且相对数指标便于投资规模不同的项目比较分析；缺点是无法直接反映投资项目的实际报酬率水平。

3. 内部报酬率法

内部报酬率是指在项目的使用寿命期内，使得各年现金净流量的现值之和等于 0 的折现率，也是所有的现金流入的现值之和与现金流出 C 的现值之和相等时的折现率，即使 NPV 等于 0 时的折现率，用 IRR 表示。计算公式为：

$$NPV = \sum_{t=1}^{n} \frac{NCF_t}{(1+IRR)^t} - \sum_{t=1}^{n} \frac{C_t}{(1+IRR)^t} = 0$$

当对某一方案进行可行性分析时，若内部报酬率高于企业资本成本或必要报酬率，则项目可行，否则不可行。当进行多个备选方案的互斥决策时，在内部报酬率高于企业资本成本或必要报酬率的基础上，内部报酬率最高者最佳。

内部报酬率考虑了资金的时间价值，反映了投资项目的真实报酬率，但计算过程比较复杂，尤其是当投资项目投入使用后各年的现金净流量不相等时，需要进行测算使用内插法才能求得。

（四）　期权法

1. 实物期权法

实物期权法认为项目投资者具有选择权，即项目投资赋予决策者在未来采取某些投资决策的权利。因此，在考虑这种具有期权特性的项目投资时，投资价值包括两部分：一部分是不考虑实物期权价值的存在而固有的内在价值（NPV），可由传统的净现值法求得；另一部分是选择权价值（Value of Option）。目前较有影响力的计算项目期权价值的方法有二项树模型和布莱克-舒尔斯定价模型。

实物期权法修正净现值法对有战略价值的投资的忽略和低估，着眼于长远利益。其缺点主要包括：①不适合多投资阶段、多种类实物期权并存的项目投资决策；②高估了项目价值。

2. 期权博弈法

期权博弈法是在采用期权定价理论思想方法基础上对包含实物期权的项目价值进行估价的同时，利用博弈论的思想、建模方法，对项目投资进行科学管理决策的理论方法。其基本依据是考虑了竞争性企业的行为后，投资项目价值将下降，不确定条件下竞争的投资项目价值计算公式为：

$$投资项目价值 = 传统净现值（NPV） + 实物期权价值 - 竞争的影响$$

该方法将博弈方法引入，估算竞争者的交互博弈影响，综合考虑了未来客观世界的不确定性、投资项目与现存项目以及未来项目的关联效应，以及市场结构、市场竞争者状况等因素的影响，但由于使用了繁杂的数学公式和数学模型，缺乏易操作性，阻碍了该方法的广泛应用。

第三节　案例分析：瑞幸的再投资

瑞幸咖啡（Luckin Coffee，简称"瑞幸"）强势发展、异军突起，于 2019 年 5 月 17 日成功在美国纳斯达克上市，创下全球最快上市的纪录，也带来了"中国咖啡"的品牌希望。然而，2020 年 3 月，瑞幸陷入财务舞弊丑闻，股价暴跌 80%，于 2020 年 6 月黯然退市，进入粉单市场。财务造假曝光之后，瑞幸面临着多方处罚和诉讼的压力，积极采取"自救"措施，重塑治理结构、推动战略转型，并实现扭亏为盈。

一　案例概况

（一）公司简介

1. 发展历程

瑞幸咖啡总部位于厦门，由神州优车集团原 CEO 钱治亚创建，是中国最大的连锁咖啡品牌。瑞幸虽然成立时间不长，但是发展势头强劲，主要发展历程如下：2017 年 6 月，瑞幸在英国开曼群岛注册成立；同年 10 月，瑞幸第一家门店在银河 SOHO 开业，凭借移动互联网和大数据技术的新零售模式，瑞幸进入迅速扩张模式；2018 年 6 月和 11 月，瑞幸先后进行了 A 轮和 B 轮融资，各融资 2 亿美元；2019 年 3 月，瑞幸门店已经达到 2370 家，累计客户 1680 万人；2019 年 4 月，瑞幸的 B+轮融资 1.5 亿美元；2019 年 5 月 17 日，瑞幸成功在美国纳斯达克上市，上市当日总市值约 50 亿美元，创造了纳斯达克最快上市纪录。

2. 股权结构

（1）VIE 架构

瑞幸通过"VIE+双重股权设置"来保证创始股东对公司的控制权，VIE 架构如图 6-1 所示。

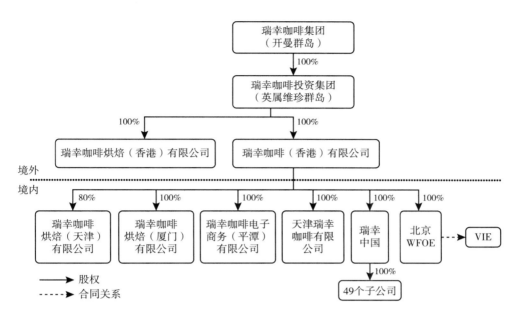

图 6-1 瑞幸咖啡的 VIE 架构

资料来源：瑞幸咖啡招股说明书，2019 年 4 月。

（2）双重股权设置

表 6-1 列出了瑞幸前五大股东持股比例情况。其中，瑞幸董事长陆正耀的家族信托为瑞幸第一大股东，持股比例为 30.53%，对应控制权比例为 36.86%；瑞幸创始人、首席执行官钱治亚的家族信托为第二大股东，持股比例为 19.68%，对应控制权比例为 23.76%。二者合并投票权超过 60%。另外，第三大股东 Sunying Wong 和陆正耀为亲属关系。

表 6-1 瑞幸前五大股东持股比例情况

单位：股，%

股东名称	股票数量	持股比例	控制权比例
陆正耀家族信托	969703	30.53	36.86
钱治亚家族信托	625000	19.68	23.76
Sunying Wong	393750	12.34	
大钲资本	377877	11.90	
愉悦资本	214471	6.75	

资料来源：瑞幸咖啡招股说明书，2019 年 4 月。

3. 造假手段分析

（1）虚增销售收入

通过虚增销量和虚增单价的方式，虚增销售收入。第一，浑水公司实地调查推论，瑞幸咖啡门店日均销售量为 263 杯，而 2019 年第四季度单个门店日均销售量为 495 杯。瑞幸虚增销量主要通过 App 跳号实现，存在夸大现象。第二，瑞幸不定期推出各种折扣、优惠活动，使得各系列产品的实际净售价低于官方价格。比如，现制饮料官方价格为 12.29 元/杯，浑水公司测算为 10.94 元/杯，膨胀了 12.3%。

（2）虚增成本费用

瑞幸与多家第三方公司开展虚假交易，通过虚构原材料采购、虚增劳务外包业务、虚构广告业务等方式虚增成本支出，夸大成本费用 13.4 亿元，占全年实际成本的 21.48%。

（3）隐含关联交易

瑞幸董事长陆正耀与神州租车的关联方征者国际贸易（厦门）有限公司在咖啡机销售及食物原材料供应上建立交易关系，但并未详细披露和解释其实际关联关系。

问题一：结合案例资料和瑞幸咖啡事件，讨论瑞幸咖啡出现业绩问题的原因是什么。

（二）退市后的调整

在财务造假曝光之后，瑞幸面临来自美国监管部门、投资者、债权人等多方的压力。瑞幸把承担责任、解决问题放在首位，快速回应外部监管机构及投资人的诉求，积极促成和解，弥补此前因财务造假造成的负面影响。先后完成与美国证券交易委员会（SEC）、投资者的和解以及海外债务重组，重获投资者和市场信心，同时不断完善公司治理和公司战略，提升业绩，实现完美转身。

1. 股权结构和高管调整

在财务造假曝光之后，钱治亚、刘剑、陆正耀等离开了公司高层，郭谨一出任公司董事长及首席执行官，另新转增两名高管曹文宝和吴刚担任公司董事。

2021 年 4 月，瑞幸宣布与大钲资本和愉悦资本分别签订投资协议，利用募资额推动离岸重组并履行 SEC 和解协议下的义务。2021 年 12 月大钲资本完成 2.4 亿美元投资，2022 年 1 月愉悦资本完成 0.1 亿美元投资，同月大钲资本联合投资机构 IDG 资本和 Ares SSG 完成对毕马威（KPMG）所托管的前管理层陆正耀及其管理团队所持有的 3.83 亿股瑞幸股份的收购，大钲资本持股比例上升为 17.2%，投票权增至 45.2%，成为瑞幸的实际控制人。大钲资本不仅给瑞幸的发展注入了资金，更优化了其股权结构。重组后形成了以投资方（大钲资本）、管理层（以 CEO 郭谨一为代表）和营销团队三位一体的"铁三角"。

问题二：结合案例资料和公开信息，讨论大钲资本投资瑞幸咖啡的原因。

2. 与 SEC 达成行政诉讼和解

2020 年 12 月，SEC 提起诉讼，指控瑞幸违反了美国联邦证券法的反欺诈、内部控制等条款。瑞幸积极寻求与 SEC 的和解。早在 2020 年 4 月，就成立了由独立董事组成的独立特别调查委员会，对财务造假事件进行清查，对董事会和管理层进行双调整；7 月主动向 SEC 和公众披露调查结果和处理情况。2021 年 2 月，瑞幸与 SEC 的 1.8 亿美元罚金的和解协议获得法院批准。

3. 与债权人达成债务重组协议

瑞幸有一笔 2025 年到期的 4.6 亿美元 0.75% 可转换优先票据，需要拿出可行的补偿方案。2022 年 1 月，瑞幸最终与债权人达成了现金、票据和存托凭证的组合赔偿方式，其中，现金偿付 2.455 亿美元。

4. 与股东达成集体诉讼和解

2021 年 9 月瑞幸公告称，已与集体诉讼的投资者代表达成金额为 1.875 亿美元的和解意向书，以解决 2019 年 5 月 17 日至 2020 年 7 月 15 日期间买入公司股票的投资者的索赔。2021 年 10 月，瑞幸和集体诉讼的首席原告签订了 1.75 亿美元的和解协议，标志着集体诉讼的绝大多数风险得到释放，赔偿金额远低于市场预测值，解决时间也快于市场预期。

（三）重整后的调整

1. 总体战略调整

重整后，瑞幸进行了战略转型，逐渐向精细化运营聚焦，注重产品品质的提升，转向健康增长、盈利提升的模式。瑞幸围绕门店、产品、营销制定出一套系统化的改革策略。在门店方面，扩张速度明显放缓，对自营店进行了收缩调整：一方面暂缓直营门店的开店速度；另一方面关闭部分效益欠佳或过于密集的门店。战略调整之后，瑞幸进驻下沉市场主要靠"直营+联营"的门店策略。2021 年和 2022 年，瑞幸营业收入增长率分别达到 97.48% 和 66.89%，营业收入增长的数据证明了其策略行之有效，促进了瑞幸的常态化发展。

2. "互联网+"助力模式升级

利用云计算、大数据等新技术，进一步完善"新零售"模式。"新零售"通过应用云计算及大数据等高新科技，使得产品、物流及顾客等资料实现了数据化管理；同时在选址上覆盖商业街和社区，有效增强了顾客黏度和品牌热度。

（1）产品研发频出爆品

2021 年，瑞幸上新超百款产品，研发产品以奶咖为主，打造出生椰拿铁等爆款产品。2022 年，瑞幸又相继推出了椰云拿铁、生酪拿铁等，均成为爆品。

（2）营销模式从"广撒券"变为精细运营

瑞幸从过去注重拉新转向注重留存，挖掘存量用户的深度价值，将裂变式营销转变为社群精细化运营留存，注重培养以社群为主的私域流量。比如，通过拉好友获得优惠券、累计消费抽奖活动等。

（3）门店成本降低

瑞幸前期的门店布局基本形成，投入巨大成本编写前、中、后台系统，系统管理体系成熟后，移动支付及"精简门店＋智能机器"模式就会使得人力成本大幅降低。

3. 股权结构和管理层优化

根据表 6-2 所示，瑞幸咖啡原董事长陆正耀、原 CEO 钱治亚、原 COO 刘剑均已从公司高层名单消失。瑞幸董事长兼 CEO 为郭谨一，首席增长官杨飞、高级副总裁周伟明、高级副总裁曹文宝分别是公司营销、产品、门店运营领域的核心人物。根据瑞幸 2020 年年报，截至 2021 年 7 月 31 日，瑞幸咖啡总股本为 18.8 亿 A 类股和 1.45 亿 B 类股，董事和高管共持有 0.26 亿 A 类股；大钲资本持有全部 B 类股；由于 B 类股拥有超级投票权，大钲资本拥有瑞幸 43.50% 的投票权；愉悦资本持有 5.7% 的 A 类股、投票权为 3.22%。虽然大钲资本持股比例较高，但并未控制董事会；董事会和高管仅持有少量股份，重组后瑞幸的股权结构和管理层均得到了优化，在一定程度上避免了内部人控制问题。

表 6-2　重组后董事和高管名单

	姓名	性别	职位	截止日期
董事	郭谨一	男	董事长兼首席执行官	2022 年 4 月 14 日
	Wenbao Cao（曹文宝）	男	董事兼高级副总裁	2022 年 4 月 14 日
	Gang Wu（吴刚）	男	董事兼高级副总裁	2022 年 4 月 14 日
	魏源宗	男	独立董事	2022 年 4 月 14 日
	Feng Liu（刘峰）	男	独立董事	2022 年 4 月 14 日
	Yang Cha（查扬）	男	独立董事	2022 年 4 月 14 日
	邵孝恒	男	独立董事	2022 年 4 月 14 日
高管	Reinout Hendrik Schakel	男	首席财务官和首席战略官	2022 年 4 月 14 日
	Fei Yang（杨飞）	男	首席增长官	2022 年 4 月 14 日
	Shan Jiang（姜山）	男	高级副总裁	2022 年 4 月 14 日
	Weiming Zhou（周伟明）	男	高级副总裁	2022 年 4 月 14 日

资料来源：瑞幸 2020 年年报。

问题三：结合案例资料和公开信息，讨论大钲资本是否能够支撑瑞幸咖啡的后续再投资。

二 案例分析

（一）问题一：结合案例资料和瑞幸咖啡事件，讨论瑞幸咖啡出现业绩问题的原因是什么

1. 公司经营方面

瑞幸成立之初主要依赖资本迅速拓店，补贴单价引客增量。因此，其培养的用户大都欠缺品牌忠诚度并对价格敏感，很难支持公司长期的营业收入增长，致使其自身"造血"能力不足。由表6-3可知，此商业模式会导致瑞幸在重组前净利润和经营活动产生的现金流量净额均持续为负，亏损越来越严重；与之相对应，筹资活动产生的现金流量净额明显更多，这意味着由于瑞幸的盈利能力受限，即使多轮融资也难有效解决其财务困境。

表6-3 瑞幸重组前和重组后的财务指标

单位：美元，%

指标	重组后			重组前			
	2023年6月30日	2022年12月31日	2021年12月31日	2020年12月31日	2019年12月31日	2018年12月31日	2017年12月31日
净利润	15.64亿	4.88亿	5.79亿	−56.03亿	−31.61亿	−16.19亿	−5637.10万
营业收入	106.38亿	132.93亿	79.65亿	40.33亿	30.25亿	8.41亿	25.00万
经营活动产生的现金流量净额	25.17亿	1981.80万	1.23亿	−23.77亿	−21.67亿	−13.11亿	−9502.60万
投资活动产生的现金流量净额	−13.90亿	−7.98亿	33.70万	−17.12亿	−18.16亿	−12.83亿	−7292.20万
其中:资本性支出	—	−8.01亿	−1.73亿	−8.22亿	−15.71亿	−10.06亿	−7292.20万
筹资活动产生的现金流量净额	—	−22.76亿	15.15亿	40.29亿	72.41亿	39.88亿	3.87亿
汇率变动对现金及现金等价物的影响	804.50万	7713.30万	−2221.5万	1771.10万	9256.00万	1739.70万	−17.50万
期末现金及现金等价物余额	47.13亿	35.78亿	65.55亿	49.39亿	49.81亿	16.31亿	2.19亿
期初现金及现金等价物余额	35.78亿	65.55亿	49.39亿	49.81亿	16.31亿	2.19亿	—
现金及现金等价物净增加额	11.35亿	−29.77亿	16.16亿	−4238.40万	33.50亿	14.12亿	2.19亿
销售毛利率	60.37	61.04	59.84	50.53	46.34	36.69	—

资料来源：同花顺。

2. 公司治理结构问题

如前述资料所示，原有的管理层团队关系紧密且高度持股，可能会导致内控失效。公司原第一大股东陆正耀和第二大股东钱治亚分别担任公司董事长和 CEO，公司股东与董事职权交叉任职，弱化了制衡监督作用。

另外，瑞幸经营业绩并不理想，说明股东和董事会并未对公司"烧钱"盈利模式做出改变；"跳号"和关联交易的存在，也说明财务部门和内控部门并未及时发现经营过程中的违规操作，瑞幸监控不力，缺乏相应的专项监督机制。

（二）问题二：结合案例资料和公开信息，讨论大钲资本投资瑞幸咖啡的原因

1. 咖啡市场广阔

根据 Frost & Sullivan 数据，2015～2019 年中国咖啡行业市场规模年均增速为23.5%。随着咖啡渗透率的提升，中国咖啡市场正处于快速发展的阶段，新品牌崛起的速度更快。根据前瞻产业研究院数据，预计 2025 年咖啡市场规模将达 2171 亿元。咖啡市场主要分为三大板块，分别为即饮、速溶、现磨咖啡。其中现磨咖啡市场高速发展，是未来的主要发展方向。目前，现磨咖啡市场呈现瑞幸咖啡和星巴克"两超多强"格局。

2. 瑞幸长期发展前景较为可观

（1）瑞幸的商业模式

瑞幸的战略目标是以全数字化运营模式提高效率，降低成本，实现快捷方便的消费体验，给用户带来极具性价比的咖啡。这种利用互联网技术，实现线上与线下有机结合的新零售模式，符合大数据时代下的消费品经营逻辑。只是瑞幸在发展初期，存在较大的资金压力和资本驱动压力，使得原管理团队急功近利，无论是增加门店还是扩展产品，都是为了匹配资本逻辑，而非消费逻辑。

（2）前期拥有一定基础

经过大量的前期投入和营销宣传，瑞幸已经拥有一定市场占有率和品牌形象。从价值链的角度来看，瑞幸已经与上游的供应商和下游的消费端建立起了一定的关系，在内部生产和经营管理方面从"粗放式"改转为"精耕细作式"，可以节省成本，强化产品和运营，推动核心竞争力的建设。

（三）问题三：结合案例资料和公开信息，讨论大钲资本是否能够支撑瑞幸咖啡的后续再投资

1. 大钲资本资金相对充裕

大钲资本（Centurium Capital）是一家中国领先的产业投资机构，专注于中国医疗健康、硬科技、消费及企业服务领域的投资机会，在关注领域拥有深刻的行业理解以及广泛的行业资源。其官网显示，大钲资本旗下管理人民币和美元基金，投资策略灵活，所投资企业涵盖早期、中后期和并购/控股等不同阶段。

2. 重组后的瑞幸取得良好的效益

（1）门店数量持续增长

根据瑞幸 2023 年半年报，截至第二季度末，其门店总数达 10836 家，其中自营门店 7188 家，联营门店 3648 家。瑞幸成为中国市场第一家门店数量破万的连锁咖啡品牌。与之相对的是，星巴克中国总门店数仅有 6480 家，比瑞幸少了 4300 多家。

（2）公司业务持续增长

瑞幸战略转型后，聚焦精细化运营，借助大数据分析，注重产品品质的提升，其运行效应明显改善并进入高速增长期。结合表 6-3 的数据可知，自 2021 年起，公司净利润扭亏为盈；2021 年、2022 年、2023 年 6 月经营活动产生的现金流量净额分别为 1.23 亿美元、1981.80 万美元和 25.17 亿美元，保持较高水平。瑞幸 2023 年第二季度财报显示，第二季度总净收入达 62.014 亿元，同比增长 88.0%；在美国会计准则（GAAP）下营业利润为 11.728 亿元，营业利润率达 18.9%；月均交易客户数 4307 万户，同比增长 107.9%。瑞幸其余财务指标可见表 6-4。

表 6-4　2018~2022 年瑞幸的财务指标

指标	2022 年 12 月 31 日	2021 年 12 月 31 日	2020 年 12 月 31 日	2019 年 12 月 31 日	2018 年 12 月 31 日
基本每股收益（元）	0.20	0.34	-2.76	-2.31	-2158.44
每股净资产（元）	20.44	1.80	1.32	21.06	—
每股经营现金流（元）	0.08	0.06	-1.18	-9.02	—
应收账款周转天数（天）	5.70	5.72	3.66	2.59	1.06
总资产周转率（次）	1.17	0.74	0.42	0.46	0.41
净资产收益率（%）	11.25	21.83	-144.86	-237.03	—
总资产净利率（%）	4.28	6.35	-58.72	-47.72	-84.73
资产负债率（%）	36.76	58.21	70.77	47.32	32.55
流动比率	2.13	1.27	6.41	1.75	3.11
速动比率	1.71	1.18	6.14	1.66	2.92

资料来源：同花顺。

三　案例讨论

第一，请结合公司资料和公开数据，分析瑞幸咖啡的未来现金流情况。

第二，请上网查找星巴克相关资料，分析对比瑞幸咖啡和星巴克的投资价值。

第三，在本案例中，瑞幸咖啡陷入财务丑闻后，大钲资本依旧追加投资，持续看好，请讨论其投资逻辑是什么。

四　案例拓展阅读

光伏行业是否值得投资？

（一）钧达股份进军光伏行业概述

1. 钧达股份简介

海南钧达新能源科技股份有限公司（简称"钧达股份"）成立于 2003 年，曾用名"海南钧达汽车饰件股份有限公司"，原主营业务为汽车塑料内外饰件的研发、生产、销售，业务涵盖汽车仪表板、保险杠、门护板、装配集成等。2017 年，钧达股份成功登陆深圳证券交易所，股票代码：002865。

（1）公司入驻光伏行业情况

钧达股份 2022 年年报显示，2021 年 9 月，钧达股份收购上饶捷泰新能源科技有限公司（简称"捷泰科技"）51% 的股权，在 14.34 亿元交易总对价中，6 亿元为股东借款，6 亿元为并购贷款，剩余 2.34 亿元为钧达股份的自有资金和其他自筹资金，自此钧达股份开始进入光伏行业，公司主营业务新增光伏电池业务。2022 年 6 月，钧达股份再次公告拟参与竞买捷泰科技剩余 33.97% 的股权，同时将原有汽车饰件业务置出，并通过协议转让方式获得苏泊尔集团持有的捷泰科技 15.03% 的股权，终于在 7 月底完成对捷泰科技剩余 49% 股权的收购，完成股权过户工商登记手续，实现 100% 持有捷泰科技股权。

2022 年，钧达股份实现主营业务的彻底转型，全面聚焦光伏电池主业，成为集光伏电池研发、生产及销售于一体的新能源企业。目前，公司光伏主业由子公司捷泰科技经营。

（2）股权结构

截至 2023 年 3 月 31 日，钧达股份前十大股东持股情况如表 6-5 所示。其中，第一大股东海南锦迪科技投资有限公司的实际控制人为杨氏家族，具体为家族 9 名自然人组成的一致行动人，其中包括钧达股份现任副董事长、副总经理徐晓平先生，非执行董事陆小红女士和徐勇先生。杨氏家族通过杨氏投资间接控制钧达股份 23.97% 的股权，同时陆小红女士直接持有 0.81% 的股权，实际控制人杨氏家族合计控制钧达股份 24.78% 的股权。此外，上饶经济技术开发区产业发展投资有限公司持有钧达股份 11.46% 的股权，上饶展宏新能源科技中心（有限合伙）持有钧达股份 4.77% 的股权。

表 6-5 截至 2023 年 3 月 31 日钧达股份前十大股东持股情况

单位：股，%

名次	股东名称	持股数量	持股比例
1	海南锦迪科技投资有限公司	33272139	23.97
2	上饶经济技术开发区产业发展投资有限公司	15910600	11.46
3	苏显泽	14329461	10.32
4	上饶展宏新能源科技中心（有限合伙）	6627400	4.77
5	中国银行股份有限公司-华夏行业景气混合型证券投资基金	2778792	2.00
6	杭州久盈资产管理有限公司-久盈价值精选 1 号私募证券投资基金	1659000	1.20
7	基本养老保险基金一二零六组合	1351800	0.97
8	香港中央结算有限公司	1222561	0.88
9	陆小红	1125000	0.81
10	招商银行股份有限公司-东方阿尔法优势产业混合型发起式证券投资基金	1004600	0.72
	合计	79281353	57.12

资料来源：钧达股份 2023 年第一季度报告。

（3）定增融资方案及实施

为了支付捷泰科技 49%股权的款项，以及确保公司业务转型升级，钧达股份于 2022 年 6 月提出非公开发行 A 股股票的预案，募集资金主要用于收购捷泰科技 49% 的股权，开展高效 N 型太阳能电池研发中试项目。2023 年 4 月，该预案获得中国证券监督管理委员会的同意注册批复。2023 年 5 月 30 日，13 名发行对象已将发行认购的现金全部汇入指定账户，实际募集资金净额为 2738204954.94 元。

2. 捷泰科技简介

捷泰科技是具备技术领先优势的专业化光伏电池厂商，前身是展宇科技，一直专注于光伏电池的研发、生产和销售。捷泰科技产品性能优异，与晶科能源、晶澳科技、阿特斯、尚德电力、正泰新能源等全球排名前列的组件厂商建立了稳定的合作伙伴关系，客户实力雄厚、经营状况良好、现金流稳定。

根据 PV InfoLink 信息，2022 年上半年捷泰科技全球电池片出货排名第五（不含一体化企业）。未来捷泰科技将利用资本市场资源，深化全球合作，加快科技创新，扩大产能规模，目标是成为全球领先的光伏电池企业。

截至 2022 年 6 月底，捷泰科技拥有 PERC 电池产能 8.8GW，此外滁州 N 型 TOPCon 电池项目一期 8GW 产能已于 7 月投产，二期 8GW 项目亦在规划中。公司作为 N 型 TOPCon 路线的先驱者之一，有望享受 N 型电池变革初期的技术红利。

3. 钧达股份的财务指标

2018 年以来，受中美贸易摩擦、经济下行压力加大、环保标准切换、新能源补贴退坡等影响，钧达股份主营业务收入持续下滑。2018~2021 年，钧达股份归属净利润逐年下滑，前三年分别为 4183 万元、1723 万元、1355 万元，2021 年亏损 1.786 亿元（见表 6-6）。2021 年和 2022 年，钧达股份光伏电池片营收分别达到 16.42 亿元、111.02 亿元，占公司当期总营收比重分别为 57.34%、95.74%。2022 年，钧达股份实现扭亏为盈，归属净利润达到 7.169 亿元。钧达股份其他财务指标如表 6-6 所示。

表 6-6　2018~2022 年钧达股份财务指标

指标	2022 年 12 月 31 日	2021 年 12 月 31 日	2020 年 12 月 31 日	2019 年 12 月 31 日	2018 年 12 月 31 日
总资产（亿元）	94.89	60.15	18.58	18.41	19.41
净资产（亿元）	10.51	16.04	10.48	9.198	9.205
货币资金（亿元）	18.73	4.915	3.330	2.406	4.163
短期借款（元）	5.891 亿	1.768 亿	5000 万	1.486 亿	1.848 亿
基本每股收益（元）	5.08	−1.35	0.11	0.14	0.35
每股净资产（元）	7.4251	7.2187	7.8776	7.159	7.1185
每股经营现金流（元）	1.1006	4.2316	0.3917	−0.2318	−0.7471
营业收入（亿元）	116.0	28.63	8.585	8.267	9.024
毛利润（亿元）	13.46	3.427	1.951	2.380	2.378
归属净利润（元）	7.169 亿	−1.786 亿	1355 万	1723 万	4183 万
营业收入同比增长（%）	304.95	233.54	3.84	−8.39	−21.71
扣非净利润同比增长（%）	372.86	−789.98	−288.3	−72.26	−38.8
净资产收益率（加权）（%）	65.37	−17.9	1.46	1.86	4.84
总资产收益率（加权）（%）	10.59	−3.41	0.73	0.91	2.29
毛利率（%）	11.6	11.97	22.73	28.79	26.35
净利率（%）	7.08	−4.69	1.58	2.08	4.64
经营净现金流/营业收入	0.013	0.203	0.059	−0.034	−0.101
流动比率	0.813	0.557	1.48	1.412	1.576
速动比率	0.736	0.412	1.154	1.061	1.196
资产负债率（%）	88.93	73.33	43.59	50.04	52.58
总资产周转天数（天）	240.7	494.9	775.5	823.5	730.1
应收账款周转天数（天）	4.217	27.14	105.8	147.3	151.4

资料来源：钧达股份 2018~2022 年年报。

（二）沐邦高科进军光伏行业概述

1. 沐邦高科简介

沐邦高科前身为广东邦宝益智玩具有限公司（简称"邦宝益智"），于 2003 年成立，是一家专业从事益智积木玩具、精密非金属模具的研发、生产、销售与服务的文化创意型高新技术企业，2015 年在上海证券交易所上市，股票代码：603398。
2021 年初，邦宝益智完成易主，廖志远取代吴锭辉家族，成为上市公司新的实际控制人。2021 年 11 月，邦宝益智更名为江西沐邦高科股份有限公司（简称"沐邦高科"），成为一家以光伏新能源为主业的民营科技型上市公司。目前，公司在光伏产业的主要产品包括单晶硅棒、单晶硅片、多晶硅锭、多晶硅片、电池片，其中以太阳能单晶硅片为主，太阳能单晶硅片产品主要规格为 166mm、182mm 及 210mm 等尺寸。

（1）公司入驻光伏行业情况

2022 年 5 月 13 日，沐邦高科公告已通过支付现金的方式收购张忠安及余菊美合计持有的内蒙古豪安能源科技有限公司（简称"豪安能源"）100% 的股权。本次交易完成后，豪安能源将成为上市公司的全资子公司。沐邦高科跨界进入光伏产业。沐邦高科打造"益智玩具产业+光伏产业"双主业的经营模式。

公开资料和年报信息显示，2022 年 5 月和 7 月，豪安能源分别与常州顺风太阳能科技有限公司、英利能源发展有限公司签订了战略合作框架合同。其中，豪安能源预计销售给两家公司单晶硅片分别为 3.72 亿片（上下浮动不超过 20%）和 2.7 亿片（上下浮动不超过 20%）。参照 PV InfoLink 最新公布的价格及排产计划估算，两个合同预计销售金额分别为人民币 22.60 亿元（含税）、16.77 亿元（含税）。

此后，沐邦高科宣告了一系列光伏投资项目，其中三个项目合计拟投资额度已超过 96 亿元，具体如表 6-7 所示。但是截至 2023 年 8 月，尚未有实质性进展。

表 6-7　2022 年沐邦高科光伏投资项目统计

时间	项目	具体内容	进程
2022 年 6 月 3 日	8GW TOPCon 光伏电池生产项目	与江西省安义县人民政府签订《投资战略合作框架协议》	8 月 17 日宣告终止
2022 年 7 月 20 日	10GW TOPCon 光伏电池生产基地	与梧州市人民政府签订《10GW TOPCon 光伏电池生产基地项目投资合同书》，最终出资额预计为 44.75 亿元	签订协议
2022 年 8 月 16 日	10GW TOPCon 光伏电池生产基地项目	拟在鄂城区人民政府园区内建设，投资规模预计 48 亿元人民币	签订协议
2022 年 10 月 17 日	年产 5000 吨智能化硅提纯循环利用项目（简称"硅提纯项目"）	投资内蒙古沐邦兴材新材料有限公司 3.5 亿元，用于硅提纯项目	签订协议

（2）股权结构

截至 2023 年 3 月 31 日，沐邦高科前十大股东持股情况如表 6-8 所示。其中，第一大股东汕头市邦领贸易有限公司的实际控制人为廖志远。

表 6-8　截至 2023 年 3 月 31 日沐邦高科前十大股东持股情况

单位：股，%

名次	股东名称	持股数量	持股比例
1	汕头市邦领贸易有限公司	83956210	24.50
2	邦领国际有限公司	77881348	22.73
3	章志坚	10556247	3.08
4	全国社保基金五零四组合	4888778	1.43
5	李晓明	3708416	1.08
6	浙江朔盈资产管理有限公司-朔盈持行 2 号私募证券投资基金	3155006	0.92
7	汕头市中楷创业投资合伙企业（有限合伙）	2700053	0.79
8	丁银龙	2491040	0.73
9	翁佩菲	2152800	0.63
10	赵祎	1936200	0.57
合计		193426098	56.45

资料来源：沐邦高科 2023 年第一季度报告。

（3）定增融资方案及实施

2022 年 2 月，沐邦高科推出定增方案，公司拟非公开发行股票不超过 1.03 亿股，募集资金总额不超过 22.55 亿元，其中 9.8 亿元用于收购豪安能源 100% 的股权；7.15 亿元用于 10000 吨/年智能化硅提纯循环利用项目；5.6 亿元用于补充流动资金。在 2023 年 7 月 29 日公布的《江西沐邦高科股份有限公司向特定对象发行股票预案（五次修订稿）》中，将募集资金总额更新为不超过 17.06 亿元，其中 5.85 亿元用于收购豪安能源 100% 的股权；7.15 亿元用于 10000 吨/年智能化硅提纯循环利用项目；4.06 亿元用于补充流动资金。截至 2023 年 8 月，该定增方案尚未实施。

2. 豪安能源简介

沐邦高科公告显示，豪安能源是一家以光伏硅片研发、生产和销售为主营业务的高新技术企业，主要产品为太阳能单晶硅片、硅棒等。此外，豪安能源主要经营场地占地面积约 15 万平方米，员工约 400 人，2019 年 7 月正式投产，建成 1.5GW 单晶硅棒项目。豪安能源生产的硅片产品主要规格为 166mm、182mm 及 210mm 等尺寸，主要客户为顺风光电、湖南红太阳光电、润阳光伏、潞安太阳能、金寨嘉悦、一道新能源等。

3. 沐邦高科的财务指标

沐邦高科 2020 年年报显示，报告期内光伏硅片和硅棒等营业收入 6.84 亿元，毛利率为 19.30%；公司本部及益智玩具业务、教育业务及医疗器械业务实现营业收入 1.65 亿元，同比减少 48.75%。由此来看，沐邦高科的硅片、硅棒业务成为公

司的主营业务，给公司业绩带来巨大帮助。沐邦高科 2022 年半年报显示，截至
2022 年上半年，沐邦高科总资产仅 27.58 亿元、净资产仅 9.54 亿元，而且公司货
币资金只有 6046.48 万元，但短期借款有 1.25 亿元；另外，公司商誉高达 9.42 亿
元，较年初的 1.6 亿元增长了近 5 倍。2022 年上半年，沐邦高科实现营业收入 3.86
亿元，同比增长 79.53%；实现净利润 871.19 万元，同比下降 69.02%。其中，硅
片、硅棒等营业收入 2.39 亿元，实现净利润 4185.68 万元。公司本部及益智玩具业
务、教育业务及医疗器械业务实现营业收入 1.47 亿元，同比减少 31.57%；实现净
利润 -3314.50 万元，同比减少 217.85%。沐邦高科其他财务指标如表 6-9 所示。

表 6-9　2018~2022 年沐邦高科财务指标

指标	2022 年 12 月 31 日	2021 年 12 月 31 日	2020 年 12 月 31 日	2019 年 12 月 31 日	2018 年 12 月 31 日
总资产（亿元）	31.77	10.67	10.30	10.40	9.936
净资产（亿元）	7.161	9.452	7.801	7.402	6.759
货币资金（元）	5089 万	1.498 亿	4268 万	9318 万	6321 万
短期借款（元）	1.902 亿	500.0 万	3580 万	4550 万	5470 万
基本每股收益（元）	-0.67	-0.42	0.13	0.26	0.2
每股净资产（元）	2.0909	2.7585	2.6322	2.4975	3.1764
每股经营现金流（元）	0.4848	-0.0466	0.2524	0.2164	0.1303
营业收入（亿元）	9.443	3.225	5.016	5.371	3.893
毛利润（亿元）	1.829	1.005	1.588	1.812	1.272
归属净利润（元）	-2.288 亿	-1.381 亿	3992 万	7587 万	4213 万
营业收入同比增长（%）	192.83	-35.71	-6.62	37.97	17.58
扣非净利润同比增长（%）	-42.9	-512.64	-45.79	87.55	-27.64
净资产收益率（加权）（%）	-27.54	-16.01	5.25	10.7	6.59
总资产收益率（加权）（%）	-10.8	-13.17	3.86	7.46	4.93
毛利率（%）	19.37	31.17	31.67	33.73	32.66
净利率（%）	-24.26	-42.82	7.96	14.13	10.82
销售净现金流/营业收入	0.353	1.108	1.202	1.076	1.078
经营净现金流/营业收入	0.176	-0.05	0.149	0.119	0.071
流动比率	0.518	8.236	2.587	1.777	1.023
速动比率	0.321	5.102	1.246	1.094	0.594
资产负债率（%）	77.46	11.43	24.27	28.83	31.98
总资产周转天数（天）	809	1171	742.9	681.5	791
存货周转天数（天）	143.3	311	179.4	142.4	130.3
应收账款周转天数（天）	123.1	96.62	70.87	70.18	49.92

资料来源：沐邦高科 2018~2022 年年报。

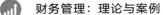

要求：

1. 结合案例和行业资料，讨论钧达股份和沐邦高科投资光伏行业的原因是什么。

2. 对比钧达股份和沐邦高科案例，讨论二者的投资是否能够带来持续性发展。

3. 对比瑞幸咖啡、钧达股份和沐邦高科案例，思考如何做出有效的投资决策。

小　结

企业投资受到多方因素的影响，除了运用投资决策和评估方法进行科学评价外，还应该结合公司发展战略和部署，明确企业未来的投资方向和目标，做出能够推动企业长期发展的投资决策。

关键词

现金流量　净现值　非贴现评价法　贴现评价法　期权法

思考题

1. 企业在投资决策中为什么采用现金流量而不是利润？

2. 如何计算各贴现评价指标？各贴现评价指标有何优缺点？

3. 企业项目投资决策受到哪些因素的影响？

第七章 股利分配与员工激励

学习目标

1. 了解股利分配与员工激励的相关理论。

2. 熟悉股利分配的相关程序与方法。

3. 掌握员工激励计划的实施效果，并能解决现实中的问题。

课程思政融入点

1. 通过学习股利分配相关理论，帮助学生形成财务分析思维，提升财务素养。

2. 领悟企业各利益相关者之间的关系，教育学生从员工的视角看待企业发展，培养学生具备企业家思维，并关注员工在企业发展中的重要性。

3. 通过解读员工激励计划的案例，引导学生思考员工持股计划对公司创新的影响，理解员工激励对公司可持续发展的重要性，帮助学生树立可持续发展的理念，促进资本市场健康稳定发展。

4. 通过本章内容的讲解，引导学生认识和思考公司管理中股利分配与员工激励的理论和方法，理解中国资本市场制度建设与公司个体制度选择，在企业分配原则问题学习中，帮助学生树立全局观，增强社会责任感。

引 例　　**小米更新 CDR 招股书　未来五年无股利分配计划**

2018 年 6 月 14 日，小米招股书明确了发行 CDR 登陆 A 股，此外，未来五年小米无股利分配计划。

在 CDR 发行前，小米的总股本约为 20.94 亿股，此次发行 B 类普通股股票，作为拟转换为 CDR 的基础股票，存托机构取得此部分股份的所有权后由承销商向社会公众发行 CDR。公司此次发行的 CDR 所对应的基础股票占 CDR 和港股发行后总股本的比例不低于 7%，且发行 CDR 所对应的基础股份占此次 CDR 和港股发行总规模

（含老股发行规模）的比例不低于 50%。

小米表示，公司坚持以中国境内证券交易所为主上市地，CDR 发行与港股发行同步，最终 CDR 发行数量以中国证监会核准发行为准。在 CDR 发行方式上，小米曾表示，将采用市场化询价方式，综合考虑公司基本面、投资者需求、市场承受能力、未来发展资金需求等因素确定发行价格。更新后的招股书显示，公司 CDR 发行按与港股孰低的原则定价。

更新后的招股书显示，小米未来五年公司无股利分配计划。在此次发行后的股利分配政策方面，小米曾表示，公司将结合注册地及上市地的法律法规、上市规则和监管要求，视业务发展的实际情况以及现金流情况，制定明确的股利分配政策及现金股利分配计划。而更新后的招股书显示，公司目前处于高速增长阶段，对于资金的使用效率更高。同时参照互联网行业的实际案例，公司未来五年内暂时没有股利分配计划。

据了解，小米与金融相关的业务均已重组至小米金融，基于未来业务发展规划，小米拟采用股权激励的方式将小米金融作为独立运营主体逐步剥离。更新后的招股书显示，小米在小米金融层面设置了占小米金融目前股份比例 60% 的股权激励计划。

资料来源：崔启斌、高萍《小米更新 CDR 招股书　未来五年无股利分配计划》，《北京商报》2018 年 6 月 15 日，第 6 版。

第一节　企业分配的基本原理

一　企业分配的概述

（一）企业分配的原则

1. 依法分配原则

企业利润分配的对象是企业缴纳所得税后的净利润，这些利润是企业的权益，企业有权自主分配。企业在利润分配中必须切实履行国家有关的法律、法规制度等。

2. 资本保全原则

企业在分配中不能侵蚀资本。利润的分配是对经营中资本增值额的分配，不是对资本金的返还。按照这一原则，一般情况下，企业如果存在尚未弥补的亏损，应首先弥补亏损，再进行其他分配。

3. 兼顾各方利益原则

企业的发展不仅仅关乎股东的利益，也涉及经营者、员工、客户、供应商、社会等多方面的利益。企业必须兼顾利益相关者的利益，并尽可能地保持稳定的利润分配，实现共同的发展和繁荣。

4. 兼顾效率和公平原则

效率原则是企业分配的重要原则之一，因为只有提高效率，企业才能在激烈的市场竞争中立于不败之地；公平原则可以激励员工的积极性、提高员工的满意度，同时也可以保障企业的可持续发展。

延伸阅读与讨论 7-1

薪酬黏性是指薪酬在业绩上升时的边际增加量大于业绩下降时的边际减少量。已有研究表明，高管和员工不仅存在一定的薪酬黏性问题，还存在一定的薪酬差距。高管和员工的薪酬差距是一个结果公平问题，薪酬黏性差距则归属于一种原则或规则上的不公平。这种规则的不公平会导致员工效率的降低。请结合参考资料，理解规则和效率的关系，并思考应如何制定分配规则，以更有利于在分配结果中处于不利位置的群体（比如员工），从而实现公平和效率的良性互动。

资料来源：雷宇、郭剑花《规则公平与员工效率——基于高管和员工薪酬粘性差距的研究》，《管理世界》2017 年第 1 期，第 99~111 页。

（二）企业分配的类型

企业分配是指企业在经营活动中获得的利润、收益等财务资源如何分配给不同的利益相关者。

1. 利润分配

利润分配是企业获得的净利润通过不同的方式分配给股东、留存盈余或者用于偿还债务等。由于公司的类型、章程及税收政策等不同，不同的公司会采取不同的利润分配方式。例如，上市公司会留存一部分利润作为公司发展的战略储备。

2. 股利分配

股利分配是指企业将部分利润以股息形式分配给股东，是回报股东投资的一种方式。通常情况下，股利分配会根据公司业绩、盈利能力、财务状况等因素来确定分配比例。对于股东来说，股利分配是一种可以获取收益的方式，同时也可以降低投资风险。

3. 员工福利分配

员工福利分配是指企业将一部分利润用于员工福利，如给员工发放奖金、提供培训和职业发展机会等。通过提供良好的员工福利，企业可以提高员工的工作积极性和满意度，提高员工的忠诚度和凝聚力。员工福利分配也可以帮助企业吸引、留住和激励优秀的人才。

4. 社会责任分配

社会责任分配是指企业将一部分利润用于履行社会责任，如社会捐赠、发展慈善事业、设立环保基金等。在现代社会中，企业不仅要追求经济效益，也要承担社会责任。通过社会责任分配，企业可以提升社会形象，增强社会信任度和社会认可度，进而获得更多的社会支持。

5. 内部留存分配

内部留存分配是指企业将部分利润用于扩大生产规模、加强技术研发、提高员工待遇等内部投资。内部留存分配是企业利用自身盈利所形成的资金，不向股东分红或分配利润，而是通过内部投资进行再投资的一种形式。它通常是在企业需要资金用于持续发展、增强核心竞争力的情况下，采取的一种策略。

延伸阅读 7-1

华为的知本主义

《华为公司基本法》明确提出："我们认为，劳动、知识、企业家和资本创造了公司的全部财富。""人力资源不断增值的目标优先于财务资本增值的目标。"在高科技企业里，人力资本增值主要是指员工知识资本的增值，由此可见知本主义理念首先是强调知识、知识劳动的特殊地位与作用。华为公司的股权不是按照资本来分配，而是按照知本分配的。按知本分配股权使得知识劳动应得回报的一部分转化为股权，进而转化为资本，股金的分配又使得由股权转化来的资本的收益得到体现。同时，知本主义理念认为，可分配的价值除经济利益外，还有组织权力，组织权力的分配形式是机会和职权。知识的价值不仅通过知识资本化，还通过知识职权化来实现。

资料来源：谭斌昭《华为的知本主义》，《经济管理》2000 年第 11 期，第 39~40 页。

二 股利分配的概述

（一）股利分配的实质

股利分配是公司制企业向股东分派股利，是企业收益分配的一部分。股利分配涉及的方面很多，包括股利支付程序中的日期、股利支付比率、股利支付形式、支付现金股利所需资金的筹集方式等。其中，最主要的是确定股利的支付比率，即多少盈余用于发放股利，多少盈余为公司留用（内部筹资），这些都会对公司股票价格产生影响。因此，股利分配的实质就是合理地均衡股票吸引力和公司财务负担。

（二）股利分配的方式

股利分配是公司将盈余分配给股东的方式和方法，通常有现金股利、股票股利、财产股利和负债股利等多种方式。在我国，常见的股利形式为现金股利和股票股利。合理的股利政策不仅可以树立良好的公司形象，而且能使公司获得长期而稳定的发展。

1. 现金股利

现金股利（Cash Dividend）是企业将其盈利以现金形式分配给股东的一种股利分配方式。这种方式最为常见，也是最直接的一种分配方式，股东可以直接获得现金，用于个人消费或者再次投资于公司。

现金股利的数额通常由公司的盈利情况、财务状况和管理层的决策而定。一般情况下，现金股利的数额应该保持稳定，以便股东做出投资决策。同时，现金股利的数额还应该考虑到公司未来的经营计划和资本需求，以确保公司的长期稳健发展。对于股东而言，现金股利可以为其提供稳定的收入来源，同时也反映了公司的盈利情况和管理层的财务决策。

2. 股票股利

股票股利是指企业将其盈利以股票形式分配给股东的一种股利分配方式。在这种方式下，企业不会以现金形式向股东支付股利，而是以新发行的股票或已有股票的形式分配给股东。股票股利的数额和分配方式通常由公司的盈利情况、股东要求和管理层的决策而定。这种股利分配方式不仅可以帮助企业节省现金流，同时也可以增加股东的持股数量和价值，为股东提供更多的投资机会。需要注意的是，由于股票股利不会直接带来现金收入，因此对于股东而言，其收益与股票的市场价格和未来盈利预期密切相关。此外，企业还需要考虑到股票股利对现有股东的权益和股票流通性的影响，以便做出合理的股利分配决策。对于投资者而言，需要认真评估企业的财务状况和股利政策，以便做出明智的投资决策。

延伸阅读 7-2

股票分割和股票回购

股票分割（Stock Split）是指公司将面额较高的股票分割成面额较低的股票的行为。

股票回购（Stock Repurchase）是上市公司出资回购其所发行的、流通在外的股票。被回购的股票通常称为库藏股。如果有必要，库藏股也可重新出售。

资料来源：王化成、佟岩主编《财务管理（第 6 版·立体化数字教材版）》，中国人民大学出版社，2020，第 268~269 页。

3. 财产股利

财产股利是以非现金的形式分配企业利润，通常可以缓解企业现金紧张的矛盾，或者实现企业产品销售，节约销售费用，增加利润。但是财产股利的财产要具有一定吸引力，否则将会给股东或市场传递企业经营不景气的信息，形成企业转嫁经营风险的印象。

事例 7-1

实物股利示例

（1）南方食品（000716）向股东赠送黑芝麻乳产品

截至 2013 年 4 月 11 日收市，在中国证券登记结算有限责任公司（简称"中登公司"）深圳分公司登记在册的持有本公司 1000 股及以上股份的股东（除大股东黑五类集团外），每持有公司 1000 股股份，将获赠一礼盒装（12 罐装）黑芝麻乳产品，持股数量超过 1000 股的则按每 1000 股一礼盒折算赠发，持股余数少于 1000 股的则不赠送。

（2）量子高科（300149）向股东赠送子公司生和堂生产的龟苓膏产品

截至 2013 年 4 月 12 日收市，在中登公司登记在册的持有公司股份的股东，每位股东赠送一份礼盒装（12 杯装）龟苓膏产品，赠送对象不包含持股 5% 以上的股东。

（3）中超控股（002471）向股东赠送紫砂壶

截至 2015 年 9 月 10 日收市，在中登公司登记在册的、持股数量在 1 万股以上的股东便可获得紫砂壶一把（持股数量不同，获赠紫砂壶的价值不一），同时获得相应的增值服务。

不足半年，中超控股再次向股东赠送紫砂壶。截至 2015 年 12 月 31 日收市，持有中超控股 3 万股及以上的股东（包含通过融资、融券交易持有公司股份的股东）可获得紫砂壶一把。中超控股的控股股东中超集团、公司董事、监事、高级管理人员不参加活动。紫砂壶为公司控股子公司宜兴市中超利永紫砂陶有限公司生产。

（4）黑牛食品（002387）董事长个人出资向股东赠送鸡尾酒饮料

2015 年 1 月 5 日晚公司公告：公司控股股东、实际控制人、董事长林秀浩拟个人出资，向全体股东赠送 6 瓶装 6 种口味的 TAKI 鸡尾酒饮料，获赠对象为 2015 年 1 月 6 日收市时在中登公司登记在册的持有公司股份的全体股东。

（5）腾讯控股（00700）以实物分派京东集团 A 类普通股方式派发中期股息

2021 年 12 月 23 日，腾讯控股发布公告，将按合资格股东持有每 21 股腾讯控股股份获发 1 股京东集团 A 类普通股的基准，以实物分派的方式宣派由腾讯控股通过 Huang River 间接持有的约 4.57 亿股京东集团 A 类普通股的特别中期股息，相当于集团持有京东集团 A 类普通股约 86.4%（京东集团已发行股份总数约 14.7%），厘定股东于实物分派权利的记录日期为 2022 年 1 月 25 日。

资料来源：各上市公司的公告。

4. 负债股利

负债股利是现金股利的一种特殊形式，指以期票形式延缓支付股利，其性质相当于向股东借款支付现金股利。这种股利分配方式通常在企业资金短缺时采用。一般是企业确定股利支付率并宣布分配股利后出现现金不足，而借款利率较高或无法及时筹措款项时，向股东借款支付股利。考虑到时间价值，大多数期票股利是带利息的。

第二节　股利分配的理论和政策

一　股利分配理论

股利分配理论是研究股利分配政策对公司股价或企业价值有无影响的有关理论，是指导决策人员选择股利政策的基础。

（一）股利无关论

股利无关论认为企业的股利政策与股东的财富增值无关，即企业的股利分配政策不会影响股价或股东的投资收益。股利无关论的主要观点是，企业的价值主要取决于其现有的资产和盈利能力，而不是股利政策。因此，企业应该根据其盈利情况和未来投资计划来决定是否分配股利，而不是考虑股东的预期收益和股价。股利无关论的代表理论为：MM 理论、股利剩余理论等。

1. MM 理论

MM 理论认为，在一个信息对称的、完美的资本市场里，在企业投资决策既定的条件下，企业的价值和企业的财务决策是无关的。因此，是否分配现金股利对股东财富和企业价值没有影响。

2. 股利剩余理论

股利剩余理论将股利政策看作一种筹资决策，即首先考虑将盈余作为项目筹资，如果满足投资需求后还有剩余，则支付股利，没有剩余就不支付。因此，高速成长企业几乎长期不发放股利，而将全部盈余用于再投资。

（二）股利相关论

股利相关论认为企业的股利政策会直接影响股东的财富增长和股价。实践中，股利无关论的既定前提不存在，企业的股利政策受到多方因素的影响。企业的股利政策可以影响投资者对企业的评估和信任，进而影响股价。股利相关论的代表理论为："在手之鸟"理论、信号传递理论、代理理论、税收差别理论等。

1. "在手之鸟"理论

"在手之鸟"（Bird-in-the-Hand）理论源于"双鸟在林不如一鸟在手"，其主要观点是：投资者厌恶风险。因此，已经得到的现实价值比未得到的有风险的预期价值要高。公司要定期向股东支付较高水平的股利，这样才能有效地吸引股东。

2. 信号传递理论

信号传递理论认为，在信息不对称的情况下，公司可以通过股利政策向市场传递有关公司未来盈利能力的信息。如果一家公司拥有有利可图的投资项目，那么这家公司就愿意支付更高的股利，以把自己和其他公司区别开来，从而吸引更多的投资者。

3. 代理理论

代理理论认为，股利政策有助于减缓管理层与股东之间、股东与债权人之间的代理冲突。这一理论的代表人物是伊斯特布鲁克和詹森。

伊斯特布鲁克（Easterbrook）基于筹资角度提出，现金股利能降低代理成本，并防止债权人和股东的获益不均。他认为与现金股利有关的代理成本主要有两种：第一种是监督成本；第二种是因经营者厌恶风险而放弃的净现值为正但风险较高的项目和因调整债务股权比率而引起的成本。发放现金股利减少了内部融资，企业需要不断从外部市场上筹资，从而可以经常接受资本市场的监督。[①]

詹森（Jensen）基于投资角度提出，如果公司存在大量自由现金流，股利发放会因减少经营者可支配的自由现金流从而降低其过度投资倾向。同时，举债会降低自由现金流的代理成本。[②]

4. 税收差别理论

由于不对称税率的存在，股利政策会影响企业价值和股票价格。研究税率差异对企业价值及股利政策影响的股利理论称为税收差别理论。这一理论的代表人物主要有利森伯格（Lizenberger）和拉马斯瓦米（Ramaswamy）。

税收差别理论认为，由于股利收入的所得税税率通常高于资本利得的所得税税率，这种差异会对股东财富产生不同影响。出于避税的考虑，投资者更偏爱低股利支付率政策，公司实行较低的股利支付率政策可以为股东带来税收利益，有利于增加股东财富，促进股票价格上涨，而高股利支付率政策将导致股票价格下跌。

二　股利分配政策及影响因素

（一）股利分配政策

股利分配政策被认为是上市公司财务管理的三大决策之一，对上市公司利润的再分配起到决定作用，对公司的股价及公司未来的发展有着重要影响。常见的股利

① Easterbrook，F. H.，Two Agency-Cost Explanations of Dividends. *The American Economic Review*，1984，74（4）：650-659.

② Jensen，M. C.，Agency Costs of Free Cash Flow，Corporate Finance，and Takeovers. *The American Economic Review*，1986，76（2）：323-329.

分配政策有以下几种。

1. 剩余股利政策

剩余股利政策是指企业在支付必要的税费和其他费用之后，将其剩余的净利润作为股利分配给股东。剩余股利政策认为，企业应该先保证其发展所必需的资金，然后再将剩余的净利润分配给股东。因此，企业不会为了追求高额的股利分配而损害其长期的发展利益。

剩余股利政策的优点包括以下方面。①有利于企业长期发展。企业在优先保障发展所需资金的情况下，再进行股利分配，有利于提高企业价值和增加股东财富。②具有弹性。企业在利润水平波动时，可以根据实际情况灵活地调整股利分配比例，使得企业的资金运营更加稳健。③保持理想的资本结构。充分利用内部融资，有利于维持较低的加权平均资本成本，实现企业价值的长期最大化。

然而，剩余股利政策也存在一些缺点，比如可能降低股东收益和股票价格等。因此，在制定股利分配政策时，企业需要综合考虑各种因素，选择最适合企业和股东的股利分配政策。

2. 固定或持续增长的股利政策

固定或持续增长的股利政策指的是公司决定每年向股东支付相对稳定的股息金额，并在适当的情况下逐渐增加股息金额的一种股利分配政策。这种股利分配政策旨在向投资者传递公司财务稳定和可持续的经营信号，并吸引那些需要股利收入的投资者。

固定或持续增长的股利政策的优点包括以下方面。①易于预测和计划。由于股息金额稳定，投资者可以预测和计划自己的收入，并且这种股利分配政策通常会吸引那些需要稳定的现金流的投资者。②向资本市场传递积极信号。稳定的股息金额向市场传递了公司正常发展的信号，有利于树立公司良好形象，增强投资者信心，稳定股票价格。

固定或持续增长的股利政策的缺点包括以下方面。①公司股利支付和盈利脱节。为了维持稳定或持续增长的股利支付，公司可能不得不通过对外筹资来满足未来的投资需求，可能会造成公司投资风险与投资收益不对称。②忽略公司的财务状况。如果公司的盈利下降较大却仍要支付较高的股利，容易导致公司财务状况恶化。

3. 固定股利支付率政策

固定股利支付率政策是指公司承诺每年支付固定比例（股利/净利润）的股息给股东。在此政策下，每年股息随着公司经营情况的好坏而上下波动。

固定股利支付率政策的优点是：股利支付和盈利能力挂钩，体现为多盈多分、少盈少分、不盈不分。其缺点是：每年按照固定比例从净利润中支付股利，缺乏财务弹性；当股利支付伴随盈利波动较大时，容易向股东传递公司经营不稳定的信号。

4. 低正常股利加额外股利政策

低正常股利加额外股利政策是指公司向股东支付一个基本的、较低的正常股息，并在有利可图的情况下，根据公司业绩或者现金流情况，额外支付一定比例的股息。

这种政策的优点包括以下方面。①具有较大的灵活性。公司结合自身盈利情况，可以在盈余有较大幅度增加时，向股东发放较多的股利，增强股东对公司的信心；也可以在盈余较少或需要较多投资资金时，维持设定的较低股利。②在一定程度上维持股利的稳定，有利于企业资本结构达到目标资本结构。③可以吸引部分重视股利分配的股东。

然而，这种政策也存在一些风险：①股利派发仍缺乏稳定性；②如果公司长期发放额外股利，股东就会误认为这部分额外股利也是正常股利的一部分，一旦取消，极易造成负面影响。

（二）股利分配政策的影响因素

股利分配政策受到多种因素的影响，包括公司特征、股东特征和行业特征等。这些因素并不是独立的，它们之间可能会互相影响。因此，在制定股利分配政策时，公司需要综合考虑各种因素并制定最适合公司和股东的股利分配政策。

1. 公司特征

公司的股利分配政策通常受公司盈利能力、成长能力、股权集中度、营运能力、现金流量状况、资产流动性、偿债能力和资产规模，以及公司所处的生命周期阶段等因素的影响。

2. 股东特征

公司的股利分配政策通常会受到股东的风险偏好、公司股权结构以及控股股东特征等因素的影响。关于控股股东对现金股利的偏好问题，现有研究反映出两种不同的观点。第一种观点认为，由于发放现金股利是限制控股股东滥用控制权的一种有效手段[1]，控股股东更愿意通过自己与上市公司之间的关联交易达到转移利益的目的。第二种观点认为，控股股东倾向于发放现金股利：①通过减少公司的自由现金流来降低公司股东与管理者之间的代理成本；②传递公司未来盈利信息；③减少净资产的账面价值，提高净资产收益率，以满足配股要求；④套取上市公司现金。现金股利支付率的高低，反映了公司对中小股东利益保护的强弱。[2]

3. 行业特征

不同行业的股利支付率存在系统性差异。成熟行业的股利支付率通常比新兴行业的高；公用事业公司大多实行高股利支付率政策，而高科技行业的公司股利支付率通常较低。这说明股利分配政策具有明显的行业特征，可能的原因是：投资机会在行业内是相似的，在不同行业之间则存在差异。

---

[1] La Porta, R., Lopez-de-Silanes, F., Shleifer, A., Vishny, R. W., Agency Problems and Dividend Policies around the World. *The Journal of Finance*, 2000, 55（1）: 1~33.

[2] 王化成、李春玲、卢闯：《控股股东对上市公司现金股利政策影响的实证研究》，《管理世界》2007年第1期，第122~127、136、172页。

第三节　员工激励计划

一　员工激励的基本原理

（一）员工激励的方式

常见的员工激励方式可以划分为物质激励和精神激励。

1. 物质激励

（1）薪酬激励

薪酬激励是最主要的短期激励方式，涉及内容包括薪酬水平、薪酬结构、薪酬差别以及薪酬增长等方面。薪酬包括工资、奖金津贴和福利保险。

（2）股权激励

股权激励是指公司以本公司股票为标的，对董事、监事、高级管理人员以外的其他员工进行的长期性激励。激励标的物包括股票期权与限制性股票。股权激励可以通过授予员工公司股权，使其分享公司剩余索取权。

延伸阅读 7-3

股票期权和限制性股票

股票期权（Stock Option）是指根据特定的契约条件，赋予企业高级管理者在一定时间内按照某个特定价格购买一定数量公司股票的权力。这种激励制度兼有报酬激励和所有权激励。

限制性股票（Restricted Stocks）是公司在向员工提供股票或者期权的时候，对股票或期权的标的股票加以一定的限制，比如服务期限或事先约定的业绩指标等。

资料来源：马连福等编著《公司治理》，中国人民大学出版社，2017，第 123~125 页。

2. 精神激励

精神激励作用于员工的心理方面，是一种无形激励。具体又可分为情感激励和工作激励等。

（1）情感激励

情感激励是通过给予员工信任、认可和表扬等，使得员工感知到组织的承诺，满足员工在精神层面上的需求。比如，给予员工适度的授权和自主性，使员工感受到晋升制度的公平。

（2）工作激励

工作激励是指满足员工对于工作内容及其未来职业发展的需求。具体包括：为员工创造良好的工作条件、提供富有竞争力的岗位、提供培训教育和技能学习机会、制定员工发展规划等。工作激励是调动员工积极性的重要内在因素。

延伸阅读与讨论 7-2

国有企业改革不可避免地涉及业务调整和制度重塑。如何消除国企员工在改革过程中的抵制情绪，充分发挥他们的积极性、主动性、创造性，是提升国企员工活力的重要一环。请结合参考资料和案例，思考在国有企业改革过程中，企业家的管理理念（管理思想）扮演了怎样的角色，并对员工活力产生怎样的作用。

资料来源：李芊霖、王世权、汪炫彤《国有企业改革中企业家如何提升员工活力——东北制药魏海军"和合共生"管理之道》，《管理学报》2021 年第 7 期，第 949~958 页。

（二）员工激励的相关理论

1. 马斯洛的需求层次理论

马斯洛（Maslow）的需求层次理论认为人的需求是按照一定层次结构排列的，自下而上依次为生理需求、安全需求、社交需求、尊重需求和自我实现需求。只有在满足了较低层次的需求后，人们才会开始追求更高层次的需求；一旦某种需求被充分满足，就不再对行为产生激励作用，更高层次的需求成为新的动机。[①]

根据马斯洛的需求层次理论，企业可以通过提供符合员工需求层次的激励措施，来调动员工的积极性，提升员工的工作表现和满意度。比如，对核心员工除了提供物质激励外，也可以采取荣誉和地位激励。

2. 赫茨伯格的双因素理论

赫茨伯格（Herzberg）的双因素理论认为，人们对于工作的满意度是由两种因素共同决定的，分别是激励因素和保健因素。[②]

激励因素包括工作本身、认可、成就和责任，这些因素不仅涉及对工作的积极情感，又和工作本身的内容有关，可以提高员工的工作动机和满意度。保健因素包括公司政策和管理、薪水、工作条件以及人际关系等。这些因素涉及工作的消极因素，也与工作的氛围和环境有关。这些因素虽然不能直接提高员工的工作动机和满意度，但如果不满足员工的基本需求，就会导致员工不满意和离职。

赫茨伯格认为，激励因素和保健因素是互不干扰的两个维度，只有同时满足这

---

① Maslow, A. H., A Theory of Human Motivation. *Psychological Review*, 1943, 50（4）：370-396.

② Herzberg, F., Mausner, B., Snyderman, B. C., *The Motivation to Work*. New York：John Wiley & Sons, 1959.

两个因素，才能提高员工的工作动机和满意度。因此，企业既应该为员工提供具有挑战性和成长空间的工作任务，同时也要提供良好的薪资福利和舒适的工作环境等。

3. 弗鲁姆的期望理论

弗鲁姆（Vroom）的期望理论认为，人们采取某项行动的动力或激励力取决于其对行动结果的价值评价和对预期达成该结果可能性的估计。[1] 因此，调动员工的积极性需要满足三个条件。①努力与绩效的关系。通过一定的努力达到预期的目标，如果个人主观认为达到目标的概率很高，就会有信心，并激发出很强的工作能量；反之，就会失去内在动力，导致消极工作。②绩效与奖励的关系。如果员工取得成绩后能够得到合理的奖励，就可能产生工作热情，这种奖励包括物质和精神奖励。③奖励与满足个人需要的关系。人总是希望自己所获得的奖励能满足自己某方面的需要。但是个体差异造成对各种需要得到满足的程度不同。因此，同一种奖励办法对不同员工需要的满足程度不同，能激发出的工作动力也就不同。

4. 亚当斯的公平理论

从组织行为学中对组织公平感的探讨历程来看，公平感主要分为三个不同角度：结果公平、程序公平和互动公平。

亚当斯（Adams）最早提出公平理论，他认为，员工的工作动机不仅受其所得报酬绝对值的影响，还受到报酬相对值的影响。[2] 由于分配公平主要是指人们对分配结果的公平感受，所以亦被称为结果公平。

瑟保特和沃尔克（Thibaut and Walker）研究了法律程序中的公平问题，提出了程序公平的概念。[3] 莱文瑟尔（Leventhal）将其应用到组织情境中，认为只要组织决策的制定和实施程序是公平的，就会激励员工更卖力地工作。[4]

毕斯和牟格（Bies and Moag）发现，互动公平也会影响结果公平。[5] 互动公平指员工在与上级的人际交往中所感受到的公正待遇的程度。互动公平体现了管理人员对下属的尊重，有助于管理人员赢得员工的信任。格林伯格（Greenberg）进一步将互动公平分成"人际公平"和"信息公平"。[6] 人际公平主要指在执行程序或做出决定时

---

[1]　Vroom, V. H., *Work and Motivation*. New York：John Wiley & Sons, 1964.

[2]　Adams, S. J., *Inequity in Social Exchange-Advances in Experimental Social Psychology*. New York：Academic Press, 1965：267-299.

[3]　Thibaut, J., Walker, L., *Procedural Justice：A Psychological Analysis*. Hillside, NJ：Lawrence Erlbaum Associates, 1975.

[4]　Leventhal, G. S., *What Should Be Done with Equity Theory*. Springer, 1980.

[5]　Bies, R. J., Moag, J. S., Interactional Justice：Communication Criteria of Fairness. *Research on Negotiation in Organizations*, 1986, 1（1）：43-55.

[6]　Greenberg, J., Organizational Justice：Yesterday, Today, and Tomorrow. *Journal of Management*, 1990, 16（2）：399-342.

权威人员或上级对待下属是否有礼貌、是否考虑到对方的尊严、是否尊重对方等。信息公平指是否给当事人传达了应有的信息，比如为什么要用某种形式的程序分配结果。

延伸阅读 7-4

薪酬内部公平和薪酬外部公平

薪酬内部公平是指企业内部的薪酬差距合理，无论是企业管理层内部还是管理人员与普通员工之间的薪酬差距均在合理范围内。较为合理的企业内部薪酬差距能够有效地激励企业管理人员和普通员工，提高其工作积极性，对于提高企业成长性具有重要意义，更关乎全社会的公平正义。

薪酬外部公平是指员工薪酬在市场上的吸引力，即与同行业相比，薪酬是否具有竞争力。

资料来源：黄辉《高管薪酬的外部不公平、内部差距与企业绩效》，《经济管理》2012 年第 7 期，第 81~92 页。

二 员工持股计划

（一）员工持股计划的发展

1. 发展历程

我国企业员工持股最早可以追溯到清朝山西票号的"身股制"，我国现代企业员工持股制度随着国有企业公司制改革以及资本市场发展逐步发展和完善，但一直缺少规范的制度及相关法律法规。2014 年 6 月，中国证监会发布的《关于上市公司实施员工持股计划试点的指导意见》（简称《指导意见》）详细地规范了员工持股计划的基本原则、主要内容、实施程序和信息披露，以及对于员工持股计划的监管规范，标志着新时期员工持股计划的开始。

延伸阅读与讨论 7-3

与现代股权激励制度侧重物质激励不同，晋商以共同体治理逻辑设计股权激励制度。儒家共同体的思想基础是"和合精神"，和合精神是一种异质性的元素共处、共生并相互补充、融合、渗透和转化的精神理念。与儒家共同体思想相对应的西方理论是社会嵌入理论，其核心观点是强调"所有的经济行为都镶嵌在社会网络中"。二者均强调异质性元素（如经济与社会）之间的融合、嵌入关系。请结合参考资料，思考以儒家共同体为社会价值观基础的中国古典企业身股激励理论的内涵。

资料来源：胡国栋、王天娇《"义利并重"：中国古典企业的共同体式身股激励——基于晋商乔家字号的案例研究》，《管理世界》2022 年第 2 期，第 188~207 页。

2. 内涵

员工持股计划（Employee Stock Option Program，ESOP）是指上市公司根据员工意愿，通过合法方式使员工获得本公司股票并长期持有，股份权益按约定分配给员工的制度安排。员工持股计划的参加对象为公司员工，包括管理层人员。

根据《指导意见》，员工通过购买企业部分股票（或股权）而拥有企业的部分产权，并获得相应的管理权，实施员工持股计划的目的是使员工成为公司的股东。参加员工持股计划的员工应当通过员工持股计划持有人会议选出代表或设立相应机构，监督员工持股计划的日常管理，代表员工持股计划持有人行使股东权利或者授权资产管理机构行使股东权利。

（二）员工持股计划的原则

1. 依法合规原则

上市公司实施员工持股计划，应当严格按照法律、行政法规的规定履行程序，真实、准确、完整、及时地实施信息披露。任何人不得利用员工持股计划进行内幕交易、操纵证券市场等证券欺诈行为。

2. 自愿参与原则

上市公司实施员工持股计划应当遵循公司自主决定、员工自愿参加的原则，上市公司不得以摊派、强行分配等方式强制员工参加本公司的员工持股计划。

3. 风险自担原则

员工持股计划参与人盈亏自负、风险自担，与其他投资者权益平等。

另外，上市公司实施员工持股计划，要根据《指导意见》的规定充分履行相应程序，并做好信息披露工作，及时向市场披露员工持股计划的实施情况，接受市场监督。参与员工持股计划的员工应依法履行其义务。同时，中国证监会对员工持股计划实施监管，对存在虚假陈述、操纵证券市场、内幕交易等违法行为的上市公司，中国证监会将依法予以处罚。为便于员工持股计划的信息披露及账户管理，《指导意见》规定证券交易所和证券登记结算机构应当在其业务规则中明确员工持股计划的信息披露要求和登记结算业务的办理要求。

（三）员工持股计划的实施

1. 员工持股计划的资金和股票来源

员工持股计划可以通过员工的合法薪酬或法律、行政法规允许的其他方式解决所需资金，同时，可以通过以下方式解决股票来源：①上市公司回购本公司股票；②从二级市场购买；③认购非公开发行的股票；④股东自愿赠予；⑤法律、行政法规允许的其他方式。

2. 员工持股计划的持股期限和持股计划的规模

第一，每期员工持股计划的持股期限不得低于12个月，以非公开发行方式实施员工持股计划的，持股期限不得低于 36 个月，自上市公司公告标的股票过户至本期员工持股计划名下时起算；上市公司应当在员工持股计划届满前 6 个月公告到期计划持有的股票数量。

第二，上市公司全部有效的员工持股计划所持有的股票总数累计不得超过公司股本总额的 10%，单个员工所获股份权益对应的股票总数累计不得超过公司股本总额的 1%。员工持股计划持有的股票总数不包括员工在公司首次公开发行股票上市前获得的股份、通过二级市场自行购买的股份及通过股权激励获得的股份。

延伸阅读 7-5

2023 年上半年员工持股计划情况

截至 2023 年 6 月 28 日，已经有 96 家 A 股公司发布了 100 份员工持股计划，从行业来看，科技型企业激励意愿最强烈。统计还显示，部分公司大股东为员工出资提供"兜底"保证，多家公司推出了多期计划。

96 家推进员工持股计划的上市公司中，有 83 家确定了员工持股计划的初始资金规模，合计约为 108.59 亿元。其中，25 家公司单期推出的员工持股计划规模超过亿元，占比 30%。从行业分布来看，科技型企业员工持股计划较多。计算机、电子、机械设备、电力设备分别为 16 份、11 份、11 份和 9 份。

荣正咨询报告显示，2022 年，A 股市场员工持股计划公告数量创出 2016 年以来的新高，达到 289 个，较 2021 年增长 25.11%。此外，A 股市场的员工持股计划覆盖率（推出计划家数占市场 A 股总家数）由 2014 年的 2.37% 增长至 2022 年的 21.43%，推出员工持股计划的上市公司不断增加。

资料来源：高志刚、郭成林《今年已有近百家公司推员工持股计划》，《上海证券报》2023 年 6 月 30 日，第 6 版。

第四节　案例分析：康泰生物的股权激励、现金分红与兜底式增持

一　案例概况

（一）康泰生物情况

1. 公司简介

深圳康泰生物制品股份有限公司（简称"康泰生物"）成立于 1992 年，专注于人用疫苗的研发、生产和销售，2017 年 2 月在深交所创业板上市（股票代码：

300601），为华南地区首个上市疫苗企业。公司总部位于深圳市，在北京、深圳两地设有五大研发产业基地，生产规模位居国内疫苗行业前列，营销及配送网络覆盖中国 31 个省（自治区、直辖市）。

成立 30 多年来，康泰生物已经发展成为研发品种齐全、产品线丰富、技术优势明显的高新技术企业，具备病毒疫苗、细菌疫苗、基因工程疫苗、结合疫苗、多联多价疫苗等研发和生产能力，已上市及获得药品注册批件的产品 6 种（见表 7-1）。其中 60 微克乙肝疫苗为全球首创，无细胞百白破 b 型流感嗜血杆菌联合疫苗（四联疫苗）为国内独家。

表 7-1　康泰生物主要产品及其用途

产品		用途
重组乙型肝炎疫苗（酿酒酵母）	10 微克	用于 16 岁以下人群预防乙型肝炎
	20 微克	用于 16 岁及以上人群预防乙型肝炎
	60 微克	用于 16 岁及以上无应答人群预防乙型肝炎
无细胞百白破 b 型流感嗜血杆菌联合疫苗		用于预防百日咳杆菌、白喉杆菌、破伤风梭状芽孢杆菌和 b 型流感嗜血杆菌引起的多种疾病
23 价肺炎球菌多糖疫苗		用于预防 23 种血清型肺炎链球菌引起的肺炎、脑膜炎、中耳炎和菌血症等疾病
b 型流感嗜血杆菌结合疫苗		用于预防 b 型流感嗜血杆菌引起的儿童感染性疾病，如肺炎、脑膜炎、败血症、蜂窝组织炎、会厌炎、关节炎等疾病
麻疹风疹联合减毒活疫苗		用于同时预防麻疹病毒和风疹病毒感染
吸附无细胞百白破联合疫苗		用于预防百日咳、白喉、破伤风

资料来源：康泰生物 2020 年年报。

2. 控股股东和实际控制人

康泰生物的控股股东和实际控制人为杜伟民，截至 2020 年 5 月 15 日，杜伟民共持有公司股票 344725800 股，占公司总股本的 51.26%。

2020 年 5 月，杜伟民与 YUAN LIPING（袁莉萍）办理离婚手续。根据公司 2020 年 5 月 29 日发布的《关于股东权益变动的提示性公告》，杜伟民因解除婚姻关系对财产进行分割，将其名下康泰生物 1.61 亿股（占公司总股本的 23.99%）股票过户到 YUAN LIPING（袁莉萍）名下，YUAN LIPING（袁莉萍）成为康泰生物的第二大股东。杜伟民持有股份为 27.27%，仍为公司第一大股东。同时，二人签订了《一致行动人与表决权委托协议》，降低了外界对于控制权分散的担忧。公司主要股权结构如图 7-1 所示。

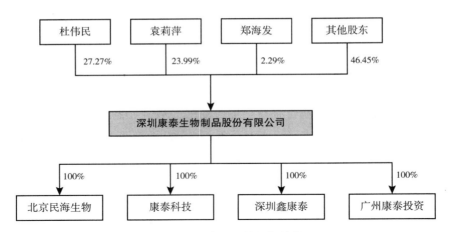

图 7-1 康泰生物的股权结构

资料来源：康泰生物 2020 年半年报。

（二）股权激励情况

1. 两次股权激励计划简介

康泰生物分别于 2017 年和 2019 年实施了股权激励方案。

（1）2017 年首次限制性股票激励计划

2017 年 5 月 13 日，康泰生物发布《2017 年限制性股票激励计划（草案）》。股票来源为公司向激励对象定向发行公司 A 股普通股，拟授予的限制性股票数量为 1233.0 万股，占本激励计划草案公告时公司股本总额 41100.0 万股的 3.00%。其中首次授予 1015.2 万股，预留 217.8 万股（见表 7-2）。首次授予部分的限制性股票的价格为每股 13.89 元。

表 7-2 康泰生物 2017 年首次限制性股票激励计划授予信息

单位：万股，%

序号	姓名	职务	获授的限制性股票数量	占授予限制性股票总数的比例	占目前总股本的比例
1	苗向	副总经理、财务负责人、董事会秘书	45.0	3.65	0.11
2	朱征宇	副总经理	15.0	1.22	0.04
3	甘建辉	副总经理	25.0	2.03	0.06
核心管理人员、核心技术（业务）人员（143 人）			930.2	75.44	2.26
预留			217.8	17.66	0.53
合计			1233.0	100.00	3.00

注：上述任何一名激励对象通过全部有效的股权激励计划获授的本公司股票均未超过公司总股本的 1%。公司全部有效的股权激励计划所涉及的标的股票总数累计不超过股权激励计划提交股东大会时公司股本总额的 10%。

资料来源：《2017 年限制性股票激励计划（草案）》。

首次授予的限制性股票的考核年度为 2017～2020 年四个会计年度，每个会计年度考核一次，各年度公司业绩考核目标为：以 2016 年为基期，2017～2020 年营业收入增长率分别不低于 20%、40%、60% 和 80%；解除限售安排比例依次为 30%、30%、20% 和 20%。

（2）2019 年股票期权激励计划

2019 年 3 月 25 日，康泰生物推出第二期股票期权激励计划，拟授予 3500.0 万股股票期权，约占本激励计划草案公告时公司股本总额的 5.48%。其中首次授予 3206.6 万股，约占本激励计划草案公告时公司股本总额的 5.02%；预留授予 293.4 万股，约占本激励计划草案公告时公司股本总额的 0.46%，预留部分占本次授予权益总额的 8.38%。本激励计划首次授予部分的股票期权行权价格为每股 45.09 元，具体授予信息如表 7-3 所示。

表 7-3　康泰生物 2019 年股票期权激励计划授予信息

单位：万股，%

计划名称	姓名	职务	获授的股票期权数量	占授权股票期权总数的比例	占目前总股本的比例
2019 年股票期权激励计划	刘建凯	董事	40.0	1.14	0.06
	李彤	副总裁	20.0	0.57	0.03
	核心管理人员、核心技术（业务）人员（546 人）		3146.6	89.90	4.92
	预留		293.4	8.38	0.46
	合计		3500.0	100.00	5.48

资料来源：《深圳康泰生物制品股份有限公司 2019 年股票期权激励计划激励对象名单》，2019 年 3 月 25 日。

本激励计划授权股票期权的行权考核年度为 2019～2020 年两个会计年度，每个会计年度考核一次，各年度业绩考核目标为：以 2016～2018 年净利润均值为基数，2019 年净利润增长率不低于 100%，2020 年净利润增长率不低于 110%。

问题一：请结合行业和公司财务情况，判断股权激励计划的财务指标条件是否适当。

2. 解禁后频繁减持

根据表 7-4，郑海发和吕志云在解禁后旋即减持，分别套现 22493.19 万元和 2017.61 万元。其中，郑海发在 2018～2019 年共减持 16 次。2020 年 2～12 月，董事刘建凯，高管朱征宇、甘建辉、李彤、刘群和董秘苗向通过大宗交易套现 2.06 亿元。他们均将持有的无限售条件股份清仓减持，截至 2021 年 1 月，共套现 4.65 亿元。

表 7-4　康泰生物高管减持记录

姓名	职务	日期	变动原因	减持股数（万股）	成交均价（元/股）	减持金额（万元）	减持后持股数（万股）	合并套现（万元）
郑海发	副董事长、高管	2018 年 3 月 21 日	竞价交易	16.72	57.78	966.08	1303.38	22493.19
		2018 年 3 月 22 日		35.60	57.32	2040.59	1267.78	
		2018 年 5 月 7 日		10.35	80.81	836.38	1257.43	
		2018 年 5 月 9 日		10.50	82.02	861.21	1246.93	
		2018 年 5 月 15 日		10.00	88.70	887.00	1236.93	
		2018 年 5 月 30 日		31.85	92.26	2938.48	1205.08	
		2019 年 1 月 9 日		28.00	34.36	962.08	1776.56	
		2019 年 2 月 11 日		26.00	31.31	814.06	1750.56	
		2019 年 2 月 12 日		2.00	34.75	69.50	1748.56	
		2019 年 2 月 13 日		78.00	34.84	2717.52	1670.56	
		2019 年 6 月 19 日		42.68	50.06	2136.56	1627.88	
		2019 年 6 月 20 日		6.15	50.58	311.07	1621.73	
		2019 年 11 月 4 日		32.27	86.87	2803.29	1589.46	
		2019 年 11 月 5 日		3.75	85.51	320.66	1585.71	
		2019 年 11 月 7 日		32.00	86.53	2768.96	1553.71	
		2019 年 11 月 19 日		11.98	88.46	1059.75	1541.73	
刘建凯	董事	2020 年 9 月 15 日	大宗交易	21.05	176.26	3710.27	63.18	3710.27
朱征宇	高管	2018 年 11 月 16 日	竞价交易	5.62	40.23	225.91	16.85	2672.01
		2020 年 2 月 17 日	大宗交易	4.21	112.89	475.44	63.17	
		2020 年 12 月 8 日	大宗交易	12.63	156.03	1970.66	50.54	
甘建辉	高管	2018 年 11 月 16 日	竞价交易	9.35	40.32	376.99	28.09	3140.32
		2020 年 2 月 17 日	大宗交易	7.02	112.89	792.67	71.60	
		2020 年 12 月 8 日	大宗交易	12.63	156.03	1970.66	58.97	
李彤	高管	2020 年 9 月 15 日	大宗交易	21.05	176.26	3710.27	63.18	3710.27
刘群	高管	2020 年 12 月 8 日	大宗交易	21.05	156.03	3284.43	63.18	3284.43
苗向	董秘	2018 年 12 月 6 日	竞价交易	16.84	43.01	724.29	50.53	5435.05
		2020 年 2 月 17 日	大宗交易	12.63	112.89	1426.33	122.14	
		2020 年 12 月 8 日	大宗交易	21.05	156.03	3284.43	101.09	

姓名	职务	日期	变动原因	减持股数（万股）	成交均价（元/股）	减持金额（万元）	减持后持股数（万股）	合并套现（万元）
吕志云	监事	2018年3月21日	竞价交易	0.50	58.31	29.16	29.50	2017.61
		2018年3月22日	竞价交易	4.50	58.65	263.93	25.00	
		2019年8月30日	竞价交易	2.43	77.42	187.94	35.01	
		2020年12月31日	竞价交易	6.70	179.23	1200.84	28.31	
		2021年1月26日	竞价交易	2.00	167.87	335.74	26.31	

资料来源：东方财富 Choice 数据。

除此之外，公司控股股东、实际控制人的一致行动人杜兴连于 2020 年 7 月 23 日减持公司股数 30 万股，减持价格 215.66 元/股，减持股数占公司总股数的比例约为 0.04%，总共套现 6469.8 万元。

（三）大股东减持情况

1. YUAN LIPING（袁莉萍）减持情况

根据离婚协议，YUAN LIPING（袁莉萍）获得的股份全部为流通股。离婚刚满半年，即 2020 年 12 月 9 日，康泰生物公告 YUAN LIPING（袁莉萍）减持预披露，计划自披露之日起的 6 个月内，以大宗交易方式、集中竞价方式、协议转让方式减持公司股数不超过 17000000 股（占公司总股本比例为 2.48%）。根据 2021 年 5 月 18 日康泰生物公告，YUAN LIPING（袁莉萍）已经按照预期减持套现 21.7 亿元，减持后持有公司约 21.03% 的股份，具体如表 7-5 所示。

表 7-5 YUAN LIPING（袁莉萍）首轮减持记录

股东名称	减持方式	减持期间	减持均价（元/股）	减持股数（股）	减持数量占公司总股本比例（%）
YUAN LIPING（袁莉萍）	大宗交易	2020年12月21日至2021年3月16日	110.85	1152500	0.17
	集中竞价	2021年1月21日至2021年2月22日	174.22	4761950	0.69
	协议转让	2021年4月30日	100.24	10000000	1.46
	集中竞价	2021年5月11日至2021年5月14日	194.28	1085550	0.16
		合计		17000000	2.48

注：2021 年 2 月 3 日，2019 年股票期权激励计划首次授予股票期权的第一个行权期行权增加了公司股本，YUAN LIPING（袁莉萍）持股稀释为 23.50%。

资料来源：康泰生物公告。

2021 年 6 月 11 日，公司再发减持公告，称 YUAN LIPING（袁莉萍）计划自本公告披露之日起 3 个交易日后的 3 个月内（即自 2021 年 6 月 18 日起 3 个月内），以大宗交易方式转让公司股数不超过 7000000 股（占公司总股本比例为 1.02%）给其持有 100% 份额的私募基金产品，本次转让属于股东及其一致行动人成员内部构成变化，该部分股份不涉及市场减持；同时，YUAN LIPING（袁莉萍）计划自本公告披露之日起 3 个交易日后的 6 个月内，以大宗交易、集中竞价、协议转让等方式减持公司股数不超过 13000000 股（占公司总股本比例为 1.89%）。根据 2021 年 9 月 28 日发布的《深圳康泰生物制品股份有限公司关于持股 5% 以上股东提前终止减持计划暨相关承诺的公告》，YUAN LIPING（袁莉萍）已经在 2021 年 6 月 28 日至 2021 年 7 月 19 日通过大宗交易方式转让 1.02% 的公司股份，转让均价为 118.11 元/股，套现 8.26 亿元。其余股票减持计划则在深交所下达"兜底式增持"关注函后终止。

2. 杜伟民减持情况

2021 年，杜伟民于 5 月 21~25 日集中竞价交易减持 51.6 万股，占公司总股本的 0.08%，减持均价为 180.84 元/股，合计套现 9331.34 万元。

（四）现金分红和员工兜底式增持倡议

1. 现金分红

2021 年 8 月 30 日，公司公告 2021 年半年度权益分派方案，拟向全体股东每 10 股派 3 元（含税）现金红利，股价当日跌幅为 1.61%，随后 3 天的跌幅分别是 1.99%、2.13% 和 3.91%。与此形成对比的是，2020 年 7 月 14 日公布的 2020 年半年度利润分配预案，同样的每 10 股派 3 元现金红利方案，股价上涨了 7.74%。

问题二：请结合公开资料，判断公司的现金分红方案是否合理。

2. 员工兜底式增持倡议

2021 年 9 月 17 日，康泰生物发布的《关于控股股东、实际控制人向公司员工发出增持公司股票倡议书的公告》称，公司控股股东、实际控制人杜伟民鼓励公司及全资子公司全体员工积极通过二级市场竞价买入公司股票，并承诺凡在 2021 年 9 月 22 日至 2021 年 10 月 29 日净买入的康泰生物股票，且连续持有 12 个月以上并在职的员工，因在上述期间买入康泰生物股票产生的亏损，由杜伟民予以全额补偿，且不存在最高金额限制，增值收益则归员工个人所有。公告同时表示，用于补偿的资金来源为控股股东、实际控制人杜伟民的自有资金。当天，股价止跌回升，收盘价为 112.65 元/股，涨幅达到 10.04%。9 月 22 日，股价复跌 4.08%。

2021 年 9 月 22 日，深交所创业板管理部下发关注函，要求康泰生物就 2021

年以来所持公司股份变动情况及质押情况，是否存在平仓风险，对倡议人补偿能力、具体的履约保障措施的核查情况，是否存在配合相关股东减持的情形等问题做出回应。康泰生物在 9 月 24 日回应称，目前不存在引发平仓或被强制平仓的风险。9 月 29 日，公司公告 YUAN LIPING（袁莉萍）提前终止股份减持计划。

（五）兜底式增持计划的后续

截至 2022 年 10 月 15 日，距离康泰生物兜底式增持倡议已经过去了一年多，其股价一路走低，最低为 26.96 元/股，公司市值已经缩水至 360.7 亿元。2022 年 11 月 1 日，康泰生物发布《关于控股股东、实际控制人向公司员工发出增持公司股票倡议书事项的进展提示性公告》，公司控股股东、实际控制人杜伟民先生倡议员工在倡议增持期间增持公司股票并连续持有时间已满 12 个月，杜伟民先生将积极履行员工增持倡议书中做出的承诺，根据承诺内容对符合条件的员工进行补偿。

问题三：本案例中，高管减持、现金分红和兜底式增持倡议先后发生，判断三者之间是否有关联。

二 案例分析

（一）问题一：请结合行业和公司财务情况，判断股权激励计划的财务指标条件是否适当

与大多数企业以净利润作为核心的行权考核指标不同，康泰生物 2017 年首次限制性股票激励计划的公司层面业绩考核的主要指标为营业收入增长率，以 2016 年为基期，2017~2020 年营业收入增长率分别不低于 20%、40%、60%、80%，即 2017~2020 年营业收入同比增幅分别为 20%、16.67%、14.29%、12.5%。根据表 7-6，2013~2016 年，康泰生物的营业收入分别为 2.505 亿元、3.034 亿元、4.527 亿元、5.519 亿元，同比增速分别为 104.50%、21.10%、49.24%、21.91%。由此可知，2017 年首次限制性股票激励计划门槛设置不高。

2019 年股票期权激励计划以净利润作为核心考核指标，2016~2018 年净利润均值为 2.455 亿元，2019 年净利润增长率不低于 100%。换算可知 2019 年行权条件为净利润在 4.91 亿元及以上，同比增长率为 12.7%；2020 年行权条件为净利润在 5.16 亿元及以上，同比增长率仅为 5.1%。而结合表 7-6 可知，2019 年股票期权激励计划门槛设置依然不高。

表 7-6　2013~2020 年康泰生物部分财务指标

单位：亿元，%

指标	2020 年	2019 年	2018 年	2017 年	2016 年	2015 年	2014 年	2013 年
营业收入	22.61	19.43	20.17	11.61	5.519	4.527	3.034	2.505
营业收入同比增长率	16.36	-3.65	73.69	110.38	21.91	49.24	21.10	104.50
归属净利润	6.792	5.745	4.357	2.147	0.862	0.628	0.312	0.015
归属净利润同比增长率	18.22	31.86	102.92	149.04	37.24	101.59	1962.96	-86.8
销售费用	8.784	7.846	10.05	6.154	2.197	1.028	0.409	0.571
销售费用同比增长率	11.96	-21.96	61.92	180.07	113.72	151.60	-28.44	12.45
销售费用/营业收入	38.85	40.38	49.83	53.01	39.81	22.71	13.48	22.79
长期待摊费用	12260	8616	2999	1612	617.2	844.9	1100	1080
研发费用	2.671	1.983	1.778	0.8474	—	—	—	—
研发费用/营业收入	11.81	10.21	8.82	7.30	—	—	—	—

资料来源：东方财富 Choice 数据。

（二）问题二：请结合公开资料，判断公司的现金分红方案是否合理

表 7-7 展示了 2017~2022 年康泰生物股利发放的基本情况。其中，2020 年和 2021 年均在半年报公布后，发布了向全体股东每 10 股派 3.00 元（含税）现金红利方案。2019~2020 年均未进行年度利润分配。2022 年 4 月 28 日，康泰生物发布《关于 2021 年度利润分配预案的公告》，再次进行年度利润分配，向全体股东每 10 股派 8.50 元（含税）现金红利，并以资本公积金向全体股东每 10 股转增 6 股。

表 7-7　2017~2022 年康泰生物股利发放概况

日期	内容	发放方案/不发放的原因
2022 年 4 月 28 日	2021 年度利润分配预案公告	向全体股东每 10 股派 8.50 元（含税）现金红利,以资本公积金向全体股东每 10 股转增 6 股
2021 年 8 月 30 日	2021 年半年度利润分配预案公告	向全体股东每 10 股派 3.00 元（含税）现金红利
2021 年 4 月 30 日	2020 年度拟不进行利润分配的专项说明	为确保公司向不特定对象发行可转换公司债券的顺利实施，以及结合公司新型疫苗的研发投入及产业化建设对资金需求大的实际情况
2020 年 7 月 21 日	2020 年半年度利润分配预案公告	向全体股东每 10 股派 3.00 元（含税）现金红利
2020 年 4 月 28 日	2019 年度拟不进行利润分配的专项说明	为确保公司非公开发行股票项目的顺利实施，结合公司的发展战略
2019 年 4 月 26 日	2018 年度利润分配预案公告	向全体股东每 10 股派 2.5 元（含税）现金红利
2018 年 4 月 25 日	2017 年度利润分配预案公告	向全体股东每 10 股派 1.20 元（含税）现金红利，每 10 股送红股 2 股（含税），以资本公积金向全体股东每 10 股转增 3 股
2017 年 4 月 25 日	2016 年度利润分配预案公告	向全体股东每 10 股派 0.60 元（含税）现金红利

资料来源：康泰生物 2017~2022 年利润分配公告。

根据表 7-8，2016~2021 年，康泰生物基本每股收益和每股未分配利润增长迅速，每股经营现金流（除了 2020 年外）也在增长，说明其经营活动具有一定的现金流创造能力。2021 年半年报和年报中的每股现金净流量均显著高于 2020 年同期水平，因此仅从现金流量的角度来看，公司有足够的现金持有量保障现金分红。从分红数量来看，由于 2021 年比 2020 年指标明显提高，公司不仅维持了半年度利润分配的现金红利水平，更是重启了暂停两年的年度利润分配，向全体股东每股派现 0.85 元（含税）现金红利。

表 7-8　2016~2021 年康泰生物每股现金流水平

单位：元

指标	2021 年 12 月 31 日	2021 年 6 月 30 日	2020 年 12 月 31 日	2020 年 6 月 30 日	2019 年 12 月 31 日	2018 年 12 月 31 日	2017 年 12 月 31 日	2016 年 12 月 31 日
基本每股收益	1.85	0.49	1.03	0.40	0.91	0.70	0.35	0.23
每股未分配利润	3.54	2.52	2.04	1.86	1.53	0.97	0.83	0.46
每股经营现金流	2.40	0.07	0.64	0.04	0.78	0.53	0.37	0.21
每股现金净流量	3.88	1.48	0.56	0.34	-0.16	0.68	0.10	-0.12
每股派现（含税）	0.85	0.3	—	0.3	—	0.25	0.12	0.06

注：每股现金净流量=现金及现金等价物净增加额/总股数。

资料来源：康泰生物 2016~2021 年半年报、年报和利润分配公告。

（三）问题三：本案例中，高管减持、现金分红和兜底式增持倡议先后发生，判断三者之间是否有关联

1. 大股东和高管频繁减持向市场传递了不稳定的信号

研究表明，高管减持主要基于两方面的原因。①落袋为安。面对当前减持的确定收益和未来持股的潜在风险，不少高管会选择落袋为安，实现风险规避。2017~2020 年，康泰生物股价从 3.29 元/股一路攀升至 249.69 元/股，股价存在高估的可能性，进一步促使高管从风险偏好转向风险规避。②择机减持，即在股票价格上升区间提高减持比例。无论是"落袋为安"，还是"择机减持"，都代表了公司内部对于公司股价未来风险性的担忧。根据信号传递理论，资本市场接收到相关信息并做出判断，股票市场价格会下跌。事实上，在康泰生物现金分红方案推出前，股价已经连续 4 个月走势低迷。

2. 市场对现金股利反应不积极

结合问题二的分析结果，2021 年公司有足够的现金持有量保障现金分红，且指标明显好于 2020 年，但是市场结果完全不同。2020 年公告后，股价上涨了 7.74%；

2021 年公告后股价连跌 4 天，跌幅分别为 1.61%、1.99%、2.13% 和 3.91%。这表明市场对于 2021 年的现金分红方案并不认可。市场的不认可在很大程度上可能与公司现金分红方案本身无关。

3. 兜底式增持倡议推出时点的分析

此前，康泰生物股价已经连续 4 个月走势低迷，并且市场并未对现金分红做出积极的反应。此刻，关于康泰生物经营的有利信息（比如新冠疫苗的成功研发和财务指标表现良好等）均已被市场接受，可供康泰生物选择的信号并不多，尤其是实际控制人的一致行动人还处于减持阶段。如何及时、有效地提振市场是实际控制人关注的问题。

兜底式增持可以传递出实际控制人对于公司未来持续发展前景的信心和对公司股票长期投资价值认同的信号；同时，增持主体是公司的在职员工，若未来没有发生公司股票跌破所谓的"底价"，实际控制人不需要付出任何成本就可以稳定股价，拥有绝对的成本优势。由此推断，兜底式增持倡议可以用来传递信号，稳定市场情绪，以期能增强投资者信心。

三　案例讨论

第一，兜底式增持倡议是否属于员工激励，与员工持股计划有何异同？同样是股票增持，实际控制人增持和实际控制人兜底式增持有何异同？

第二，结合本案例，讨论兜底式增持倡议的动机是什么，可能引发哪些风险。

第三，结合康泰生物 2017～2021 年的数据，分析其业绩情况，并讨论股权激励、现金分红与兜底式增持对公司绩效的影响。

四　案例拓展阅读

珠江啤酒的混合所有制改革和员工持股计划

2015 年，珠江啤酒提出混合所有制改革，将特定战略投资者与员工持股计划有机结合了起来。2015 年 7 月 24 日，珠江啤酒在《非公开发行股票预案》中表示，通过本次发行，公司将募集资金，在渠道和产品上全面发力，推动啤酒业务转型升级。同时，在深化国企改革的大背景下，公司将实施员工持股计划和提高外资股东持股比例，进一步深化混合所有制改革，释放企业经营活力。

（一）珠江啤酒总体概况

广州珠江啤酒股份有限公司（简称"珠江啤酒"）是一家以啤酒酿造产业和啤酒文化产业"双主业"协同发展、包装产业配套发展的大型现代化国有控股企业。2010 年，珠江啤酒在深交所上市（股票代码：002461），现有员工 4600 余人，下属企业 16 家，其中啤酒企业 12 家，包装企业 2 家，文化产业企业 2 家。

在混合所有制改革之前，广州市国资委 100%控股广州珠江啤酒集团有限公司，集团直接持股 52.03%，同时持有永信国际有限公司所有股权、非直接持股珠江啤酒 0.88%的股份，累计持有珠江啤酒的股份总数达 52.91%（见图 7-2）。

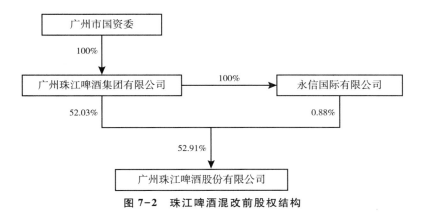

图 7-2 珠江啤酒混改前股权结构

资料来源：《广州珠江啤酒股份有限公司非公开发行 A 股股票发行情况报告书暨上市公告书》。

（二）珠江啤酒混合所有制改革

1. 混改方式

珠江啤酒于 2017 年 3 月正式非公开发行 A 股，引入广州国发、英特布鲁国际、员工持股计划等特定对象，拟募集约 43 亿元用于开发项目，如表 7-9 所示。募集资金主要用于：打造精酿啤酒生产线，调整传统产业结构，进行产品升级；开拓 O2O 网络销售渠道，迎合消费者习惯，创新营销渠道；建设啤酒文化乐园，夯实区域品牌优势。

表 7-9 珠江啤酒非公开发行 A 股的初步计划

单位：万元

项目名称	投资总额	拟使用募集资金金额
现代化营销网络建设及升级项目	100780	80000
O2O 销售渠道建设及推广项目	30428	15890
啤酒产能扩大及搬迁项目	262193	166000
精酿啤酒生产线及体验门店建设项目	25200	22524
珠江·琶醍啤酒文化创意园区改造升级项目	181405	140000
信息化平台建设及品牌推广项目	60045	6780
合计	660051	431194

资料来源：《广州珠江啤酒股份有限公司非公开发行 A 股股票发行情况报告书暨上市公告书》。

2. 混改对象

此次非公开发行 A 股筛选引入三个特定投资对象，如表 7-10 所示。其中，①广州国发由广州市国资委 100%控股，完成增发后，广州国发将持有珠江啤酒

23.74%的股份。②英特布鲁国际是全球著名的啤酒商，旗下拥有著名品牌百威啤酒。增发后，英特布鲁国际将持有珠江啤酒 29.99%的股份。③员工持股计划平台，由珠江啤酒"董监高"和其他核心员工共同出资，员工持股计划将占 0.56%。

表 7-10　珠江啤酒特定战略投资者

投资对象	持股比例(%)	股东排名	引入目的
广州国发	23.74	3	保证国有企业安全,确保广州市国资委对珠江啤酒的控股权
英特布鲁国际	29.99	2	深化与英特布鲁国际的合作与交流,获得技术支持,借鉴运营管理经验
员工持股计划	0.56	5	改善股权结构,激发员工创造力,提高企业绩效

资料来源：《广州珠江啤酒股份有限公司非公开发行 A 股股票发行情况报告书暨上市公告书》。

（三）珠江啤酒员工持股计划具体方案

根据珠江啤酒在 2016 年 7 月 20 日发布的关于员工持股计划公告——《第一期员工持股计划（草案二次修订稿）摘要（认购非公开发行 A 股股票方式）》，珠江啤酒员工持股计划方案核心内容如表 7-11 所示。

表 7-11　珠江啤酒员工持股计划方案核心内容

要素	核心内容
授予对象	公司董事(不含独立董事)、监事、高级管理人员,以及公司、下属企业的员工
授予数量	参与人员总数 413 人,认购金额上限 62528884.05 元
资金来源	员工的合法薪酬和通过法律、行政法规允许的其他方式取得的自筹资金,不包含任何杠杆融资结构化设计产品
股票来源	认购珠江啤酒非公开发行 A 股股票
股票价格	10.11 元/股,若此价格低于发行期首日前 20 个交易日股票交易均价的 70%,则发行价格调整为发行期首日前 20 个交易日股票交易均价的 70%
存续期与锁定期	存续期为 3+N 年;锁定期为 36 个月
管理模式	委托广州证券股份有限公司管理

1. 计划参与对象与持股总数

计划落实对象包括公司"董监高"以及"其他核心员工"。根据珠江啤酒发布的员工持股计划方案可知，参与人员总数为 413 人，认购金额上限为 62528884.05 元。为加强对员工持有股份的管理，公司下设资产管理机构负责相关事宜，"董监高"全资控股的"广证鲲鹏 1 号"项目，认购总额上限为 14349598.17 元，在公司员工持有股份总额中的占比为 22.95%；"其他核心员工"在"广证鲲鹏 2 号"中的持股总额上限为 48179285.88 元，在员工持股总额中的占比为 77.05%。

2. 资金来源

珠江啤酒员工持股计划严格根据《指导意见》设定，此次用于购买计划的资金来源必须是参与员工的合法薪酬和法律法规允许的自筹所得，不可以利用杠杆筹资，而且要求参与人要按时缴纳足够资金，本次购买金额不超过 62528884.05 元。

3. 股票来源

珠江啤酒面向内部人员发行 A 股股票，"董监高"和"其他核心员工"可以分别通过"广证鲲鹏 1 号"和"广证鲲鹏 2 号"定向资产管理计划认购股票。该员工持股计划符合《指导意见》的要求，认购份额不超过公司本次非公开发行 A 股股票总股本的 10%，任何一个员工通过员工持股计划拥有的股票都不能超过公司本次非公开发行 A 股股票总股本的 1%。

4. 标的股票价格确定

珠江啤酒非公开发行 A 股股票的定价基准日为批准本次发行的公司股东大会决议公告日（2015 年 9 月 24 日）。本次非公开发行 A 股股票的发行价格为定价基准日前 20 个交易日公司 A 股股票交易均价的 90%，公司 2015 年分红派息实施完毕后，发行价格相应调整为 10.11 元/股。若上述发行价格低于发行期首日前 20 个交易日股票交易均价的 70%，则发行价格调整为发行期首日前 20 个交易日股票交易均价的 70%。

5. 员工持股计划的存续期和锁定期

整个计划的存续期为 3+N 年，自公告标的股票登记至资产管理计划项下时起算，即 2017 年 3 月 9 日。其中，前三年为锁定期，不得随意减持、买卖股票。N 年为资产管理计划项下珠江啤酒股票限售解禁后的减持期间。待资产管理计划项下珠江啤酒股票全部减持完毕时，资产管理计划终止。

（四）珠江啤酒员工持股计划实施情况

1. 减持情况

珠江啤酒于 2017 年 3 月 8 日正式实施员工持股计划，发行价格为 10.11 元/股，共计发行 6184855 股，[①] 锁定期为 36 个月。在珠江啤酒员工持股计划锁定期满后，资产管理平台分别在 2020 年 4 月 30 日至 5 月 18 日和 2021 年 5 月 14 日至 5 月 18 日这两个区间进行股份减持（见表 7-12）。根据珠江啤酒 2021 年 5 月 20 日发布的《关于第一期员工持股计划所持公司股份减持完毕的公告》，珠江啤酒第一期员工持股计划所持公司股份已通过集中竞价交易方式减持完毕。

---

① 2018 年 5 月 14 日，因珠江啤酒实施了 2017 年利润分配方案，每 10 股以资本公积金转增股东 10 股，本次员工持股计划所持公司股票数量变更为 12369710 股。

表 7-12　珠江啤酒员工持股减持情况

区间	区间成交均价（元/股）	股数（股）	占公司总股本比例（%）
2020 年 4 月 30 日至 5 月 18 日	7. 9421	6184711. 00	0. 28
2021 年 5 月 14 日至 5 月 18 日	12. 2064	6184999. 00	0. 28
合计	—	12369710. 00	0. 56

资料来源：珠江啤酒发布的《关于第一期员工持股计划所持公司股份减持完毕的公告》，2021 年 5 月 20 日。

2. 分红情况

在 2017~2020 年珠江啤酒员工持股期间，企业共计 4 次分红，分红情况如表 7-13 所示。

表 7-13　2017~2020 年珠江啤酒员工持股期间企业分红情况

单位：股

年份	分红方式	除权除息日	除息日持有股数
2017	每 10 股转 10 股派 1.00 元（含税） 每 10 股以资本公积金转赠股东 10 股	2018 年 5 月 14 日	6184855
2018	每 10 股派 1.00 元（含税）	2019 年 5 月 15 日	12369710
2019	每 10 股派 1.00 元（含税）	2020 年 5 月 15 日	7559444
2020	每 10 股派 1.15 元（含税）	2021 年 6 月 15 日	0

注：由于减持，2019 年和 2020 年除息日持有股数均下降。

资料来源：珠江啤酒 2017~2020 年年报。

要求：

1. 对比珠江啤酒 2017~2021 年五年的数据，判断员工持股计划的效果如何。

2. 结合案例，思考为什么国有企业混合所有制改革和员工持股计划同时推出。

3. 比较康泰生物和珠江啤酒的异同，思考应如何有效设置股权激励计划和员工持股计划。

小　结

股利分配一直是企业利润分配的核心内容。合适的股利分配政策既能够满足股东的利益回报要求，给市场传递积极信号，又能契合公司未来的投融资计划。除此之外，公司还应给高管和员工适度激励，肯定人力资本的投入，与其共享企业成长的价值。

关键词

股利分配　员工激励　信号传递理论　员工持股计划　现金分红

思考题

1. 股利分配的方式有哪些？公司如何确定股利分配的方式？

2. 股利分配的理论有哪些？

3. 股利分配政策的影响因素是什么？如何权衡现金股利分配和企业长期发展能力？

4. 常见的员工激励方式有哪些？

5. 常见的员工激励理论是什么？

第八章　企业并购与控制权转移

学习目标

1. 了解企业并购的相关理论。

2. 熟悉企业并购的相关程序与方法。

3. 掌握企业控制权转移的理论，并能解决现实中的问题。

课程思政融入点

1. 通过"理论先行—案例支持—辩论反思—思政升华"的行动学习，提高学生对并购与控制权的相关分析能力，使其形成财务分析思维，提升其财务素养。

2. 引导学生关注公司的价值和企业家精神，培养学生具备"守规则""肯担当""会思辨"的公民人格。

3. 通过解读控制权争夺的案例，思考 TCL 家电收购奥马电器的动机，以及反并购策略的合法性，帮助学生树立正确的三观，坚守"宪法法治意识"，进一步规范自身行为。

4. 通过本章内容的讲解，引导学生认识和思考并购的必要性，以及中国并购市场的快速发展，帮助学生树立"四个自信"。

引例　　　　　　　　　央企双胞胎　分久必合

2018 年 1 月 31 日，国务院国有资产监督管理委员会正式公告：经报国务院批准，中国核工业集团有限公司（简称"中核集团"）与中国核工业建设集团有限公司（简称"中核建设集团"）实施重组，中核建设集团整体无偿划转进入中核集团，不再作为国资委直接监管企业。

事实上，中核集团与中核建设集团原来同属中国核工业总公司。中核集团于1999 年 6 月经国务院批准，在中国核工业总公司部分成员单位基础上组建成立，主要承担核全产业链的科研开发、建设与生产经营，是我国核科技工业的主体，国家战略核力量的核心和国家核能发展与核电建设的主力军。中核建设集团于 1999 年 6 月经国务院批准，在中国核工业总公司部分成员单位基础上组建成立，主要承担国防工程与核电工程建设、核能利用以及核工程技术研究与服务。

党的十八大以来，以习近平同志为核心的党中央高度重视核工业发展，做出了一系列重大决策部署。此次中核集团的吸收合并，是深化国资国企改革和国防科技工业改革、推进核工业供给侧结构性改革、全面提升核工业核心竞争力的重大举措。

资料来源：齐慧《中核集团与中核建设集团重组 开启建设核工业强国新征程》，《经济日报》2018 年 2 月 1 日。

第一节 企业并购的基本原理

一 企业并购概述

并购（Merger & Acquisition）是企业为获得其他企业控制权而进行的一种常见的产权重组活动，包含兼并（Merger）和收购（Acquisition）。其中，兼并意味着被并购方在价值或重要性上要弱于并购方，因此被并购方不再独立存在；收购代表着获得被收购方的部分或全部资产或股权的行为。

（一）并购的形式

并购包括控股合并、吸收合并和新设合并三种形式。

1. 控股合并

并购企业用现金、债券或股票等购买被并购企业的资产或股票，以取得被并购企业的控制权。被并购企业在并购后仍保持独立的法人资格。

2. 吸收合并

并购企业吸收另一家或多家企业的全部净资产。并购后，并购企业承接被并购企业的所有资产和负债，被并购企业法人资格被注销。

3. 新设合并

两家或多家企业合并成立一家新的企业。参与并购的各方在并购后法人资格均被注销。

（二）并购的类型

企业并购按照不同的标准可以划分为许多不同的类型。

1. 按照并购双方所处的行业分类

按照并购双方所处行业性质不同，可以分为横向并购、纵向并购和混合并购三种类型。

（1）横向并购

横向并购是指两家或两家以上同行业企业间的并购。例如，2008年中联重科收购CIFA公司。本次交易是当时全球机械行业最大的跨国收购案，有助于中联重科拓展海外市场、降本增效、协同创新，增强市场竞争力和品牌效应。

（2）纵向并购

纵向并购是指处于同一产业链上不同位置的企业所进行的并购。例如，2009年中粮集团联合厚朴基金，成为蒙牛乳业的第一大股东。作为中国食品行业龙头的中粮集团，在收购蒙牛乳业后，可以快速进入乳制品领域，有助于其全产业链战略布局的实现。

（3）混合并购

混合并购是指与本企业生产经营活动无直接关系的企业间的并购。混合并购通常是为了扩大生产经营范围。比如，2017年融创中国入股乐视，从传统的房地产行业涉足新兴的互联网行业。

2. 按照并购程序分类

按照并购程序不同，可以分为善意并购和非善意并购。

（1）善意并购

善意并购是指并购企业与被并购企业双方通过友好协商达成并购协议而实现的并购。这种并购一般是收购方确定目标企业之后，直接与目标企业的管理层接洽，协商并购事宜；或者被并购企业出于某种原因主动提出转让经营控制权，而向并购企业提出并购请求。并购双方在友好协商的基础上，自愿签订并购协议，并经董事会批准和股东大会2/3以上表决通过。

（2）非善意并购

非善意并购也称敌意收购，是指并购企业不是直接向目标公司提出并购要求，而是在资本市场上通过大量收购目标企业股票的方式实现并购。由于此类并购并不是建立在并购双方友好协商的基础上，极有可能遭到被并购企业的抵制。

事例 8-1

宝安袭延中：开天辟地第一枪

1993年9月30日，延中实业总经理秦国梁接到了董事长周鑫荣的电话，一家名为"宝安"的公司在二级市场上买入了延中实业高达15.89%的股份，延中实业面临易主。

宝安选择延中实业，并不是偶然。当时的延中实业是典型的"三无"概念股——无国家股、无法人股、无外资股（B股），股份全部为流通股，股权结构非常分散，没有优势大股东。为了取得延中实业的控制权，自1993年9月14日起，宝安下属三家公司开始买入延中实业股票。截至 1993 年 9 月 29 日，宝安上海公司持有延中实业 4.56% 的股份，宝安华阳保健用品公司和深圳龙岗宝灵电子灯饰公司分别持有延中实业 4.52% 和 1.657% 的股份，合计约 10.7%。9 月 30 日上午，宝安上海公司再次购买延中实业 342 万股，三家公司合计拥有延中实业 15.98% 的股份。当天中午，延中实业被临时停牌。

资料来源：段铸《宝安袭延中：开天辟地第一枪》，《中国经营报》2010 年 1 月 25 日。

二　企业并购的效应和理论

（一）企业并购的效应

虽然实证研究对于并购效应是否都能带来正效应的结论并不统一，但是理论层面认为，并购普遍是基于获得规模经济、降低交易费用或者实现多元化经营战略等目的展开的，其并购效应集中在经验效应、创新效应和协同效应三个方面。

1. 经验效应

（1）提高投资效率

由于不同企业的效率存在差别，高效率的企业收购低效率的企业，可以提升被并购企业的经营效率和投资效率。

（2）突破行业壁垒或市场管制

纵向并购可以通过对关键原材料和销售渠道的控制，提高企业所在领域的进入壁垒，形成差异化优势；横向并购可以提高企业的市场占有率，减少竞争对手，增强对市场的控制力。

（3）获得目标企业的战略性资源

并购可以获得目标企业的关键技术与工艺、商标、特许权、供应或分销网络等，并购企业充分利用这些战略性资源，获得更大的经验效应。

2. 创新效应

（1）组织创新

并购可以重组企业资源，优化公司治理结构，完善企业制度和管理方法，推动组织创新。组织创新是企业管理创新的关键。

（2）市场创新

并购可在短时间内获取新产品和新市场，丰富现有产品品类，获得更多的市场份额和更高的利润。

（3）技术创新

并购可以帮助企业快速地从外部获取所需的研发资源，获取有利于自身发展的技术资源以及生产工艺，弥补企业在技术方面的不足；通过与被并购企业的协同创新，也可以在一定程度上降低研发成本，促进自身吸收能力及技术创新能力的提升。

3．协同效应

（1）获得规模效应

并购可以形成有效的规模效应，实现批量专业化生产，降低管理、原料、生产等各个环节的成本，从而降低总成本。

（2）节约交易费用

并购可以将市场交易内部化，促使资源和产品在部门之间高效流动，减少交易费用。

（二）企业并购的理论

1．效率理论

该理论认为企业并购活动能够给社会收益带来潜在的增量，提高交易参与各方的效率。这种效率主要体现在并购后产生的协同效应，如管理协同、经营协同、财务协同等。以该理论为依托产生了效率差异化（管理协同）理论、非效率理论、经营协同效应理论和价值低估理论等。

2．经营协同效应理论

该理论的假设前提是规模经济的存在。人力资本、固定资产、制造费用、营销费用、管理费用等支出固定，在一定范围内，参与分摊的产品数量越多，单位产品的成本越低。并购可以充分利用资源，达到企业合理的生产规模。同时，如果企业可以形成优势互补，也能产生经营协同效应。

3．价值低估理论

该理论认为，当目标企业的市场价值由于某种原因未能充分反映其潜在价值或未来真实价值时，并购活动就会发生。因此，上市公司需要时刻关注资本市场的表现。

4．信息理论

信息理论可以用来解释被并购企业价格普遍上涨的原因。该理论认为，并购活动本身向市场传递了目标企业被低估的信号，资本市场会重新对企业价值做出评估；或者目标企业管理层为了防御并购，会采取措施提升治理和管理效率，这也是企业未来成长的积极信号。

5．代理理论

该理论通常用来解释并购负效应的产生。当管理层基于自身利益甚至以损害企业利益为代价采取并购行为，或者做出错误并购决策时，其并购的总体效应为负。

延伸阅读 8-1

多家上市公司跨界并购遭问询

2022 年以来，上市公司跨界并购热潮不断，光伏、半导体等新兴产业成热门投资领域。不过，跨界并购面临技术和人才储备、收购整合、商誉减值等多种风险，长期以来也是监管关注的重点。部分公司在发布跨界收购的相关公告后，股价迎来短期上涨，被质疑迎合热点炒作股价。

Wind 统计数据显示，2022 年前三季度，我国并购市场共首次公告了 6603 起并购事件，规模约 14689 亿元。从参与各方的并购目的维度来看，横向并购事件规模占到总体约 38.8%，以 5919 亿元位列第一。战略合作、资产调整以及多元化战略分别以 3018 亿元、1680 亿元和 521 亿元占据整个市场的 19.8%、11.0% 以及 3.4%。其他各类型的并购目的总计规模约 4129 亿元，占整个市场的 27.0%。

资料来源：张娟《多家上市公司跨界并购遭问询》，《经济参考报》2022 年 11 月 11 日，第 A03 版。

第二节　企业并购的运作过程

一　目标企业的选择

并购目标企业的确定是企业实施并购的第一步，也是非常重要的一步，对于并购效应有直接影响。

（一）发现目标企业

并购企业结合自身战略发展目标，寻找并确定并购目标。企业可以利用自身在行业内的影响力寻找合适的企业，也可以联合专业金融中介机构进行目标企业筛选和确定。目前，金融中介在并购活动中扮演着越来越重要的角色。

延伸阅读 8-2

金融机构要构建核心"朋友圈"为并购服务

在 2016 年 12 月 16 日举行的"2016 中国并购合作联盟并购高峰论坛"上，与会人士提出，中国企业和中国资本正在深刻影响全球产业格局。在供给侧改革的背景下，企业重大资产并购重组交易活跃，传统产业兼并整合、产业升级的诉求明显，新兴产业内部也存在大规模整合的需求。这些都将形成未来并购市场良性发展的核心驱动力。

企业并购的完成需要多类金融机构合作，提供"并购专家+并购管家"的综合金融服务：既需要银行作为"融资安排人"，又需要证券公司、审计师、评估师、律师作为"交易安排人"，还需要投资机构作为"出资人"，并购业务的复杂性和大金额交易决定了金融机构要做好并购服务，必须构建起服务生态系统和核心"朋友圈"。

资料来源：朱宝琛《金融机构要构建核心"朋友圈"为并购服务》，《证券日报》2016 年 12 月 17 日，第 A2 版。

（二）审查目标企业

对于初步选定的并购目标企业，还需要进一步分析评估和实质性审查，审查重点包括：目标企业出售动机、法律文件（产业政策、企业章程、合同契约等）、业务审查、财务审查以及并购风险审查。

（三）评价目标企业

评价目标企业的实质就是对目标企业进行综合分析，以确定目标企业的价值，即估价。估价不仅是实施并购的必要程序，也会影响并购是否能够成功。

延伸阅读与讨论 8-1

中国沪深 A 股上市公司最近几年在并购过程中呈现出"高估值""高溢价""高承诺"的三高现象，形成巨额商誉。请结合参考资料，思考高溢价并购存在的原因。

资料来源：邓鸣茂、梅春《高溢价并购的达摩克斯之剑：商誉与股价崩盘风险》，《金融经济学研究》2019 年第 6 期，第 56~69 页。

二　目标企业价值评估的方法

企业并购的价值评估是指对目标企业的价值进行评估。常见方法主要有成本法、市场比较法、现金流量折现法和换股并购估价法。具体实践中，并购企业应根据目标企业的实际情况来确定合适的价值评估方法。

（一）成本法

成本法也称重置成本法，是指以目标企业的资产价值为基础对目标企业价值进行评估的方法。此种方法重点考量企业的成本，很少考虑其收入和支出。因而，该方法的局限性是仅从历史投入考虑企业价值，不考虑资产和企业实际的运行效率。根据资产的价值标准不同，成本法可以分为账面价值法、市场价值法和清算价值法。

用成本法估算的目标企业有形资产的价值可以作为最低价格，目标企业可据此测算并购风险。

（二）市场比较法

市场比较法也称相对价值法，是以资本市场上与目标企业的经营业绩和风险水平相当的企业的平均市场价值作为参照标准，以此来估算目标企业价值的一种方法。市场比较法的基本假设是：在完全的市场中，类似的资产应该具有类似的价值。因此，此方法的重点是找到拥有类似资产的可比企业。基本计算公式为：

$$V = \frac{Vs}{Q} \times P$$

式中，V 表示目标企业的评估价值；Vs 表示参照企业的市场价值；Q 表示参照企业的可观测变量；P 表示目标企业的可观测变量。可观测变量可以使用净利润、净资产、销售收入、客户人数等指标。

（三）现金流量折现法

现金流量折现法的基本原理是，目标企业的价值等于其未来持续经营期间所产生的现金流量的现值。该方法的优点在于考虑了企业未来的收益能力，局限在于评估的准确性受到现金流量预测、折现率计算等的影响。同时，该方法不适用于业绩不稳定的企业，对属于周期性行业的企业或者初创企业的预测也比较困难。基本计算公式为：

$$V = \sum_{t=1}^{n} \frac{CF_t}{(1 + k)^t}$$

式中，V 表示目标企业的评估价值；CF_t 表示目标企业第 t 期产生的现金流量；k 表示折现率；n 表示预测期限。

（四）换股并购估价法

如果并购双方都是股份制企业，可以采用换股并购，那么并购企业需要计算换股比例，即为换取 1 股目标企业的股份而需要支付的并购企业的股份数量。在有效市场环境下，只有并购双方持有的股票市值大于并购前所持有的股票市值，并购活动才能被双方股东接受。

三　并购的支付方式

（一）现金支付

现金支付是指并购企业使用现金购买被并购企业的全部资产和股票。这也是并购最初使用和最常见的支付方式。现金支付并不会改变并购企业原有的股权结构，但是，此种支付方式对企业的流动性要求较高。比如，2022 年 10 月 28 日，市值 2000 亿元的动力煤龙头陕西煤业公告，其拟通过非公开协议方式收购控股股东陕煤集团持有的彬长矿业集团 99.5649% 的股权及收购陕煤集团与陕北矿业合计持有的神南矿业 100% 的股权。两项收购合计金额达到了 347 亿元，并全部以现金方式支付。

（二）股票支付

股票支付是指并购企业增发本企业的股票，以新增股票支付购买目标企业的股票，从而实现并购目的的一种支付方式。此种支付方式不会过多占用并购企业的资金，不会对并购企业后续的投资资金安排有较大影响。但是，增发股票会稀释原有大股东的持股比例，且需要经过股东大会批准，耗时较长。

（三）混合支付

混合支付是指并购企业同时采用现金、股票、可转换债券等多种方式进行并购支付。混合支付方式可以避免单项支付方式的缺陷，在并购中的运用越来越频繁。

延伸阅读 8-3

杠杆并购

杠杆并购是指并购方以目标企业的资产作为抵押，向银行或投资者融资借款来对目标企业进行收购，收购成功后再以目标企业的收益或是出售其资产来偿本付息。杠杆并购是并购企业通过负债筹集现金以完成并购交易的一种特殊情况。杠杆并购一般具有如下特点。

1. 负债规模较高。一般而言，并购企业的自有资金约为并购总额的 10%~20%。

2. 以目标企业的资产或收益作为融资担保，即目标企业需以自身的资产或现金流量支付自身被售出的一部分并购资金。

3. 通常会存在一个由交易双方之外的第三方担任经纪人。

资料来源：王化成主编《高级财务管理学》（第三版），中国人民大学出版社，2011，第 95~96 页。

四　并购整合

（一）并购整合的类型

根据并购企业与目标企业战略依赖性关系和组织独立性特征，并购整合可以分为完全整合、共存型整合、保护型整合和控制型整合，如表 8-1 所示。

表 8-1 并购整合的类型

类型	适用对象	特点
完全整合	并购双方在战略上互相依赖,但目标企业的组织独立性需求较低	经营资源进行共享,消除重复活动,重整业务活动和管理技巧
共存型整合	并购双方战略依赖性较强,组织独立性需求也较高	战略上互相依赖,不分享经营资源,存在管理技巧的转移
保护型整合	并购双方的战略依赖性不强,目标企业组织独立性需求较高	并购企业只能有限干预目标企业,允许目标企业全面开发和利用自己潜在的资源和优势
控制型整合	并购双方的战略依赖性不强,目标企业的组织独立性需求较低	并购企业注重对目标企业资产和营业部门的管理,并最大限度地利用

资料来源:郑磊编著《企业并购财务管理》,清华大学出版社,2004,第 143~144 页。

(二) 并购整合的内容

1. 战略整合

基于战略协同视角,对目标企业的经营战略进行调整,使各业务单位之间形成一个相互关联、互相配合的战略体系,从而优化资源配置,取得战略上的协同效应,共同提升主并双方的业务单元和核心能力。

2. 产业整合

基于主并双方在产业方面的优势和竞争能力,对双方企业已有的业务进行调整和重新组合,根据其在整个体系中的作用及其与其他部分的关系,重新设置创新单元、供销渠道和业务单位,提升整个体系的协作效率。

3. 管理整合

管理整合主要包括管理制度、经营方式、企业文化的融合和协调,其目标是在企业并购后形成有序统一的组织结构及管理制度体系,以尽快实现企业的稳定经营。海外并购还需要重视东道国的文化和制度环境。

第三节 企业控制权转移

一 控制权转移的理论

(一) 控制权、实际控制人与控制权私人收益

1. 控制权

控制权一般是相对于所有权而言,是指通过股份享有对某项资源的支配权,并不一定拥有对该项资产的所有权。

2. 实际控制人

《公司法》第二百一十六条第（三）款规定：实际控制人，是指虽不是公司的股东，但通过投资关系、协议或者其他安排，能够实际支配公司行为的人。

3. 控制权私人收益

控制权私人收益又称为控制权收益，是指实际掌握企业控制权的控股股东或内部管理者利用其支配地位获取的独占且不可转移的收益。这种收益的获得常以损害公司正常经营发展以及其他股东的利益为前提。具体方式包括关联交易、内幕交易、过度报酬和在职消费等。

延伸阅读 8-4

水平股权结构和金字塔股权结构

图 8-1、图 8-2 分别显示的是直接控制结构下和金字塔结构下的所有权和控制权的分离情况。图 8-1 中，股东拥有 A 公司、B 公司 $S1$、$S2$ 的股权，根据"同股同权"制，其控制权或者说表决权为 $S1+S2$。图 8-2 中，股东通过持有 A 公司 $S1$ 的股权，间接持有 B 公司 $S2$ 的股权。此时股东在 B 公司的现金流权为链条上所有权的乘积，即 $S1 \times S2$，而股东对 B 公司的控制权为链条上现金流权中的最小值，即 $\text{Min}(S1, S2)$。由于 $S1$、$S2$ 的值都介于 0 和 1 之间，$S1 \times S2 < \text{Min}(S1, S2)$，所有权小于控制权，即股东付出很少成本，获得了较大的控制权。金字塔结构的层级越多，所有权和控制权的差距就越大。金字塔结构使得所有权和控制权发生偏离，规避了市场和公司章程的相关规定，加大了终极控制人获取控制权私人收益的动机。

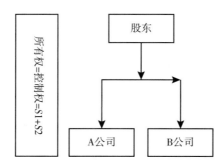

图 8-1　直接控制结构

注：$S1$、$S2$ 分别表示 A 公司、B 公司占股本的比例。

资料来源：胡艳主编《公司治理与财务案例》，科学出版社，2016，第 26 页。

（二）控制权转移

控制权转移是指购买方通过协议转让、直接并购等方式获得标的公司的控制权，

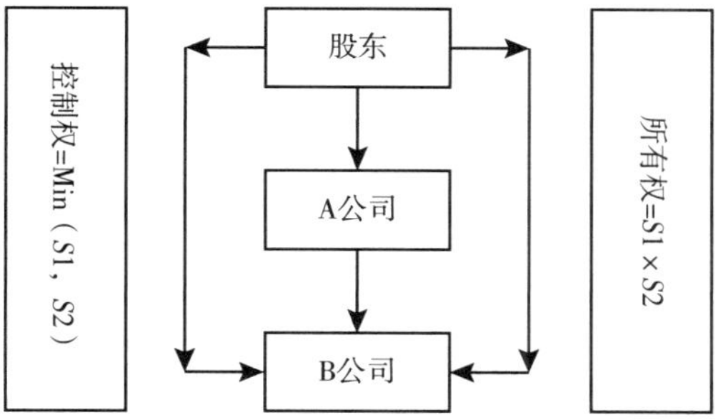

图8-2　金字塔结构

注：S1、S2分别表示A公司、B公司占股本的比例。

资料来源：胡艳主编《公司治理与财务案例》，科学出版社，2016，第26页。

使得公司的控制权发生转移。控制权转移的过程实际上是不同利益主体相互竞争、获得公司资源管理权的过程。

按照是否可以通过二级市场操作，控制权转移的类型可以分为两大类。①场内转移。常见的有要约收购、竞价收购等。②场外转移。常见的有协议转让、无偿拨付或司法拍卖、表决权委托等。

延伸阅读8-5

要约收购和协议收购

要约收购是收购人按照同等价格和同一条件向上市公司股东公开发出的收购其持有的公司股份的行为。要约收购是对非特定对象进行公开收购的一种方式。

协议收购是投资者在场外与被收购公司的股东协商购买其持有的公司股票。协议收购有明确的交易对象，一般为持股比例较高的股东或控股股东，多数为善意收购。

资料来源：王化成主编《高级财务管理学》（第三版），中国人民大学出版社，2011，第84~85页。

（三）控制权转移的相关理论

随着公司股权的进一步分散，物质资本不再是决定公司控制权的唯一基础，特别是公司专业化管理的需求使得人力资本以及社会资本逐渐成为企业的关键性资源。股东之间、股东和管理层之间、创始团队和股东之间频繁出现控制权的转移和争夺。主要理论有以下3种。

1. 惩戒理论

曼尼（Manne）在1965年提出，公司控制权市场通过更换无效率的管理层达到减少管理层疏于职守行为的目的。该理论认为公司控制权市场的最主要作用是对不称职的管理者的惩戒。[1]

2. 社会资本理论

社会资本（Social Capital）概念的系统表述是由波特思（Portes）提出的。[2] 在社会网络结构中，每个行为主体都与其他各主体之间存在着必要的连带关系；同时，网络结构中还存在信任机制、习俗惯例、非正式规则等社会制度要素。因此，处于核心位置上的创始股东或管理层会从公司内外部社会关系网络中获得社会资本支持。

3. 利益相关者理论

利益相关者理论强调利益相关者偏好、资源和需求的重要性。不同的利益相关者如股东、员工、政府、银行、顾客、供应商等对企业有不同的利益诉求。比如顾客和供应商与企业存在重要的资源交换关系。这种关系越强，供应商越不希望公司出现控制权转移。

事例 8-2

雷士照明的控制权争夺

1998 年，雷士照明由吴长江、杜刚、胡永宏共同创立，由杜刚出任董事长；吴长江任总经理，主管经营管理；胡永宏任副总经理，主管市场销售。该公司迅速获取了中国照明的领导地位并成功进行国际化，其庞大的销售网络由 36 家运营中心和 3000 多家品牌专卖店构成。然而，随着雷士的做大，股东间就利润分配方式出现了巨大分歧，三位股东价值观上的差异引发了控制权之争。在 2005 年底召开的董事会上，经过董事会决议，雷士作价 2.4 亿元由杜刚和胡永宏接管，吴长江分得 8000 万元彻底退出雷士。基于董事会的决议，吴长江退出雷士似乎已成定局，但是，事情却因大部分供销商、经销商以及员工等利益相关者自发力挺吴长江而出现了令人意想不到的变化。

第一阶段：利益相关者对公司治理的参与和公司控制权的转移。在三位股东签好协议的第三天，由供销商、经销商以及员工发起了以"雷士战略研讨会"为名义的对公司治理的直接参与。最终，在各利益相关者的协商下，由两百多名经销商和供应商举手表决，全票通过吴长江继续留在雷士，相应地，杜刚和胡永宏被迫退出。

第二阶段：利益相关者资金支持与企业渡过难关。根据协议，吴长江必须支付给胡永宏和杜刚每人八千万，总共一亿六千万人民币的股权转让金。面对吴长江所面临的资金困境，各利益相关者又一次对其施以援手。其中，供应商允许雷

① Manne, H. G., Mergers and the Market for Corporate Control. *Journal of Political Economy*, 1965, 73: 110-120.

② Portes, A., Social Capital: Its Origins and Applications in Modern Sociology. *Annual Review of Sociology*, 1998, 24 (1): 1-24.

士延长还款期限；经销商主动将钱借给吴长江；员工甚至将自己的房契抵押，把自己仅有的家里存款都拿出来，帮助企业解决困难；银行也及时地提供了六千万贷款。最终吴长江在 2006 年 6 月按期付清了两位股东的钱，还还清了月息两分利的借款。

资料来源：王世权、牛建波《利益相关者参与公司治理的途径研究——基于扎根理论的雷士公司控制权之争的案例分析》，《科研管理》2009 年第 4 期，第 105～114 页；赵晶、张书博、祝丽敏等《个人社会资本与组织社会资本契合度对企业实际控制权的影响——基于国美电器和雷士照明的对比》，《中国工业经济》2014 年第 3 期，第 121～133 页。

二　并购防御措施

并购防御，又称反并购，是指目标公司的管理层为了维护自身或公司的利益，保全对公司的控制权，采取一定的措施，防止并购的发生或挫败已经发起的并购行为。通常只有在敌意并购中，才会采取反并购措施。

（一）提高并购成本

1. 股份回购

公司一方面可以用现金回购股票，另一方面可以发行公司债券以回收股票，达到减少流通在外股份数的目的，从而抬高公司股价，迫使收购方提高每股收购价。

2. 寻找"白衣骑士"

目标企业为免遭敌意收购而自己寻找的善意收购者通常被称为"白衣骑士"。当公司遭到收购威胁时，为不使本企业落入恶意收购者手中，可选择与其关系密切的有实力的公司，以更优惠的条件达成善意收购。

3. "降落伞"计划

"降落伞"计划主要是通过事先约定对并购发生后管理层更换和员工裁减的补偿标准，从而达到提高并购成本的目的。根据补偿对象的不同，可分为"金降落伞""银降落伞""锡降落伞"。

（二）降低并购收益

1. 出售"皇冠之珠"

从资产价值、盈利能力和发展前景等方面衡量，公司内经营最好的企业或子公司被称为"皇冠之珠"，因此也往往成为其他公司并购的目标。为保全其他子公司，目标公司可将"皇冠之珠"这类经营好的子公司卖掉，降低主并公司的预期收益，以达到反并购的目的。作为替代方法，也可将"皇冠之珠"抵押出去。

2. 毒丸计划

毒丸计划包括"负债毒丸计划"和"人员毒丸计划"两种。毒丸计划的目的在于增加并购企业的收购成本，使目标企业失去吸引力。其中，负债毒丸计划是指目标企业为避免被恶意收购而采取先发制人的手段增加企业自身的负债，由此来降低企业的吸引力；而人员毒丸计划是指目标企业的绝大部分高级管理人员和核心技术人员共同签署协议，在企业被恶意收购以后，如果签署协议的人员中有人被降职或革职，则签署协议的全部人员将集体辞职。

3. 焦土战术

焦土战术是企业在遭受恶意收购而无力反击时，为降低企业的吸引力，一方面出售那些具有较好发展前景的资产，另一方面大量增加与企业日常经营活动无关的资产，从而提高企业的负债，最终使并购企业放弃并购。这种防御措施容易造成两败俱伤的局面。

（三）收购并购者

收购并购者又称为帕克曼防御，即目标企业通过反向收购，使并购企业被迫转入防御，以达到保护自己的目的。但是，帕克曼防御策略要求目标企业本身具有较强的资金实力和外部融资能力。同时，并购企业一般为上市公司，目标企业股东方能发出收购要约。

（四）建立合理的持股结构

1. 交叉持股计划

关联公司或关系友好公司之间相互持有对方股权，当其中一方受到收购威胁时，另一方锁住其持有的对方公司股份，并与被收购方成为一致行动人，从而加大收购者收购对方公司股份的难度。

2. 员工持股计划

员工持股计划不仅可以激励员工，更因为其相对稳定，可在一定程度上抵御并购。

（五）修改公司章程

1. 交错董事会

公司章程可以对董事的更换比例做出规定，如规定每年只能改选 1/4 或 1/3 的董事等。在此背景下，并购公司难以在短时间内实现对被并购公司董事会的控制；而未更换的董事可以采取增资扩股、出售"皇冠之珠"等方式，加大并购难度。

2. 绝对多数条款

目标公司可以在公司章程中对公司合并时需要获得的出席股东大会绝对多数赞成票的比例做出规定，如 80%，同时，还可以规定对这一反并购条款的修改也需要绝对多数股东同意才能生效，这一条款大大增加敌意收购者的收购成本和难度。

第四节 案例分析：柏盛国际并购案

2018 年 10 月 10 日，蓝帆医疗斥资 58.95 亿元收购柏盛国际 93.37% 的股份，被称为"A 股史上最大医疗器械跨国并购案"，使其成功从健康防护类产品生产商升级为心脏手术器械产品生产商，实现了跨越式的发展。

一 案例概况

（一）并购主体

1. 被并购方：柏盛国际

柏盛国际集团有限公司（Biosensors International Group, Ltd., 简称"柏盛国际"）于 1998 年 5 月 28 日在百慕大注册成立，2005 年 5 月 20 日在新加坡交易所主板上市。柏盛国际旨在开发、制造和商业化创新医疗器械，主要制造心脏病介入和重症护理器械等产品。经过多年的重症介入类医疗用品的研发、生产、营销和销售积累，柏盛国际成为世界第四大心脏支架制造企业。

2. 主并购方：蓝帆医疗

蓝帆医疗股份有限公司（简称"蓝帆医疗"）于 2010 年 4 月 2 日在深圳证券交易所上市（股票代码：002382），主营业务为健康防护手套，材质包括 PVC、丁腈和乳胶三大类。2013 年，蓝帆医疗重新制定了战略布局，向"防护"＋"医疗"的双领域产业迈进。通过收购和并购相关企业，蓝帆医疗迅速在医疗器械板块生根发芽，实现了从低价值耗材向高价值耗材的转型，构建了新的、更完整的产业链和医疗商业生态。

2017 年，蓝帆医疗生产和销售健康防护手套 140 多亿支，处于 PVC 手套行业的龙头地位，产能和市场占有率均为全球第一，也是行业内唯一一个拥有上游产业链配套的公司。母公司蓝帆集团化工板块是亚洲最大的增塑剂生产企业，拥有高品质 PVC 糊树脂产能。因此，蓝帆医疗拥有一定的对下游的定价权和对上游的议价能力。蓝帆医疗的股权结构如图 8-3 所示。李振平为蓝帆医疗的最终控制人，其直接持有蓝帆医疗 0.67% 的股份，并且通过蓝帆集团和蓝帆投资间接持有蓝帆医疗 14.18% 和 29.72% 的股份。

3. 并购合作方：北京中信

北京中信投资中心（有限合伙）（简称"北京中信"）创办于 2011 年 10 月，是一家由中信产业投资基金管理有限公司（简称"中信产业基金"）管理的基金公司。中信产业基金的股权结构如图 8-4 所示。自成立以来，北京中信主要以未上市的成长型企业作为投资标的企业，涉及 60 多个行业板块，包含医疗、环保、消费、物流、旅游等。

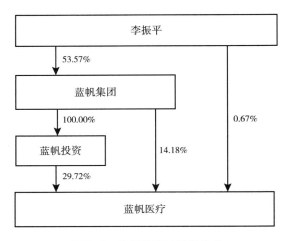

图 8-3　蓝帆医疗的股权结构

资料来源：蓝帆医疗 2017 年年报。

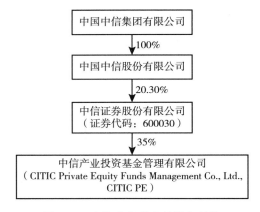

图 8-4　中信产业基金的股权结构

资料来源：中信证券股份有限公司 2011 年年报。

　　为顺利并购柏盛国际，北京中信成立了多家公司。2013 年 10 月 3 日，北京中信与其他共同投资者在百慕大注册成立了 CB Medical Holdings Limited（CBMHL），用以直接并购和持有柏盛国际的股票。2015 年 6 月，为了推进柏盛国际私有化，北京中信先后成立了 CB Cardio Holdings Ⅱ Limited（CBCH Ⅱ）和 CB Cardio Holdings Ⅰ Limited（CBCH Ⅰ）①，并在 CBCH Ⅱ 的层面引入了股权投资者以及柏盛国际管理层。图 8-5 列出了北京中信为并购柏盛国际成立的系列公司。

---

　　① CBCH Ⅱ 是 2015 年 6 月 19 日根据开曼群岛法律注册成立的特殊目的公司，是 CB Medical Investment Limited 的全资子公司；CBCH Ⅰ 是 2015 年 6 月 24 日根据英属维尔京群岛法律注册成立的特殊目的公司，是 CBCH Ⅱ 的全资子公司。

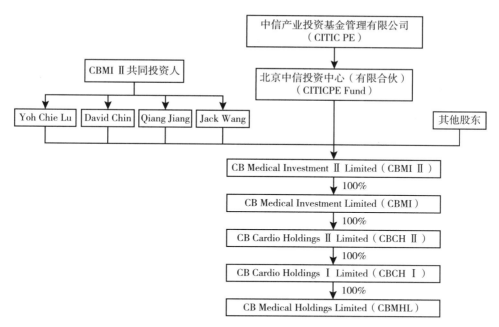

图 8-5　北京中信涉及并购柏盛国际的主体

资料来源：2016 年 3 月 3 日柏盛国际公告的合并文件（Amalgamation Document）。

（二）并购过程

整个并购过程可以划分为两个阶段：第一阶段，以北京中信为主，收购目标企业柏盛国际；第二阶段，蓝帆医疗收购北京中信及其关联企业持有的柏盛国际全部股权。

1．第一阶段：北京中信收购目标企业柏盛国际

（1）北京中信先期购入部分股份，成为柏盛国际的股东

2013 年 11 月 21 日，CBMHL 与山东威高集团医用高分子制品股份有限公司（新加坡股票代码：1066）及其全资子公司 Wellford 签订协议，以 312283973.44 美元买入柏盛国际 21.7% 的股份①，成为柏盛国际的大股东。根据协议，CBMHL 收购价格为 1.05 新加坡元/股，较柏盛国际当日收盘价 0.94 新加坡元/股溢价约 11.7%。

（2）北京中信发起要约收购，柏盛国际退市

2015 年 10 月 28 日，柏盛国际对外公告称，2015 年 10 月 23 日收到北京中信（代表北京中信和其他共同投资者）发起的收购要约。根据百慕大法律，柏盛国际将与其实质股东 CBMHL 拟议合并。

2015 年 11 月 3 日，柏盛国际与 CBMHL、CBCH Ⅰ和 CBCH Ⅱ（通称为 CITICPE 实体）签订了协议。根据 2016 年 3 月 3 日柏盛国际公告的合并文件（Amalgamation

---

① 根据柏盛国际 2014 年 7 月 15 日公告，CBMHL 所持柏盛国际的股份数量由 370000000 股下降为 330456084 股，持股比例由 21.7% 下降为 19.4%。

Document），CBMHL 希望通过合并和退市将柏盛国际私有化，并给股东提供了互斥选择：①现金对价，每股收到 0.84 新加坡元，该价格比柏盛国际最后一个交易日的收盘价 0.68 新加坡元/股上浮了 23.53%；②股份对价，每股换取 1 股 CBCH Ⅱ 的普通股股票。按照协议内容，必须超过 75% 的柏盛国际的股东批准合并（决议 1）和退市（决议 2），柏盛国际才能进行私有化。此时 CBMHL 持有公司 19.75% 的股份。[①]图 8-6 列出了柏盛国际私有化前后的股权结构。

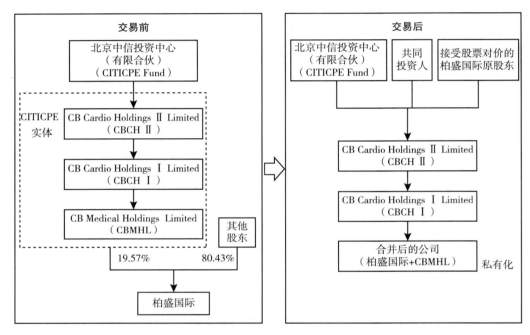

图 8-6　柏盛国际私有化前后的股权结构

资料来源：2016 年 3 月 3 日柏盛国际公告的合并文件（Amalgamation Document）。

根据 0.84 新加坡元/股计算，柏盛国际私有化的市场价格应在 14.24 亿新加坡元左右，按退市当日汇率换算成美元约为 10.31 亿美元。2016 年 4 月 5 日，柏盛国际召开特别股东大会，98.87% 的股东赞同合并（决议 1），99.17% 的股东同意退市（决议 2）。2016 年 4 月 20 日，柏盛国际在新加坡交易所正式退市。

（3）私有化的资金来源

北京中信私有化柏盛国际的资金缺口约为 7.44 亿美元。并购资金来源主要由两部分组成：①北京中信等投资者，出资金额约为 1.75 亿美元；②银行贷款 5.69 亿美元，以 CBMHL 名义向中国银行申请贷款。除此之外，考虑到并购后整合还需要

---

① 弘毅资本及其子公司 Autumn Eagle Limited 和 Ace Elect Holdings 合并持股 11.80%，已经做出不可撤销承诺，投票赞成合并。

一定的资金运转，贷款总额为 5.8 亿美元，具体银行贷款的明细如表 8-2 所示。贷款偿还义务的最终主体为柏盛国际，由其未来现金偿还。在此次收购中，北京中信实际投入 1.75 亿美元，占募集资金总额的 23%；向中国银行贷款 5.8 亿美元，占资金总额的 77%，整体负债率超过 75%，属于典型的杠杆收购（LBO）。

表 8-2　银行贷款的明细

单位：美元

付款主体	资金来源	金额
商业银行	中国银行股份有限公司新加坡分行和澳门分行 A 段贷款	80000000
	中国银行股份有限公司新加坡分行和澳门分行 B 段贷款	140000000
	中国银行股份有限公司新加坡分行和澳门分行 C 段贷款	360000000
合计		580000000

资料来源：2016 年 3 月 3 日柏盛国际公告的合并文件（Amalgamation Document）。

（4）北京中信并购后的整合，提升柏盛国际价值

成功私有化并购柏盛国际后，北京中信致力于对公司原有的组织架构和业务运营流程进行改善，特别聘请了拥有丰富医疗行业经验的李炳容来担任 CEO，除此之外，对各个主要部门及项目的管理者进行了调整。为了继续扩展柏盛国际的全球销售渠道，柏盛国际还在全球范围内与多个分销商达成战略合作，授权康德乐在全球多个地区代理其旗下的心脏支架类产品，由此还可以降低文化隔阂的风险。

问题一：结合案例和公开资料，讨论北京中信跨国并购柏盛国际的原因是什么。

2. 第二阶段：蓝帆医疗换股收购柏盛国际，北京中信成功退出

2017 年 4 月，北京中信拟出售 CBCH Ⅱ，向包括蓝帆医疗在内的多家国内上市企业发出了招标邀请。蓝帆医疗按照预定计划参与了投标，经过北京中信层层筛选和多次商议，最终与柏盛国际达成友好共识。

（1）蓝帆投资现金购入柏盛国际股份

基于对柏盛国际整体价值的认可，以及柏盛国际满足蓝帆医疗战略发展的事实，2017 年 9 月，蓝帆医疗的股东淄博蓝帆投资有限公司（简称"蓝帆投资"）收购了 CBMI 持有的 CBCH Ⅱ 30.16% 的股份，现金支付 2.91 亿美元（折合人民币19.29 亿元）。收购结束后，蓝帆投资成为柏盛国际的大股东，蓝帆集团成为蓝帆投资控股股东，李振平成为柏盛国际实际控制人。

问题二：结合案例和公开资料，讨论蓝帆投资为何要先期购买柏盛国际的股票。

（2）蓝帆医疗"定增+现金"，换股收购柏盛国际

2017 年 7 月 24 日，蓝帆医疗宣布进行重大资产重组，拟以发行股份及支付现金的方式收购 CBCH Ⅱ 62.61% 的股份和 CB Cardio Holdings Ⅴ Limited（CBCH Ⅴ）

100%的股份。CBCH Ⅴ 通过全资子公司间接持有 CBCH Ⅱ 30.76%的股份，交易完成后蓝帆医疗将直接和间接合计持有 CBCH Ⅱ 93.37%的股份。

2018 年 1 月 8 日，蓝帆医疗的股东大会审议通过了《关于本次发行股份及支付现金购买资产并募集配套资金暨关联交易方案的议案》以及《关于〈蓝帆医疗股份有限公司发行股份及支付现金购买资产并募集配套资金暨关联交易报告书（草案）〉及其摘要的议案》等议案。2018 年 5 月 8 日，中国证监会核准蓝帆医疗交易的相关事宜。具体并购方案为：蓝帆医疗向蓝帆科技和北京中信等定向增发 370820086 股股票，通过换股方式取得柏盛国际 61.74%的股份（共计对价 398631.59 万元）；向其余股东支付 190895.75 万元现金，获得 31.63%的股份。上述标的资产于 2018 年 5 月 14 日完成过户；新增股份于 2018 年 5 月 28 日办理完毕股份登记手续，并于 2018 年 6 月 19 日在深交所上市。具体支付方式及对价金额如表 8-3 所示。

表 8-3　蓝帆医疗并购柏盛国际的支付方式及对价金额

序号	交易对方	持有 CBCH Ⅱ 的股份(%)	现金支付对价（万元）	股份对价（万元）	股份发行数（股）
CBCH Ⅱ 的股东					
1	淄博蓝帆投资有限公司	30.98	—	193413.19	179919243
2	Wealth Summit Ventures Limited	10.70	64253.81	—	—
3	V-Sciences Investments Pte Ltd	5.82	34927.69	—	—
4	China Development Bank International Holdings Limited	3.64	21829.81	—	—
5	Marine Trade Holdings Limited	2.96	17785.00	—	—
6	Cinda Sino-Rock Investment Limited	1.38	8295.33	—	—
7	Tongo Investment Limited	1.38	8295.33	—	—
8	Jose Calle Gordo	1.09	6563.89	—	—
9	The Calle Moreno Family Trust	1.09	6563.89	—	—
10	Li Bing Yung	1.24	8249.34	—	—
11	Frederick D Hrkac	0.65	3912.70	—	—
12	Wang Chicheng Jack	0.70	4204.34	—	—
13	Yoh Chie Lu	0.70	4204.34	—	—
14	Thomas Kenneth Graham	0.10	658.70	—	—
15	Wang Dan	0.07	494.03	—	—
16	David Chin	0.07	420.42	—	—
17	Pascal Vincent Cabanel	0.04	237.13	—	—
CBCH Ⅴ 的股东					
1	北京中信投资中心（有限合伙）	30.76	—	205218.41	190900843
	合计	93.37	190895.75	398631.59	370820086

注：现金对价将按交易评估期基准日（2017 年 10 月 31 日）当日中国人民银行发布的美元兑换人民币汇率中间价（6.6397）折合成美元进行支付。

资料来源：《蓝帆医疗股份有限公司发行股份及支付现金购买资产并募集配套资金暨关联交易报告书（草案）》，2017 年 12 月 23 日。

通过换股，北京中信入股蓝帆医疗，持股比例为 19.58%；蓝帆投资、蓝帆集团和李振平合计共同占有蓝帆医疗 41.47% 的股份，李振平仍为公司实际控制人。蓝帆医疗交易前后股权结构如表 8-4 所示。北京中信和蓝帆集团等在蓝帆医疗层面展开了合作。

表 8-4　蓝帆医疗交易前后股权结构

股东	交易前		交易后	
	持股数量（万股）	持股比例（%）	持股数量（万股）	持股比例（%）
蓝帆投资	14690.00	29.72	32353.30	33.80
蓝帆集团	7010.00	14.18	7010.00	7.32
李振平	333.40	0.67	333.40	0.35
中轩投资	6018.80	12.18	6018.80	6.29
北京中信	—	—	18741.41	19.58
认购募集配套资金股东	—	—	9887.10	10.33
其他股东	21383.30	43.25	21383.30	22.34
合计	49435.50	100.00	95727.31	100.00

资料来源：《蓝帆医疗股份有限公司发行股份及支付现金购买资产并募集配套资金暨关联交易报告书（草案）》，2017 年 12 月 23 日。

问题三：本案例中私有化采用了杠杆收购（LBO），蓝帆医疗选择"现金+换股"的方式，请思考背后的原因是什么。

二　案例分析

（一）问题一：结合案例和公开资料，讨论北京中信跨国并购柏盛国际的原因是什么

1. 柏盛国际的市值被低估

2012 年 1 月，柏盛国际的市场价值大致估算为 20 亿美元，但由于柏盛国际的运营成本增加，并且许可使用收入和产品价格同时下降，再加上新产品发布速度减慢、一次性资产减损等其他因素，柏盛国际的合并净利润下降，股价走势也不容乐观。

2. 柏盛国际旗下的心脏支架业务前景较广

柏盛国际所生产的心脏支架属于高附加价值的医疗器械用品，无论是在价格、医疗作用方面还是在核心技术方面，柏盛国际都具有领先地位。心脏支架的利润率高，再加上我国人口逐步老龄化，未来对于心脏支架的需求会持续增长，心脏支架业务需求量极大。

3. 符合国家投资战略

与一些发达国家相比，中国在高科技医疗发展方面起步较晚。在自我发展的同

时，通过直接收购国外成熟的高科技医疗企业，可以更快地提高国内医疗市场的发展水平。收购柏盛国际可以弥补中国冠状动脉支架产品的空白，进一步整合提升国内医疗水平，为人民提供更好的医疗服务。

（二）问题二：结合案例和公开资料，讨论蓝帆投资为何要先期购买柏盛国际的股票

根据《上市公司重大资产重组管理办法》，公司控制权不发生变更则不会触及借壳红线，蓝帆医疗的股东蓝帆投资提前成为柏盛国际的第一大股东，然后蓝帆医疗通过与蓝帆投资换股获得柏盛国际的股份，公司的实际控制人未发生变化。本次交易前后上市公司实际控制人均为李振平，交易对方之一的蓝帆投资为蓝帆医疗持股比例最高的股东，且是公司控股股东蓝帆集团的全资子公司，因此不构成借壳，从而降低审核要求、缩短企业准备时间，能够控制风险，保证交易能在最短时间完成。

此外，本次交易完成后，北京中信将成为持有蓝帆医疗股份超过 5% 的股东。根据《上市公司重大资产重组管理办法》等相关规定，蓝帆投资和北京中信为上市公司的关联方，因此，本次重组构成关联交易。

（三）问题三：本案例中私有化采用了杠杆收购（LBO），蓝帆医疗选择"现金+换股"的方式，请思考背后的原因是什么

1. 私有化选择杠杆收购（LBO）的原因

选择杠杆收购（LBO）的主要原因是降低风险。本案例中，北京中信先期投入 3.12 亿美元购买柏盛国际 21.7% 的股份，后在杠杆收购（LBO）中实际投入 1.75 亿美元，实际出资 4.87 亿美元，加上银行贷款 5.8 亿美元，合计 10.67 亿美元（加上并购整合费用），对目标公司实现了私有化。根据公司公告，柏盛国际的最终私有化市场价格约为 14.24 亿新加坡元，换算后约合 10.31 亿美元。北京中信出资总额略高于估值。然而，由于采用了杠杆收购（LBO）方式，北京中信极大地降低了风险，即用 4.87 亿美元（约为 32 亿元人民币）收购了价值为 10.31 亿美元的标的公司。同时，通过财务运作方式，收购的债务和风险转移到了标的公司柏盛国际。

北京中信在出售柏盛国际时，即便柏盛国际的估值约为 68.4 亿元，与收购时的市值相比波动不大，但考虑到北京中信采用杠杆收购（LBO），仅支付了约 32 亿元，投资回报较为可观。

2. 蓝帆医疗选择"现金+换股"方式的原因

（1）引入实力雄厚的中信产业基金

国字头出身的中信产业基金作为全国最大的产业基金之一，管理规模近千亿元，拥有雄厚的资本实力、丰富的行业资源，以及强大的资本运作能力。本次交易完成后，中信产业基金将持有蓝帆医疗近 20% 的股权，成为公司第二大股东。中信产业基金的投资组合中，医疗大健康领域是投资规模最大的板块之一，可以对上市公司进行持续资本运作和产业内的并购整合及赋能。

（2）以较低的现金成本，实现对公司的控制

"现金+换股"的方式体现了差异化的定价：第一，对于蓝帆投资采用的是发行股票的方式支付对价，可以使得并购完成后蓝帆医疗实际控制人持有的上市公司股份不降反增，合并持股 93.37%，实现了对公司的绝对控制；第二，对于北京中信采用的是发行股票的方式支付对价，引入了实力雄厚的战略合作伙伴；第三，对其他小股东采用支付现金的方式，总体降低了现金比例（20% 左右），减少了并购压力。

三　案例讨论

第一，请从网上下载蓝帆医疗的相关年报资料和财务数据，分析此次并购的效果如何。

第二，请结合北京中信在本案例中的角色，讨论其在跨国并购中应如何有效发挥私募基金等机构投资者的作用。

第三，结合本案例，思考如何获得跨国并购中的控制权。

四　案例拓展阅读

雷士照明的控制权之争

雷士照明控股有限公司（简称"雷士照明"）自 1998 年创立来，一直保持高速增长。产品涉及 LED 室内、商业、办公、建筑、工业、光源电器、家居等领域，特别是商业照明一直保持行业领导地位。2010 年 5 月 20 日，雷士照明在香港联交所主板上市，股票代码：2222.HK。为了实现业务增长，雷士照明先后引入了赛富、施耐德和德豪润达等外部投资者。虽然解决了资金问题，形成了基于资源优势互补的战略合作关系，但导致创始人吴长江的股权被逐步稀释，并因管理风格、治理意识等方面的冲突，吴长江与其他大股东出现理念分歧和利益冲突，先后被三次逐出公司。公司治理难以实现稳定，企业的持续经营能力、业绩水平与企业价值均严重受损。

（一）第一次控制权纷争：创始人吴长江和创始人杜刚、胡永宏

1998 年，吴长江出资 45 万元，他的两位同学杜刚与胡永宏各出资 27.5 万元，以 100 万元的注册资本在惠州创立了雷士照明，三人持股比例分别为 45.0%、27.5% 和 27.5%。在三人共同努力下，公司快速发展，三位创始人也一

度被誉为"照明三剑客"，但随之而来的是股东之间的经营分歧和矛盾冲突。2005年4月，吴长江提出进行渠道改革，对经销商进行整合并建立区域营运中心。但是，这一方案遭到杜刚和胡永宏的激烈反对，并提请召开董事会，打算与吴长江分道扬镳。

2005年11月，吴长江辞去总经理职务，随后经销商强势介入雷士照明股东"分家"之事。杜刚和胡永宏被迫接受各以8000万元的价格转让股份并退出雷士照明，其中5000万元须在一个月内支付，剩余3000万元在半年内付清。高达1.6亿元的股权转让费用引发了雷士照明的资金危机。为了解决资金问题，吴长江于2006年6月引入了毛区健丽，毛区健丽总共出资994万美元入股雷士照明，占比30%。

（二）第二次控制权纷争：创始人吴长江和投资者赛富、施耐德

1. 引入过程

由于雷士照明的资金缺口很大，2006年8月，在毛区健丽的牵线搭桥下，赛富亚洲投资基金（SAIF，简称"赛富"）投资2200万美元，入股雷士照明。2008年8月，雷士照明为了增强其制造节能灯的能力，以"现金+股票"的方式收购了世通投资有限公司，其中现金部分须支付4900余万美元。由于没有足够的现金，雷士照明再次融资。在该次融资中，高盛出资3656万美元、赛富出资1000万美元。此次融资后，吴长江丧失雷士照明第一大股东地位。之后，雷士照明的业绩和价值实现快速增长。2010年5月20日，雷士照明登陆香港交易所。2011年7月21日，雷士照明引进施耐德作为战略股东，施耐德出资12.75亿港元，股票占比9.22%，成为雷士照明第三大股东。吴长江和赛富转让股份情况如表8-5所示。

表8-5 雷士照明股东向施耐德转让股份情况

单位：股，%

股东名称	转让前		转让量		转让后	
	持股数量	持股比例	股票数量	股票比例	持股数量	持股比例
NVC（吴长江）	576734000	18.42	96608000	3.09	480126000	15.33
赛富	681152000	21.75	102441000	3.27	578711000	18.48
世纪集团	333321000	10.64	50130000	1.60	283191000	9.04
高盛	208157000	6.65	31306000	1.00	176851000	5.65
阎焱	13108500	0.42	3943000	0.13	9165500	0.29
林和平	13108500	0.42	3943000	0.13	9165500	0.29
合计	1825581000	58.30	288371000	9.22	1537210000	49.08

资料来源：苏龙飞《资本主导股权连环局 雷士照明创始人三振出局》，《新财富》2012年第7期，第98~108页。

2. 吴长江被罢免

此时，吴长江和赛富之间的矛盾不断积累，二者的管理风格和治理理念出现较大分歧。2012 年 5 月，雷士照明发布公告，创始人吴长江由于个人原因辞去公司及附属公司所有职务，非执行董事、赛富亚洲投资基金创始管理合伙人阎焱获选为董事长，出任 CEO 的是张开鹏——来自雷士照明第三大股东施耐德。

3. 吴长江回归

2012 年 8 月，供应商提出终止合作要求，部分雷士照明高管也计划向公司提出辞职申请。2012 年 9 月 4 日，雷士照明公告，任命吴长江为公司临时运营委员会负责人，该运营委员会成立后将承担现行管理委员会的职能和责任，管理公司日常运营。这标志着双方达成和解，矛盾逐渐平息。2013 年 1 月 11 日，雷士照明举行董事会及运营商见面会，重新任命吴长江为 CEO。

（三）第三次控制权纷争：创始人吴长江和投资者德豪润达

1. 引入过程

为了拓展雷士照明 LED 照明业务，并对赛富、施耐德形成股权制衡，吴长江引入了战略投资者德豪润达。

2012 年 12 月 26 日，德豪润达发布公告称其旗下全资子公司香港德豪润达与雷士照明主要股东之一签署附生效条件的《股份转让协议》，拟向 NVC Inc. 受让其持有的雷士照明 3.73 亿股普通股（连同股息权利），占雷士照明已发行普通股总数的 11.81%，交易价格为 2.55 港元/股，交易金额为 9.51 亿港元。此前，德豪润达已经在香港交易所通过场内交易和场外交易购入了占雷士照明普通股总数 8.24% 的股权，德豪润达合计持有雷士照明 20.05% 的股权，成为雷士照明的第一大股东。同时，吴长江通过自己名下的离岸公司 NVC 公司入股德豪润达，成为其第二大股东。换股交易之后，吴长江在雷士照明的股权降低到 6.79%。

交易完成之后，德豪润达与吴长江拥有雷士照明近 27% 的股权，这一比例已经接近赛富和施耐德两家共同持有的股权。在德豪润达的支持下，2013 年 4 月，阎焱辞任雷士照明所有职务，由王冬雷接任董事长。6 月，吴长江被雷士照明股东重新推举为执行董事。

2. 吴长江再次被罢免

2014 年 7 月 15 日，雷士照明公告，宣布对旗下 11 家附属公司的董事会进行"大换血"，吴长江及其团队退出董事会，惠州雷士光电科技有限公司及雷士照明（中国）有限公司等公司改由王冬雷任新董事长。2014 年 8 月 8 日，雷士照明董事会决议罢免吴长江首席执行官，以及吴长勇、穆宇等人副总裁的职务。8 月 29 日，雷士照明召开股东大会，以 95.84% 赞成票的结果罢免吴长江董事及董事会下属委员会的所有职务。之后，29 家省级经销商签署声明表示支持公司决议。雷士照明和经销商共同成立了下属运营委员会协助公司运营，并设立独立调查委员会对吴长江进行调查。

要求：

1. 请结合公司年报和公开资料，分析投资者引入对于雷士照明公司治理结构的影响。

2. 请结合案例和公司财务数据，讨论不稳定的公司治理结构会对公司投资和绩效产生怎样的影响。

3. 比较蓝帆医疗和雷士照明案例中投资者作用的异同，思考如何吸引机构投资者，方能有效实现资源互补和治理稳定。

小　结

为了应对技术、产业组织、金融等环境的变化，企业常常通过并购来维持或获取新的竞争优势。然而，并购活动往往会带来一系列挑战，包括战略目标落地、企业文化融合、债务风险处理等。为此，企业需要深入了解并购流程和资本市场的要求，选择符合自身发展战略的并购目标。同时，企业还需要规避相关风险，特别是法律风险和控制权转移风险。通过加大整合力度，企业可以切实提高并购后的效率，确保并购活动为企业带来长期的利益。

关键词

企业并购　　并购效应　　并购整合　　控制权转移　　并购防御措施

思考题

1. 企业常见的并购方式有哪些？
2. 企业并购的支付方式有哪些？各自的优缺点是什么？
3. 什么是杠杆收购，适用于什么条件？
4. 如何选择并购防御措施？
5. 如何有效进行并购整合？

第九章　信息披露与投资者关系管理

学习目标

1. 掌握信息披露的内涵和类型，了解信息披露的治理效应。

2. 掌握违规信息披露的类型，清楚财务造假的手段，了解违规信息披露和财务造假的处罚方式。

3. 掌握投资者关系管理的策略，掌握董事会秘书的职责，了解投资者保护的重要性。

课程思政融入点

1. 诚信是为人之本。通过对上市公司违规信息披露、财务造假相关概念和法律责任的介绍，加强学生懂法、守法的意识，使学生树立法治意识和正确的道德观念。

2. 通过对信息披露和投资者关系管理相关知识的学习，帮助学生认识到信息披露和投资者关系管理在公司治理中的重要作用，提升自身的知识水平和专业素养。

3. 引导学生对具体案例进行分析，在认识中国资本市场取得成就的基础上，解读新《证券法》实施的必要性，用典型案例及其严重后果提醒学生时刻严守底线，树立职业理想。

引　例　**新证券法实施三周年　资本市场法治化市场化迈出新步伐**

2020年3月1日，《中华人民共和国证券法（2019修订）》（简称"新《证券法》"）开始施行，大幅加大对证券违法行为的处罚力度，同时明确"追首恶"，明确发行人的控股股东、实际控制人在欺诈发行、信息披露违法中的过错推定、连带赔偿责任等。

2021年7月，中国证监会公布了首批适用新《证券法》财务造假的恶性案件，共计3宗，该批案件均被处千万元以上罚款，对关键责任人罚款百万元以上。此后，适用新《证券法》进行处罚的案例日益普遍。近日，中国证监会通报2022年案件办理情况。总体来看，案发数量持续下降，办案质效明显提升，"严"的监管氛围进一步巩固，市场生态进一步净化。

新《证券法》设专章规定投资者保护制度，做出了许多颇有亮点的安排，如完善上市公司现金分红制度；建立上市公司股东权利代为行使征集制度；明确投保机构股东代位诉讼制度、欺诈发行责令回购制度，尤其是明确实施特别代表人诉讼制度，解决了受害者众多分散情况下的起诉难、维权贵的问题。

资料来源：吴晓璐、毛艺融《新证券法实施三周年　资本市场法治化市场化迈出新步伐》，《证券日报》2023年3月1日，第A4版。

第一节　信息披露

一　信息披露的内涵

（一）信息披露的概念

信息披露（Information Disclosure）主要是指公众公司以招股说明书、上市公告书以及定期报告和临时报告等形式，把公司及与公司相关的信息向投资者和社会公众公开披露的行为。信息披露是公司与信息使用者进行沟通的重要方式之一。信息使用者主要是股东、雇员（包括管理者和一般雇员）、债权人、供应商、消费者、竞争者、政府、社区等组织或个人。

（二）信息披露的内容

1. 财务信息

企业财务信息是在企业日常经营过程中发生的，与资金管理、财务收支、利润分配、投资、筹资等财务活动相关的信息。财务信息不仅记录了企业过去、现在的财务状况，也为企业未来的发展提供了全面科学的预测数据。

财务信息主要包括两类：一是以货币形式反映企业财务状况、经营状况、股权结构及其变动、现金流量等情况的数据信息；二是不能以货币形式计量的非数据信息，包括会计政策使用说明、会计政策变更原因、期后事项等。

2. 非财务信息

非财务信息是指以非财务资料形式出现的，不直接反映在企业的财务报表中，与企业的生产经营活动有直接或间接联系的信息资料。与财务信息相比，非财务信息有空间上的广泛性、时间上的延续性和非货币性的特点。非财务信息的内容主要包括背景信息、管理层的讨论与分析、公司治理、环境和社会责任、重要事项、经营业绩说明等。

（三）信息披露义务人

信息披露义务人应当及时依法履行信息披露义务，保证披露信息的真实、准确、完整，信息披露及时、公平。

《上市公司信息披露管理办法》（证监会令第 182 号）中规定的信息披露义务人包括：上市公司及其董事、监事、高级管理人员、股东、实际控制人，收购人，重大资产重组、再融资和重大交易有关各方等自然人、单位及其相关人员，破产管理人及其成员，以及法律、行政法规和中国证监会规定的其他承担信息披露义务的主体。

（四）信息披露时机

1. 定期报告的披露时机

上市公司应当披露的定期报告包括年度报告、中期报告。凡是对投资者做出价值判断和投资决策有重大影响的信息，均应当披露。年度报告应当在每个会计年度结束之日起四个月内，中期报告应当在每个会计年度的上半年结束之日起两个月内编制完成并披露。定期报告内容应当经上市公司董事会审议通过，未经董事会审议通过的定期报告不得披露。

2. 临时报告的披露时机

《上市公司信息披露管理办法》（证监会令第 182 号）中规定的临时报告披露时机主要有两类：立即和及时。及时是指自起算日起或者触及披露时点的两个交易日内。

延伸阅读与讨论 9-1

盈余公告存在显著的"周历效应"以及"集中公告效应"，即在周一、周五和周六进行盈余公告时更容易被投资者忽略，而在同一天更多公司同时公布盈余信息时有更多投资者不能够及时发现这些信息并做出反应。同时，上市公司在选择盈余信息披露时机时，倾向于在周六公布坏消息，这在一定程度上能降低投资者的关注程度。请结合参考资料，思考如果公司有重大利好消息应该在周几公布。

资料来源：谭伟强《我国股市盈余公告的"周历效应"与"集中公告效应"研究》，《金融研究》2008 年第 2 期，第 152~167 页。

二　信息披露的类型

（一）强制性信息披露和自愿性信息披露

1. 强制性信息披露

强制性信息披露是指上市公司按照监管部门的强制要求，将公司经营成果、财务状况、重大事件、审计意见、治理体系等信息，通过提供财务报表、附注、管理者分析和讨论及其他要求提交的文件形式，在监管部门制定的平台，按照法定的发布程序和发布方式，完整、真实、及时地对外公开，便于信息使用者理性地判断和决策，维护公司利益相关者的合法权益。

强制性信息披露保证信息使用者均能公平地获取公司有关信息，提高了信息的透明度，减少了投资者和信息披露义务人之间的信息不对称。

2. 自愿性信息披露

自愿性信息披露是指除强制性信息披露之外，上市公司基于展示公司良好形象、管理好投资者关系、回避诉讼风险、降低公司融资成本等动机主动披露信息的行为，自愿披露的信息包括管理者对公司长期战略及竞争优势的评价、环境保护和社会责任、公司实际运作数据、前瞻性预测信息、公司治理效果等。

自愿性信息披露是对强制性信息披露必要和有益的补充，有助于投资者基于披露的信息做出价值判断和投资决策。自愿披露的信息应当真实、准确、完整，遵守公平原则，保持信息披露的持续性和一致性。

延伸阅读 9-1

237 家 A 股公司披露 2022 年度 ESG 报告

央企控股上市公司今年有望实现 ESG 信披全覆盖

2022 年 4 月，中国证监会发布的《上市公司投资者关系管理工作指引》，在沟通内容中增加上市公司的环境、社会和治理（ESG）信息。同时，交易所层面，亦多次修订上市公司信息披露指引，强化 ESG 信息披露要求。

据 Wind 数据及上市公司公告不完全统计，2023 年 3 月 1 日至 4 月 19 日，已有 237 家 A 股上市公司发布 2022 年度 ESG 报告。同时，已有超过 20 家上市公司发布或修订董事会战略及 ESG 委员会工作细则。

资料来源：侯捷宁、毛艺融《237 家 A 股公司披露 2022 年度 ESG 报告　央企控股上市公司今年有望实现 ESG 信披全覆盖》，《证券日报》2023 年 4 月 20 日，第 A2 版。

（二）首次信息披露和持续信息披露

1. 首次信息披露

首次信息披露又称为证券发行信息公开，是指证券发行人按照法律、行政法规的规定，在证券公开发行前，公告公开发行募集文件，并将该文件置备在规定的场所供公众查阅的制度。首次信息披露可以保障所有的投资者平等地获得公司相关信息的权利，同时有利于规范和监督公司的行为。首次信息披露的文件主要有招股说明书以及附录和备查文件、招股说明书摘要、债券募集书、上市公告书等。

2. 持续信息披露

持续信息披露也称持续信息公开，是指发行人在证券交易市场依法向证券监管机构以及投资者报告自身经营、资产以及财务等情况而设置的制度。因为市场情况和发行人自身情况的不断变化，首次披露的信息会随着时间的推移偏离真实性，使用价值也会降低，所以就需要建立持续信息披露制度以克服时间推移对信息真实性的削弱作用。持续信息披露分为定期报告和临时报告两种形式。

（1）定期报告

定期报告主要披露报告期内上市公司的经营管理、财务状况、治理内控、股权结构变化等方面的重要事项，核心内容在于揭示报告期内上市公司的经营业绩。定期报告包括年度报告、中期报告和季度报告。

（2）临时报告

临时报告是上市公司依法编制并披露的反映其重大事件的法律文件。以临时报告形式披露的信息主要包括重要会议公告、重大事件公告、公司收购公告和其他公告。

（三）历史性信息披露和前瞻性信息披露

1. 历史性信息披露

历史性信息披露是指对已发生事项的相关信息进行披露，使用者可对其内容的准确性和客观性做出清晰判定。

2. 前瞻性信息披露

前瞻性信息披露是指对未来不确定的事项进行预测披露，披露的信息中不可避免地包含预测者的主观判断和意愿。比如盈利预测、业绩预告、拟分配政策、拟投资项目等。

三　违规信息披露

（一）违规信息披露的概念

违规信息披露是指上市公司违背信息披露相关的法律法规，在编写公告以及对外披露信息过程中存在虚假记载、误导性陈述、重大遗漏等信息披露不当行为，是企业信息披露质量低的一种外在表现。

（二）违规信息披露的类型

违规信息披露的类型可分为虚假记载、误导性陈述、重大遗漏、未按照规定披露信息四种。

1. 虚假记载

虚假记载是指信息披露义务人披露的信息中对相关财务数据进行重大不实记载，或者对其他重要信息做出与真实情况不符的描述，包括虚构业务入账、不按照相关规定进行会计核算和编制财务会计报告，以及其他在信息披露中记载的与真实情况不符的情形。

2. 误导性陈述

误导性陈述是指信息披露义务人在信息披露文件中或者通过其他信息发布渠道、载体，披露的信息隐瞒了与之相关的部分重要事实，或者未及时披露相关更正、确认信息，致使已经披露的信息因不完整、不准确而具有误导性。误导性陈述会致使或者可能致使投资者对其投资行为发生错误判断，损害投资者的利益。

3. 重大遗漏

重大遗漏是指信息披露义务人违反关于信息披露的规定，在信息披露文件中对重大事件或者重要事项等应当披露的信息未予披露，例如未依法披露关联关系及关联交易、未依法披露股东权益变动情况、未披露重大事项等。重大遗漏按照责任主体的主观状态的不同可分为过失遗漏（疏漏）和故意遗漏（隐瞒）；按照客观表现的不同又可分为部分遗漏和完全遗漏。

4. 未按照规定披露信息

未按照规定披露信息是指信息披露义务人未按照法律、行政法规、规章和规范性文件，以及证券交易所业务规则规定的信息披露期限、方式等要求及时、公平地披露信息。

（三）违规信息披露的处罚

1. 刑事处罚

（1）欺诈发行证券罪

《中华人民共和国刑法》第一百六十条规定：在招股说明书、认股书、公司、企业债券募集办法等发行文件中隐瞒重要事实或者编造重大虚假内容，发行股票或者公司、企业债券、存托凭证或者国务院依法认定的其他证券，数额巨大、后果严重或者有其他严重情节的，处五年以下有期徒刑或者拘役，并处或者单处罚金；数额特别巨大、后果特别严重或者有其他特别严重情节的，处五年以上有期徒刑，并处罚金。控股股东、实际控制人组织、指使实施前款行为的，处五年以下有期徒刑或者拘役，并处或者单处非法募集资金金额百分之二十以上一倍以下罚金；数额特别巨大、后果特别严重或者有其他特别严重情节的，处五年以上有期徒刑，并处非法募集资金金额百分之二十以上一倍以下罚金。

（2）违规披露、不披露重要信息罪

《中华人民共和国刑法》第一百六十一条规定：依法负有信息披露义务的公司、企业向股东和社会公众提供虚假的或者隐瞒重要事实的财务会计报告，或者对依法应当披露的其他重要信息不按照规定披露，严重损害股东或者其他人利益，或者有其他严重情节的，对其直接负责的主管人员和其他直接责任人员，处五年以下有期徒刑或者拘役，并处或者单处罚金；情节特别严重的，处五年以上十年以下有期徒刑，并处罚金。

2. 行政处罚

（1）证券欺诈发行

《中华人民共和国证券法》第一百八十一条规定：发行人在其公告的证券发行文件中隐瞒重要事实或者编造重大虚假内容，尚未发行证券的，处以二百万元以上二千万元以下的罚款；已经发行证券的，处以非法所募资金金额百分之十以上一倍以下的罚款。对直接负责的主管人员和其他直接责任人员，处以一百万元以上一千万元以下的罚款。发行人的控股股东、实际控制人组织、指使从事前款违法行为的，没收违法所得，并处以违法所得百分之十以上一倍以下的罚款；没有违法所得或者违法所得不足二千万元的，处以二百万元以上二千万元以下的罚款。对直接负责的主管人员和其他直接责任人员，处以一百万元以上一千万元以下的罚款。

（2）未按规定履行信息披露义务

《中华人民共和国证券法》第一百九十七条第一款规定：信息披露义务人未按照本法规定报送有关报告或者履行信息披露义务的，责令改正，给予警告，并处以五十万元以上五百万元以下的罚款；对直接负责的主管人员和其他直接责任人员给予警告，并处以二十万元以上二百万元以下的罚款。发行人的控股股东、实际控制人组织、指使从事上述违法行为，或者隐瞒相关事项导致发生上述情形的，处以五十万元以上五百万元以下的罚款；对直接负责的主管人员和其他直接责任人员，处以二十万元以上二百万元以下的罚款。

（3）披露的信息存在虚假记载、误导性陈述或重大遗漏

《中华人民共和国证券法》第一百九十七条第二款规定：信息披露义务人报送的报告或者披露的信息有虚假记载、误导性陈述或者重大遗漏的，责令改正，给予警告，并处以一百万元以上一千万元以下的罚款；对直接负责的主管人员和其他直接责任人员给予警告，并处以五十万元以上五百万元以下的罚款。发行人的控股股东、实际控制人组织、指使从事上述违法行为，或者隐瞒相关事项导致发生上述情形的，处以一百万元以上一千万元以下的罚款；对直接负责的主管人员和其他直接责任人员，处以五十万元以上五百万元以下的罚款。

事例 9-1

四家中介机构合交 12.75 亿元承诺金，证监会适用当事人承诺制度维护投资者合法权益

2023 年 4 月 18 日，中国证监会下发《中国证监会行政处罚决定书（紫晶存

储及相关责任人员）》（〔2023〕30号），认定广东紫晶信息存储技术股份有限公司（简称"*ST紫晶"，股票代码：688086）存在欺诈发行、信息披露违法违规等重大违法行为，对相关责任人员做出了行政处罚以及市场禁入，并将涉嫌刑事犯罪人员依法及时移送公安机关处理，对"首恶"进行了严厉惩处，全方位追责。*ST紫晶于2023年4月24日（星期一）开市起停牌，成为科创板首批退市企业之一。

同时，中国证监会对中信建投证券股份有限公司（简称"中信建投"）、致同会计师事务所（特殊普通合伙）、容诚会计师事务所（特殊普通合伙）、广东恒益律师事务所四家涉案中介机构（简称"四家中介机构"）开展了相关调查工作。四家中介机构向中国证监会提出了适用行政执法当事人承诺制度的申请，中国证监会依法予以受理。2023年12月29日，中国证监会分别与四家中介机构签署了承诺认可协议。根据承诺认可协议，首先，四家中介机构共须交纳承诺金约12.75亿元，其中前期已通过先行赔付程序赔付投资者损失约10.86亿元，还应当交纳承诺金约1.89亿元。其次，四家中介机构应当分别按照中国证监会提出的整改要求进行自查整改，严肃追究责任人责任并采取内部惩戒措施，强化合规风控管理能力，切实提高执业质量，并向中国证监会提交书面整改报告，由中国证监会进行核查验收。

证券期货行政执法当事人承诺制度是《中华人民共和国证券法》规定的新型执法方式，是指中国证监会对涉嫌证券期货违法的单位或者个人进行调查期间，被调查的当事人承诺纠正涉嫌违法行为、赔偿有关投资者损失、消除损害或者不良影响的，中国证监会可以决定中止调查，当事人履行承诺的，中国证监会可以终止案件调查的行政执法方式。

资料来源：《紫晶存储案中介机构承诺交纳约12.75亿元承诺金，已赔偿投资者约10.86亿元并整改，证监会适用当事人承诺制度维护投资者合法权益》，中国证券监督管理委员会官网，2023年12月29日，http：//www.csrc.gov.cn/csrc/c100028/c7453700/content.shtml。

3. 民事责任

按照《中华人民共和国证券法》第八十五条、第九十三条和第一百六十三条的规定，信息披露义务人未按照规定披露信息，或者公告的文件中存在虚假记载、误导性陈述、重大遗漏，致使投资者在证券交易中遭受损失的，需要承担赔偿责任；发行人因欺诈发行、虚假陈述或者其他重大违法行为给投资者造成损失的，发行人的控股股东、实际控制人、相关的证券公司需要承担赔偿责任；证券服务机构制作、出具的文件有虚假记载、误导性陈述或者重大遗漏，给他人造成损失的，应当与委托人承担连带赔偿责任，但是能够证明自己没有过错的除外。

延伸阅读与讨论 9-2

最高人民法院发布

《关于审理证券市场虚假陈述侵权民事赔偿案件的若干规定》

2022 年 1 月 21 日，最高人民法院发布了《关于审理证券市场虚假陈述侵权民事赔偿案件的若干规定》，进一步细化和明确了证券市场虚假陈述侵权民事赔偿责任的构成要件及追究机制等各项主要内容。

资料来源：《最高人民法院发布〈关于审理证券市场虚假陈述侵权民事赔偿案件的若干规定〉》，中国证券监督管理委员会官网，2022 年 1 月 21 日，http：//www.csrc.gov.cn/csrc/c100028/c1780919/content.shtml。

投资者保护典型案例（一）：

全国首例证券纠纷特别代表人诉讼案——康美药业案

康美药业公司连续三年财务造假，涉案金额巨大。2021 年 11 月，广州中院对该案做出判决，相关主体赔偿 5.2 万名投资者 24.59 亿元，标志着我国特别代表人诉讼制度成功落地实施。投资者按照"默示加入，明示退出"的原则参加诉讼，除明确向法院表示不参加该诉讼的，都默认成案件原告，分享诉讼"成果"；同时，通过公益机构代表、专业力量支持以及诉讼费用减免等制度，大幅降低了投资者的维权成本和诉讼风险，妥善快速化解群体性纠纷，提升了市场治理效能。这是落实新《证券法》和《关于依法从严打击证券违法活动的意见》的有力举措，是我国资本市场历史上具有开创意义的标志性事件。

请结合参考资料，思考特别代表人诉讼制度如何加大投资者保护力度。

资料来源：《投资者保护典型案例（一）：全国首例证券纠纷特别代表人诉讼案——康美药业案》，中国证券监督管理委员会官网，2022 年 9 月 23 日，http：//www.csrc.gov.cn/csrc/c100210/c5737509/content.shtml。

四　信息披露的治理效应

充分的信息披露能够消除由信息不对称导致的道德风险与逆向选择，因此，信息披露发挥着重要的治理效应，体现在以下两个方面。

（一）信息披露的内部治理效应

1. 降低委托代理成本

信息披露可以降低内外部的信息不对称程度，由此约束管理层的自利和机会主义行为，降低股东和管理层之间的代理成本；同时，监督控股股东行为，加大对中小股东的权益保护力度，降低大股东和中小股东之间的代理成本。

2. 完善高管激励机制

通过让高管人员分享剩余收益，有机协调经营者与所有者之间的利益关系，激励高管人员创造优异的业绩。无论获得的是固定收益还是分享剩余索取权，一旦其努力程度不被股东所察觉，管理层就可能产生"偷懒"或是"败德"等行为。因此，信息披露是高管设计和执行报酬契约的基础。

3. 完善各种契约

公司是各种利益相关者，特别是股东、董事、管理层之间契约的结合。信息披露为这些契约的签订、执行和监督提供了基础性数据，并成为其重要组成部分。信息披露能够缓解内部治理结构中的"契约摩擦"和"沟通摩擦"，从而降低契约的沟通成本，确保各个契约环节的有效运行。

（二）信息披露的外部治理效应

1. 建立有效市场

一个有效市场要求真实、公允、充分的信息披露。合乎市场要求的信息，能促进有效资本市场的形成，提高资本市场运作的效率，实现社会资本的优化配置。反之，虚假的、不相关的、不可靠的信息，可能会误导投资者做出错误的决策，引发人们的投机行为。

2. 真实体现企业价值

会计信息有助于分析和确定企业的价值。在缺乏充分的信息披露的情况下，市场对企业的实际价值难以做出准确的评估。信息披露越充分，市场对于企业的了解也就越全面，市场价格就越能够真实地反映其实际价值。

第二节　投资者关系管理的策略

一　投资者关系管理概述

投资者关系管理是指上市公司通过便利股东权利行使、信息披露、互动交流和诉求处理等工作，加强与投资者及潜在投资者之间的沟通，增进投资者对上市公司的了解和认同，以提升上市公司治理水平和整体价值，达到尊重投资者、回报投资者、保护投资者目的的相关活动。

二　投资者关系管理的工作内容

为贯彻落实新《证券法》进一步规范上市公司投资者关系管理，中国证监会发布《上市公司投资者关系管理工作指引》，自 2022 年 5 月 15 日起施行。投资者关系管理的工作内容归纳如下。

（一）制度的制定与部门组织的建立

上市公司应当结合本公司实际制定投资者关系管理制度，明确工作原则、职责分工、工作机制、主要内容、方式渠道和工作要求等。董事会秘书负责组织和协调投资者关系管理工作。上市公司控股股东、实际控制人以及董事、监事和高级管理人员应当为董事会秘书履行投资者关系管理工作职责提供便利条件。此外，上市公司还需要设立或者指定专职部门，配备专门工作人员，负责开展投资者关系管理工作。

（二）信息的双向沟通

投资者关系管理需要组织与投资者沟通联络的各项活动，并及时妥善处理投资者咨询、投诉和建议等，定期反馈给公司董事会以及管理层。上市公司开展投资者关系管理各项活动，应当采用文字、图表、声像等方式记录活动情况和交流内容，记入投资者关系管理档案。

沟通内容不仅包括公司自身的信息，还包括公司所处行业的状态、竞争对手情况、宏观经济形势、监管部门监管动态等内容。同时，投资者关系管理部门还负责统计分析公司投资者的数量、构成以及变动等情况。通过双向沟通，倡导投资者提升股东意识，依法行使股东权利，理性维护自身合法权益。

延伸阅读 9-2

投资者关系管理中上市公司与投资者沟通的内容

（一）公司的发展战略；

（二）法定信息披露内容；

（三）公司的经营管理信息；

（四）公司的环境、社会和治理信息；

（五）公司的文化建设；

（六）股东权利行使的方式、途径和程序等；

（七）投资者诉求处理信息；

（八）公司正在或者可能面临的风险和挑战；

（九）公司的其他相关信息。

资料来源：《上市公司投资者关系管理工作指引》。

（三）多样化信息渠道和平台建设

上市公司可以采取多渠道、多平台、多方式开展投资者关系管理工作。通过公司官网、新媒体平台、电话、传真、电子邮箱、投资者教育基地等渠道，利用中国投资者网和证券交易所、证券登记结算机构等网络基础设施平台，采取股东大会、投资者说明会、路演、分析师会议、接待来访、座谈交流等方式，与投资者进行沟通交流，形成信任惯性，有助于上市公司获得投资者对上市公司发展理念和发展战略的理解和支持，形成对上市公司长期投资、成长投资、价值投资的认同，进而满足上市公司长期融资的需求。

值得注意的是，上市公司应当合理、妥善地安排来访等活动，避免让来访人员有机会得到内幕信息和未公开的重大事件信息。

（四）投资者权益保护

投资者关系管理需要配合支持投资者保护机构开展维护投资者合法权益的相关工作，保障投资者依法行使股东权利，切实保护投资者的知情权、表决权、分红权等；增进投资者对上市公司的了解和认同，增强其长期持股的信心，提升其参与公司治理的动力和能动性。这不仅是响应监管要求，也是形成尊重投资者、敬畏投资者和回报投资者市场文化的重要举措。

除董事会秘书、专门人员外，上市公司控股股东、实际控制人、董事、监事、高级管理人员等均需要承担相应的主体责任。

延伸阅读 9-3

上市公司投资者关系管理的基本原则

上市公司投资者关系管理的基本原则主要有以下四点。

1. 合规性原则

上市公司投资者关系管理应当在依法履行信息披露义务的基础上开展，符合法律、法规、规章及规范性文件、行业规范和自律规则、公司内部规章制度，以及行业普遍遵守的道德规范和行为准则。

2. 平等性原则

上市公司开展投资者关系管理活动，应当平等对待所有投资者，尤其为中小投资者参与活动创造机会、提供便利。

3. 主动性原则

上市公司应当主动开展投资者关系管理活动，听取投资者意见建议，及时回应投资者诉求。

4. 诚实守信原则

上市公司在投资者关系管理活动中应当注重诚信、坚守底线、规范运作、担当责任，营造健康良好的市场生态。

资料来源：《上市公司投资者关系管理工作指引》。

三 董事会秘书

（一）董事会秘书的界定

董事会秘书（Secretary of the Board，简称"董秘"），负责公司股东大会和董事会会议的筹备、文件保管以及公司股东资料的管理、信息披露等事务。

《上市公司投资者关系管理工作指引》第二十三条指出，董事会秘书负责组织和协调投资者关系管理工作。上市公司控股股东、实际控制人以及董事、监事和高级管理人员应当为董事会秘书履行投资者关系管理工作职责提供便利条件。

（二）董事会秘书的素质要求

董事会秘书为公司与证券监管部门和深圳证券交易所的指定联络人，依据有关法律法规及公司章程履行职责。董事会秘书应当具备履行职责所必需的财务、管理、法律等专业知识，具有良好的职业道德和个人品德，董事会秘书应当在受聘前通过证券交易所认可的董事会秘书资格考试，并取得证券交易所认可的董事会秘书资格证书。

董事会秘书由董事长提名，经董事会聘任或解聘。法律规定不得担任公司董事的情形适用于董事会秘书。董事会秘书被解聘或者辞职时，公司应当及时向证券交易所说明原因并公告。董事会秘书可以就被公司不当解聘或者与辞职有关的情况，向证券交易所提交个人陈述报告。

公司董事或者其他高级管理人员可以兼任公司董事会秘书，公司聘请的会计师事务所的注册会计师和律师事务所的律师不得兼任公司董事会秘书。董事兼任董事会秘书的，如某一行为必须由董事、董事会秘书分别执行的，则该兼任公司董事及董事会秘书的人不得以双重身份执行。董事会秘书在控股股东或者其控制的企业不得担任除董事、监事以外的其他行政职务。

延伸阅读 9-4

董秘年薪榜出炉 "首尾"相差数百万

目前共有 4691 家上市公司披露了 2021 年董秘年薪，其中，京东方 A 董秘刘洪峰以 745.92 万元年薪居首，云南白药和中信建投的董秘年薪逾 700 万元，还有 13 家上市公司董秘年薪超 500 万元。但并非所有董秘都是"高薪"，也有 74 家上市公司董秘年薪不足 10 万元。

资料显示，刘洪峰持有京东方 A 共 102.5 万股。刘洪峰不仅是京东方 A 的董秘，还是公司副总裁。云南白药的董秘吴伟，年薪高达 705.34 万元，排名第二位。

资料显示，吴伟历任云南白药集团股份有限公司资产财务会计、副部长、部长、董事会证券事务代表。他除了担任董秘外，还是公司财务总监。

资料来源：高欣《董秘年薪榜出炉 "首尾"相差数百万》，《经济参考报》2022年5月16日，第A03版。

（三）董事会秘书在董事会的职责范围

第一，负责上市公司信息披露管理事务，包括：负责对外发布公司信息；制定并完善公司信息披露事务管理制度；督促公司相关信息披露义务人遵守信息披露相关规定，协助相关各方及有关人员履行信息披露义务；负责公司未公开重大信息的保密工作；负责上市公司内幕知情人登记报备工作；关注媒体报道，主动向公司及相关信息披露义务人求证，督促董事会及时披露或澄清。

第二，协助公司董事会加强公司治理机制建设，包括：组织筹备并列席公司董事会会议及其专门委员会会议、监事会会议和股东大会会议；建立健全公司内部控制制度；积极推动公司避免同业竞争，减少并规范关联交易事项；积极推动公司建立健全激励约束机制；积极推动公司承担社会责任。

第三，负责公司投资者关系管理事务，完善公司投资者的沟通、接待和服务工作机制。

第四，负责公司股权管理事务，包括：保管公司股东持股资料；办理公司限售股相关事项；督促公司董事、监事、高级管理人员及其他相关人员遵守公司股份买卖相关规定等。

第五，协助公司董事会制定公司资本市场发展战略，协助筹划或者实施公司资本市场再融资或者并购重组事务。

第六，负责公司规范运作培训事务，组织公司董事、监事、高级管理人员及其他相关人员接受相关法律法规和其他规范性文件的培训；提示公司董事、监事、高级管理人员履行忠实、勤勉义务。

延伸阅读9-5
"关键少数"信披要求升级　今年已有50余位董秘领罚单

全面注册制强化了上市公司的信息披露责任，董秘作为组织和协调信息披露事务、办理上市公司信息对外公布等相关事宜的"关键少数"，合规责任在不断压实。记者根据Choice金融终端、交易所及多地证监局披露情况，2023年以来，已有50余位A股公司董秘收到监管措施、纪律处分或行政处罚，涵盖出具警示函、通报批评、责令改正、公开谴责等多种方式。

作为"关键少数"的董秘出现较高频次的被处分或处罚，从2022年就有所显现。有统计显示，2022年，包括拟处罚和同一董秘受多次处罚在内，时任及现任董秘受到处罚的案例超过300例，其中被出具警示函和书面警示比例最高。

从年龄构成来看，40~50岁正当年董秘占比最高，随着近几年董秘群体中新生力量渐增，30岁以下的年轻董秘占比已经接近1%。从薪酬水平来看，则有着数百倍差距，既有京东方、万科等高薪董秘，也有部分董秘薪酬微薄、更换频繁。但有一点较为统一，董秘多是上市公司信息披露事务的直接负责人，而且多处于资本圈各方利益的交汇点。

资料来源：王小伟《"关键少数"信披要求升级 今年已有50余位董秘领罚单》，《证券时报》2023年3月18日，第A03版。

四 投资者关系管理与信息披露的区别与联系

（一）投资者关系管理更注重双向沟通

信息处于资本市场核心和枢纽的地位，也是投资者判断企业价值的基础。虽然自愿性信息披露比强制性信息披露提供了更多的信息，比如非财务信息。但是没有受到专业训练或者时间不充裕的投资者或利益相关者可能仍然读不懂年报中有关企业价值的全部信息；并且信息披露增加可能会吸引短期机构投资者，导致股票波动性增加。这意味着仅靠信息发布是不够的，公司需要一个更明智、更令人信服的方式向公众传递确切的、暗含公司增长机会的信息。投资者关系管理在信息披露的基础上，更关注双向沟通，确保企业价值被公平评价。

（二）投资者关系管理重视"关系"

从表面上看，投资者关系管理和信息披露均能够降低信息不对称程度，但二者的出发点不同。自愿性信息披露的六大动机为资本市场交易动机、公司控制权竞争动机、股票薪酬动机、诉讼成本动机、经理层才能信号动机和专有成本动机。除专有成本动机假定高管和股东之间没有利益冲突外，其余五项动机都是高管出于自身利益考虑所做的权衡。而投资者关系管理成功的基础就是优先为股东创造价值。出于对股东关系的维护，投资者关系管理比信息披露更注重多元化手段，也使得投资者关系管理与信息披露在信息内容和深度上有显著的不同。

因此，投资者关系管理是公司沟通要求进一步发展的需要，强调公司与投资者之间的双向互动沟通。自愿性信息披露是投资者关系管理活动的一部分。在股东意识日益觉醒的今天，上市公司应当理解投资者，并对其进行细分，向投资者传递适当的信息；吸引长线投资的机构投资者，寻找更有效的关键合伙人，使得公司拥有稳定的股权结构，公司股票不会受到短期发展的影响，同时为实现长期战略目标而组成公司战略联盟。

第三节　案例分析：柏堡龙八年造假终"浮出水面"

作为曾经的"服装设计第一股"，柏堡龙与国内多家著名品牌建立合作，经营业绩一直保持良好的水平。然而，自 2019 年开始，公司接连爆出财务指标异常、大股东清仓减持、股价操纵等丑闻。2021 年 10 月 28 日，一纸《行政处罚及市场禁入事先告知书》彻底揭开了柏堡龙 2012 年以来连续虚增营收、净利润以及伪造货币资金的违法事实。2023 年 6 月 19 日，柏堡龙实际控制人陈伟雄和陈娜娜夫妇因涉嫌欺诈发行股票罪以及违规披露、不披露重要信息罪被执行逮捕。

一　案例概况

（一）公司情况

1. 公司简介

广东柏堡龙股份有限公司（简称"柏堡龙"）创立于 2006 年，2015 年 6 月在深圳证券交易所上市（股票代码：002776），是一家以服装设计为主的上市企业。柏堡龙拥有衣全球（1wor）及柏堡龙（bobaolon）2 个品牌，同时还为匹克、特步、七匹狼、李宁等 200 多个著名品牌服务。曾经是国内最具规模、配套服务最齐全的服装设计企业之一。

2. 实际控制人

柏堡龙是一家典型的家族企业。如图 9-1 所示，陈伟雄和陈娜娜夫妇为公司实际控制人，分别持有公司 30.58% 和 18.37% 的股份。除此之外，公司第四大股东（并列）陈昌雄（陈娜娜父亲）和陈秋明（陈伟雄父亲）是公司一致行动人，二者均持有公司 4.17% 的股份。2018 年，陈氏家族共持有公司 57.29% 的股份。同时，陈伟雄担任公司董事长，陈娜娜担任公司副董事长和总经理。

（二）事件经过

1. 初见端倪——公司年报收到问询

2019 年 5 月 21 日，深圳证券交易所（简称"深交所"）中小板公司管理部对柏堡龙下发问询函，要求柏堡龙对 2018 年年报中公司营业收入大幅增长、存贷双高和关联方往来等问题做出说明。2019 年 5 月 28 日，柏堡龙对问询函做出答复，解释了相关现象出现的原因。

2. 事出反常——大股东连续减持套现

2019 年 8 月 6 日，柏堡龙发布《关于控股股东一致行动人股份减持计划实施完毕及继续减持股份的预披露公告》。自 2019 年 3 月起，父辈陈秋明和陈昌雄连续减

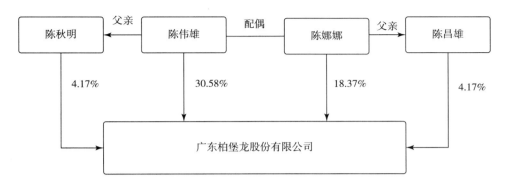

图 9-1　2018 年柏堡龙与实际控制人之间的产权及控制关系

资料来源：根据柏堡龙 2018 年年报整理。

持公司股份；8 月，陈昌雄几乎将所持股份抛售，持股比例从 4.17% 骤降至 0.01%，累计套现超 3 亿元；陈秋明也从 4.17% 的持股降至 2.76%，套现超 0.85 亿元。此后，陈氏父辈二人继续预告减值。2020 年 2 月，二人减持完毕，将所持公司股份全部清仓，此次合计套现超 1.17 亿元。

在陈氏父辈清仓完毕后，公司实际控制人陈伟雄夫妇频繁进行折价转让或减持。2020 年 6 月 3 日，柏堡龙控股股东、实际控制人陈伟雄、陈娜娜与浙商财富（北京）投资基金管理有限公司——浙商投资合旭 1 号私募证券投资基金签署了《股份转让协议》，以 6.705 元/股的价格转让柏堡龙 2690 万股股份，占总股本的 5%；7 月 27 日，陈伟雄夫妇二人又将所持有的公司 5% 的股份 2690 万股，以 7.46 元/股的价格协议转让给浙江品润投资管理有限公司——品润 FOF 品人 2 期私募证券投资基金（简称"品人 2 期"）。两次协议转让完成以后，陈伟雄所持公司股份降为 23.37%，陈娜娜所持公司股份降到 15.85%，其夫妇二人通过协议转让方式两次套现超 3.8 亿元。

与此同时，公司实际控制人的减持计划也在进行。2020 年 6 月 4 日，柏堡龙公布了陈娜娜计划减持公司股份的预披露公告，到 9 月 28 日减持计划实施完毕，陈娜娜持股从 15.85% 降至 14.75%，套现超过 4000 万元。10 月 26 日，公司再度公告陈伟雄、陈娜娜拟减持数量不超过 646 万股，占公司总股本的 1.2%，但是该减持计划因收到中国证监会的《调查通知书》戛然而止。11 月 4 日，柏堡龙公告称，陈伟雄和陈娜娜收到《调查通知书》，因其涉嫌操纵公司股价，中国证监会决定对陈伟雄、陈娜娜立案调查。至此，在短短一年半时间内，陈氏家族已通过减持柏堡龙股份累计套现超 9 亿元。

3. 风雨欲来——财务预告公司首次亏损

2021 年 1 月 29 日，柏堡龙公布了公司 2020 年业绩预告，2020 年归属于上市公司股东的净利润为-9.4亿~-7.3亿元，这是柏堡龙自上市以来首次对外宣布亏损。公司亏损的消息很快就受到了深交所的关注。2月1日，深交所对柏堡龙下发关注函，要求其对造成公司亏损的原因做出说明，柏堡龙延期到3月6日才对此次关注函做出回复，承认公司存在部分违规事项。3月19日，因涉嫌信息披露违法违规，中国证监会决定对柏堡龙立案调查。4月15日，深交所再次对柏堡龙下发关注函要求其对公司存在的违规担保、违规使用募集资金以及对防疫物资存货计提大额减值等情形进行进一步说明。对于第二次的关注函，柏堡龙的回复一拖再拖，在此期间股东进行了减持。4月30日，因未能及时处理违规担保事项，并且被出具保留意见的财务审计报告和否定意见的内部控制审计报告，柏堡龙被ST。股东减持、深交所问询、中国证监会调查，柏堡龙财务造假事件已经是"纸包不住火"。

（三）违法事实

2021年10月28日，中国证监会对柏堡龙下达了《行政处罚及市场禁入事先告知书》，这场长达八年的财务造假事件终于浮出水面。柏堡龙违法事实如下。

1. 柏堡龙首次公开发行股票招股说明书、2016年非公开发行股票发行情况报告书暨上市公告书及定期报告存在虚假记载

（1）柏堡龙虚增营业收入和利润总额

柏堡龙通过虚构与万杰隆集团及其关联方万杰隆电子商务（简称"万杰隆"）之间的服装设计、组织生产业务，虚增营业收入和利润总额。2013~2018年，柏堡龙累计虚增营业收入1276355996.12元，累计虚增利润总额410277766.64元，具体情况如表9-1所示。该项行为导致柏堡龙首次公开发行股票招股说明书（报告期2012~2014年）、2016年非公开发行股票发行情况报告书暨上市公告书（报告期2013年至2016年1~9月）、2015~2018年年报存在虚假记载。

表9-1 2013~2018年柏堡龙虚增营业收入和利润总额具体情况

单位：元，%

年份	虚增营业收入	虚增利润总额	虚增利润总额占当年利润总额比例	虚增净利润
2013	145917290.72	47850914.29	40.47	41231995.56
2014	214377724.44	63285230.33	50.83	54584161.71
2015	294071376.03	96164052.80	68.25	82810982.80
2016	237158723.23	77338156.66	56.86	67310030.27
2017	243190547.39	71847751.78	48.48	62681770.92
2018	141640334.31	53791660.78	24.67	47282316.43

资料来源：《中国证监会行政处罚决定书（柏堡龙、陈伟雄等9名责任主体）》（〔2022〕18号），2022年4月2日。

（2）柏堡龙虚假记载银行存款

柏堡龙通过伪造入账单、资金进出不入账等方式，虚假记载银行存款。《中国证监会行政处罚决定书（柏堡龙、陈伟雄等9名责任主体）》显示，2012年末虚假记载银行存款74177440.20元，2013年末虚假记载银行存款105269056.89元，2014年末虚假记载银行存款228713271.09元，2015年末虚假记载银行存款261975314.92元，2016年9月30日虚假记载银行存款434150138.57元，2018年末虚假记载银行存款737975363.28元，2019年末虚假记载银行存款1097554969.81元，占柏堡龙对应期末资产总额比例分别为16.84%、20.63%、39.07%、20.80%、29.26%、24.38%、34.93%，导致柏堡龙首次公开发行股票招股说明书（报告期2012~2014年），2016年非公开发行股票发行情况报告书暨上市公告书（报告期2013年至2016年1~9月），2015年、2018~2019年年报存在虚假记载。

除披露的银行存款期末余额存在虚假记载外，柏堡龙银行存款2012~2016年、2018~2019年每年的借方发生额和贷方发生额与银行流水实际发生额存在较大差异，直接导致柏堡龙披露上述文件中存在虚假记载。

2. 柏堡龙在2017~2019年年度报告中未如实披露"其他非流动资产"报表项目的情况，在2018年年度报告中未如实披露募集资金使用的情况

柏堡龙子公司深圳衣全球联合设计有限公司（简称"衣全球"）的在建工程——深圳柏堡龙衣全球项目（含创意设计中心项目及全球时尚设计生态圈项目）累计预付工程款3.3亿元，其中2017年支付1.1亿元，2018年支付2.2亿元（募集资金）。上述预付工程款在2017~2019年年度报告中均作为"其他非流动资产"列报。上述累计预付工程款3.3亿元中2.835亿元最终转入柏堡龙所控制使用的银行账户，用于柏堡龙体外资金循环等用途。

3. 柏堡龙在2018~2020年存在对外担保未履行审批程序及信息披露义务的情况

柏堡龙于2018年8月至2020年10月期间，以海口联合农村商业银行股份有限公司定期存单为第三方借款提供质押担保33笔，担保金额合计11亿元。截至2021年4月底，已解除担保责任7.5亿元，尚余担保金额3.5亿元。

2018年，柏堡龙发生未按规定履行信息披露义务的对外担保事项7笔，担保金额2.9亿元；2019年，柏堡龙发生未按规定履行信息披露义务的对外担保事项14笔，担保金额4.2亿元；2020年，柏堡龙发生未按规定履行信息披露义务的对外担保事项12笔，担保金额3.9亿元。

柏堡龙未及时和未在2018年年报、2019年半年报中披露7笔对外担保（均在2018年发生），金额合计2.9亿元。柏堡龙未及时和未在2019年年报中披露对外担保共21笔（其中2018年发生7笔，2019年发生14笔），金额合计7.1亿元（其中2018年发生2.9亿元，2019年发生4.2亿元）。柏堡龙未及时和未在2020年半年报

中披露对外担保 16 笔（包括 2019 年下半年发生 14 笔，2020 年上半年发生 2 笔），金额合计 4.6 亿元（其中 2019 年下半年发生 4.2 亿元，2020 年上半年发生 0.4 亿元）。柏堡龙在 2020 年年报中公告了 4.7 亿元的对外担保情况，但仍存在 11 笔未按规定在 2020 年年报中披露的对外担保，金额合计 3.4 亿元。同时，相关对外担保未及时披露。

问题一：请结合案例资料，总结柏堡龙存在哪些违规信息披露的类型和事实。

（四）财务情况分析

1. 货币资金和短期借款双高

由表 9-2 可知，柏堡龙货币资金在 2015 年公司上市后出现较大的增幅，2014～2016 年增长率分别为 34.57%、192.49%、99.46%。结合前面的违法事实可知，柏堡龙在 2012～2019 年（2017 年除外）均存在虚假记载银行存款的行为，这可能是导致其货币资金增长的原因。

表 9-2　2012～2019 年柏堡龙货币资金和短期借款金额及增长率

单位：亿元，%

指标	2012 年	2013 年	2014 年	2015 年	2016 年	2017 年	2018 年	2019 年（调整前数据）
货币资金	1	1.88	2.53	7.40	14.76	12.48	14.72	14.25
货币资金增长率	—	88.00	34.57	192.49	99.46	-15.45	17.95	-3.19
短期借款	1	1.60	1.08	1.33	0.80	3.57	5.70	5.37
短期借款增长率	—	60.00	-32.50	23.15	-39.85	346.25	59.66	-5.79

资料来源：柏堡龙 2012～2019 年年度报告。

图 9-2 清晰地展示了柏堡龙 2012～2019 年货币资金和短期借款的双高现象。2018 年，公司短期借款占负债的比例高达 80.28%。深交所曾对公司 2018 年财报存贷双高的问题提出质疑，柏堡龙回复称，货币资金中有 7.04 亿元用于既定的募投项目，而实际上这些资金可能被柏堡龙用于资金体外循环。

2. 扣除非经常性损益的净利润与经营现金流量净额基本匹配

如表 9-3 所示，除了 2017 年出现异常以外，在 2020 年之前扣除非经常性损益的净利润与经营现金流量净额基本匹配。特别是在公司 IPO 审核期间（2012～2015 年），数据看上去很不错。这也说明柏堡龙财务造假是经过缜密预谋的，一方面，虚构会计账务需要的记账资料，如合同、收发货单据、ERP 数据等，以虚增营业收入；另一方面，有真实的资金流入，使现金流量表数据与利润表、资产负债表适当匹配，展现出合理的财务面貌。

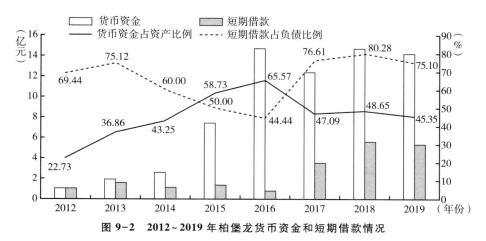

图 9-2　2012~2019 年柏堡龙货币资金和短期借款情况

资料来源：柏堡龙 2012~2019 年年度报告。

表 9-3　2012~2020 年扣除非经常性损益的净利润与经营现金流量净额情况

单位：亿元

指标	2012 年	2013 年	2014 年	2015 年	2016 年	2017 年	2018 年	2019 年	2020 年
扣除非经常性损益的净利润	0.84	0.99	1.06	1.16	1.14	1.13	1.75	1.23	-3.43
经营现金流量净额	0.44	1.10	1.43	1.87	1.13	-0.14	3.02	1.45	1.97

资料来源：柏堡龙 2012~2020 年年度报告。

3. 营业收入增长率在行业中的波动

柏堡龙所属行业为纺织服装行业，所以选取了华孚时尚、深圳市纺织（集团）、七匹狼、如意集团、报喜鸟 5 家公司与柏堡龙的营业收入增长率进行比较。由表 9-4 可知，柏堡龙在 2013~2015 年营业收入增长率要远高于行业平均水平，2016 年和 2017 年柏堡龙营业收入增长率在行业中表现平平，但是在 2018 年又突然在行业中崛起。柏堡龙营业收入增长率在行业中的异常波动情况值得关注。

表 9-4　2013~2020 年各公司营业收入增长率

单位：%

公司名称	2013 年	2014 年	2015 年	2016 年	2017 年	2018 年	2019 年	2020 年
华孚时尚	8.86	-1.72	10.94	29.88	42.54	13.58	11.04	-10.42
深圳市纺织（集团）	—	7.06	1.30	-2.33	23.15	-13.77	69.62	-2.28
七匹狼	-20.23	-13.79	3.99	6.16	16.87	14.01	3.02	-8.08
如意集团	-27.26	-1.66	2.48	52.97	31.68	11.28	-13.39	-31.64
报喜鸟	-10.46	12.72	-1.45	-10.41	29.52	19.55	5.24	15.74
柏堡龙	18.35	6.59	10.36	7.91	28.40	24.85	-8.57	-24.69
均值	-6.15	1.53	4.60	14.03	28.69	11.58	11.16	-10.23

资料来源：根据 2013~2020 年各公司年度报告整理。

4. 毛利率、净利率变动较小

由图 9-3 可知，柏堡龙 2012～2017 年毛利率和净利率波动较小，呈现较为平缓的态势，到了 2018 年才有比较明显的变化。由此可以看出柏堡龙在进行财务造假时，还考虑到要保持毛利率和净利率的稳定，使其在合理的区间变动，这也是柏堡龙造假多年却没有被发现的一个原因。

图 9-3　2012～2020 年柏堡龙的毛利率、净利率情况

资料来源：柏堡龙 2012～2020 年年度报告。

5. 与供应商密切的来往

（1）为供应商提供借款和违规担保

如表 9-5 和表 9-6 所示，柏堡龙为供应商提供 13.7 亿元借款的同时，还将公司 4.7 亿元银行理财产品为供应商借款提供质押担保，由于被担保方偿贷能力不足，柏堡龙已被银行强行划扣公司银行理财产品 1.2 亿元。

表 9-5　截至 2020 年 12 月 31 日柏堡龙为供应商提供借款情况

单位：万元

公司名称	借款余额	账龄	款项性质	债务人与公司关系	应计利息
揭阳市普侨区澳亚服饰有限公司	23342.46	2～3 年	借款	供应商	952.77
普宁市澳龙服装有限公司	44998.91	1～2 年	借款	供应商	8328.35
普宁市澳亚服装有限公司	31002.02	1 年以内	借款	供应商	3120.88
普宁市宝盈利纺织品有限公司	6116.28	1 年以内	借款	供应商	1354.74
普宁市辛格仕服饰有限公司	31596.38	1～2 年	借款	供应商	4168.60
合计	137056.04				17925.34

资料来源：《广东柏堡龙股份有限公司关于深圳证券交易所关注函的回复》（公告编号：2021-007），2021 年 3 月 6 日。

表 9-6 截至 2021 年 3 月 5 日柏堡龙违规担保情况

单位：万元

被担保方	担保金额
普宁市隆腾发纺织品有限公司	5500（已被划扣）
普宁市宝盈利纺织品有限公司	6500（已被划扣）
深圳市隆盈泰实业有限公司	4880
深圳市丝杨实业有限公司	4620
普宁市辛格仕服饰有限公司	9500
普宁市龙源泰纺织品有限公司	6000
普宁市澳亚服装有限公司	4000
普宁市澳龙服装有限公司	6000
合计	47000

资料来源：《广东柏堡龙股份有限公司关于深圳证券交易所关注函的回复》（公告编号：2021-007），2021 年 3 月 6 日。

（2）不合理计提减值准备

柏堡龙 2020 年经营范围新增"生产、销售：医疗器械、医用服饰、口罩、帽子、鞋套医用防护产品"。截至 2020 年 12 月 31 日，柏堡龙公司账面医护产品存货原值为 291795420.35 元，柏堡龙对此计提了 265641647.45 元的存货跌价准备。经核查，以上存货均从柏堡龙原供应商处采购，涉及货款均已支付完毕，具体采购明细见表 9-7。

表 9-7 柏堡龙采购明细

供应商名称	采购时间	采购种类	采购数量	采购金额（元）
普宁市龙源泰纺织品有限公司	2020 年 4 月	防护服	579022 件	30354241.60
普宁市隆腾发纺织品有限公司	2020 年 4 月	口罩	13732789 个	58345538.50
普宁市池尾四青制衣厂	2020 年 4 月	口罩	70397845 个	172474720.25
普宁市宝盈利纺织品有限公司	2020 年 4 月	口罩	12449000 个	30620920.00
合计			97158656	291795420.35

资料来源：柏堡龙 2020 年年度报告。

此外，柏堡龙对 2020 年 4 月向 4 家供应商采购的防护服和口罩不合理计提了大额的减值准备。事务所审计该事项时，由于柏堡龙采购链条不完整，该笔采购内控程序缺失，没有取得合规购货发票，所以无法确定相应存货入账价值的真实性及计提减值准备的合理性和准确性。这也是 2020 年出具保留意见的审计报告的基础。

问题二：结合案例资料，思考柏堡龙的财务造假为什么多年没有被发现。

（五）处罚结果

2022 年 4 月 2 日，柏堡龙收到了《中国证监会行政处罚决定书（柏堡龙、陈伟雄等 9 名责任主体）》和《中国证监会市场禁入决定书（陈伟雄、陈娜娜等 5 名责任人员）》，具体处罚情况如下。

第一，对广东柏堡龙股份有限公司责令改正，给予警告，并处以 1000 万元罚款；对陈伟雄、陈娜娜给予警告，并分别处以 500 万元罚款；对王琦给予警告，并处以 300 万元罚款；对林晓如给予警告，并处以 200 万元罚款；对江伟荣给予警告，并处以 150 万元罚款；对黄莉菲给予警告，并处以 100 万元罚款；对贝继伟、李义江给予警告，并分别处以 50 万元罚款。

第二，对陈伟雄、陈娜娜采取终身市场禁入措施，对王琦采取 10 年市场禁入措施，对江伟荣、林晓如采取 5 年市场禁入措施。

问题三：在注册制背景下，思考应如何提高信息披露质量。

二 案例分析

（一）问题一：请结合案例资料，总结柏堡龙存在哪些违规信息披露的类型和事实

在本案例中，柏堡龙在信息披露方面存在虚假记载、重大遗漏和未按照规定披露信息的违法事实。

1. 虚假记载

柏堡龙首次公开发行股票招股说明书、2016 年非公开发行股票发行情况报告书暨上市公告书及定期报告对营业收入、利润总额、银行存款存在虚假记载；在 2017~2019 年年度报告中未如实披露"其他非流动资产"报表项目的情况，在 2018 年年度报告中未如实披露募集资金使用的情况。

上述行为违反了《证券法》第七十八条第二款的规定，构成《证券法》第一百九十七条第二款所述"信息披露义务人报送的报告或者披露的信息有虚假记载、误导性陈述或者重大遗漏"的行为。

2. 重大遗漏和未按照规定披露信息

柏堡龙在 2018~2020 年存在多笔未按规定及时履行信息披露义务的对外担保事项，导致相关定期报告存在重大遗漏。

上述行为违反了《证券法》第七十八条第一款、第二款，构成《证券法》第一百九十七条第二款所述行为。

（二）问题二：结合案例资料，思考柏堡龙的财务造假为什么多年没有被发现

1. 家族企业公司治理模式的弊端

柏堡龙是一家典型的家族企业，公司的所有权和经营权集中在陈氏夫妇手中。根据中国证监会认定的违法事实，陈氏家族并未重视其他股东利益和企业的长远发展，因而做出了违背企业家精神的选择。陈氏家族利用在公司享有的绝对话语权，弱化公司内部控制和监督，实施财务造假，并进行虚假信息披露。

2. 造假时缜密设计，财务指标异常情况较少

结合案例资料，柏堡龙 2012~2020 年扣除非经常性损益的净利润与经营现金流量净额基本匹配，2017 年及以前公司的毛利率、净利率变动较小，在 2018 年才出现了比较明显的存贷双高现象，因此，公司在进行财务造假时，有意识地对财务指标的合理性进行考量，造成了虚假数据在财务指标表面上并不易被识别。

3. 审计人员未勤勉尽责

根据表 9-8，2012~2017 年，柏堡龙由立信会计师事务所负责审计业务（其中包含 IPO 审计），签字会计师为胡春元和邹军梅。胡春元曾是立信会计师事务所的副董事长、管理合伙人，参与过多家企业的 IPO 审计工作，因涉及多家公司争议事件，2022 年前从立信会计师事务所离职。

2018~2020 年柏堡龙的审计机构为中兴财光华会计师事务所。根据 2022 年 7 月中国证监会发布的《行政处罚决定书》（〔2022〕36 号），认定中兴财光华会计师事务所未勤勉尽责，没收其业务收入 1084905.66 元，并处以 2169811.32 元罚款；同时对姚庚春（中兴财光华会计师事务所首席合伙人）、赵丽红、白新盈给予警告，并分别处以 30 万元罚款。

表 9-8　2012~2020 年柏堡龙审计机构及审计意见情况

报告期	境内审计机构	签字会计师	审计意见类型
2012 年 12 月 31 日	立信会计师事务所	胡春元、邹军梅	标准无保留意见
2013 年 12 月 31 日	立信会计师事务所	胡春元、邹军梅	标准无保留意见
2014 年 12 月 31 日	立信会计师事务所	胡春元、邹军梅	标准无保留意见
2015 年 12 月 31 日	立信会计师事务所	胡春元、邹军梅	标准无保留意见
2016 年 12 月 31 日	立信会计师事务所	胡春元、邹军梅	标准无保留意见
2017 年 12 月 31 日	立信会计师事务所	胡春元、邹军梅	标准无保留意见
2018 年 12 月 31 日	中兴财光华会计师事务所	赵丽红、白新盈	标准无保留意见
2019 年 12 月 31 日	中兴财光华会计师事务所	赵丽红、白新盈	标准无保留意见
2020 年 12 月 31 日	中兴财光华会计师事务所	赵丽红、白新盈	保留意见

（三）问题三：在注册制背景下，思考应如何提高信息披露质量

在全面推行注册制的背景之下，提高信息披露质量可从以下几方面入手：一是加强对投资者教育；二是健全顶层保障，提供立法支持；三是加强信息披露审核监管，严防权力寻租；四是更为规范地披露发行人的风险因素，使之更具参考价值；五是更为清晰地披露发行人的业务与技术，搭建信息披露的底层逻辑，适配不同投资者群体的信息需求；六是更为完整地披露发行人的治理因素，全面体现控制人在发行人经营治理中所起的作用。

三　案例讨论

第一，请上网查找柏堡龙的 "2015～2022 年公司年报"、《关于广东柏堡龙股份有限公司 2020 年度财务报告审计工作的关注函》（公司部函〔2021〕第 1 号）、《广东柏堡龙股份有限公司关于深圳证券交易所问询函的回复公告》、《广东柏堡龙股份有限公司 2021 年度内部控制评价报告》，结合案例资料，总结和梳理柏堡龙的财务造假情况。

第二，请上网收集柏堡龙最新的刑事处罚和民事赔偿结果，讨论信息披露违法成本的提高对于注册制顺利实施的重要意义。

第三，结合中国证监会公布的典型违法案例，总结信息披露违法违规案中常见的手段。

四　案例拓展阅读

（一）科创板 IPO 终止注册企业情况分析

自 2018 年宣布成立科创板并试点注册制以来，截至 2023 年 3 月 19 日，上海证券交易所科创板共受理首发申请 872 家，其中 191 家企业在上海证券交易所上市审核阶段终止，23 家企业在提交注册后终止注册（不含不予注册）。这 23 家企业里有 20 家被披露了注册阶段中国证监会问询内容，具体情况如表 9-9 所示。从表 9-9 可以得知，在注册阶段，科创属性和定位、财务问题、中介机构核查问题、信息披露、研发问题等是中国证监会问询的要点。

表 9-9　科创板 IPO 终止注册企业情况

单位：次

序号	企业简称	问询次数	注册阶段问询要点	申请受理日期	所属行业或领域
1	好达电子	1	经销客户销售主要去向、销售收入增长的合理性、与关联方资金往来、对赌协议、是否能够满足《2 号指引》要求、股东入股合法合规性	2021 年 6 月 30 日	计算机、通信和其他电子设备制造业

续表

序号	企业简称	问询次数	注册阶段问询要点	申请受理日期	所属行业或领域
2	优讯科技	1	验收是否能表明商品风险报酬或者控制权真正转移、发行人采购产品金额下降原因、是否存在大规模返修情况以及返修成本费用核算、收入的确认、发行人是否具有成长性、毛利率水平的合理性并与同行业上市公司比较的情况	2021年5月25日	计算机、通信和其他电子设备制造业
3	华之杰	1	科创属性	2020年9月28日	通用设备制造业
4	金智教育	1	实控人偿还受让股份借款的资金来源、商标或商号、收入季节性波动情况、其他服务收入、存货与营业成本情况	2020年9月24日	软件和信息技术服务业
5	长威科技	1	研发费用核查、应收账款情况及核查、发行人是否主要依靠核心技术开展生产经营、电子信息集团入股前后发行人营业收入变动情况、电子信息集团与发行人主要客户是否存在业务往来、交易定价	2020年9月4日	软件和信息技术服务业
6	紫光照明	1	收入、中介机构收入核查、研发费用	2020年6月30日	电气机械和器材制造业
7	固安信通	1	科创属性、高级管理人员变动、增资定价公允性、财务	2020年6月30日	铁路、船舶、航空航天和其他运输设备制造业
8	创尔生物	1	风险因素表述、募投项目、同行业可比公司、研发费用、线上收入、审计截止日后的业绩趋势、销售费用、现金分红	2020年6月29日	医药制造业
9	德冠新材	1	科创属性和定位、等外品销售收入、产能、研发投入	2020年6月29日	橡胶和塑料制品业
10	蓝箭电子	2	科创属性、行业数据来源的准确性、研发费用、产品单价与成本、生产设备质量情况	2020年6月29日	计算机、通信和其他电子设备制造业
11	百合医疗	1	产品毛利率波动、存货跌价准备计提、其他应付款、终端客户、代持的真实性与合理性、科创属性	2020年6月24日	专用设备制造业
12	中数智汇	2	代理/销售模式、采购问题、营业成本、应收账款、渠道推广费、内控制度、行业分类与科创属性;申报稿与上会稿和注册稿中关于公司和业务产品描述差异	2020年6月12日	软件和信息技术服务业
13	翼捷股份	2	董事职责、实控人认定、关联方认定及关联交易披露、关联关系、信息披露不一致;科创板属性和定位	2020年6月1日	仪器仪表制造业

续表

序号	企业简称	问询次数	注册阶段问询要点	申请受理日期	所属行业或领域
14	森根科技	1	收入情况和收入核查、借贷产品计提折旧和跌价准备、采购耗用比、科创属性和定位	2020年5月29日	软件和信息技术服务业
15	安杰思	2	销售费用、产品单价、2020年业绩下滑、MDR实施的影响；科创属性和定位	2020年4月16日	专用设备制造业
16	慧翰股份	1	定价与调价机制、毛利率、对标公司选择是否合理、科创属性、收入波动较大、薪酬水平、代垫成本费用、是否存在委托持股或利益输送、自然人股东在其他企业任职情况	2020年4月8日	计算机、通信和其他电子设备制造业
17	天益医疗	1	口罩业务相关收益是否应当作为非经常性损益；相关生产设备减值准备计提的合理性、充分性	2020年3月26日	专用设备制造业
18	仁会生物	3	业绩下滑原因、产能利用率、宣传推广费用核算、资金流水核查、产品功能疗效和应用前景与在新三板挂牌期间披露的信息是否存在重大差异、募集资金的合理性和必要性、债务纠纷、关联关系；获得市场份额的核心竞争力、产品未进医保目录、风险因素披露；销售费用、营业收入、研发费用、商业贿赂、股权代持	2020年2月14日	医药制造业
19	博众精工	1	信息披露、营业收入、流动性风险	2019年4月1日	专用设备制造业
20	利元亨	1	租赁土地、业务获取是否合法合规、是否存在商业贿赂、劳务外包	2019年3月22日	专用设备制造业

注：创鑫激光、世纪空间、芯龙半导体未在中国证监会官网披露具体问询问题。

资料来源：根据科创板股票发行上市审核信息披露、上海证券交易所、科创板和中国证券监督管理委员会官网信息整理。

（二）因欺诈发行、财务造假，*ST紫晶和*ST泽达成为科创板首批强制退市企业

1. 事件概述

2023年4月21日，*ST紫晶和*ST泽达分别发布公告称，公司于当天收到中国证监会下发的《行政处罚决定书》。根据《行政处罚决定书》查明的事实，*ST紫晶、*ST泽达均实施了欺诈发行、财务造假等严重损害投资者利益行为。上市前和上市后，持续虚增营业收入和利润。

因此，中国证监会决定对*ST紫晶责令改正，给予警告，并处以3668.52万元罚款；决定对*ST泽达责令改正，给予警告，并处以8600.04万元罚款。同时，这两家公司将被实施重大违法强制退市，两家公司股票自2023年4月24日（星期一）

开市起停牌。在*ST紫晶、*ST泽达之前，科创板还未有退市公司。

2. 违法事实

（1）*ST紫晶

昔日的"光存储第一股"*ST紫晶，上市之日发行价为21.49元/股，开盘价为85元/股，受到资本热捧。经查实，其在《招股说明书》中通过虚构销售合同、伪造物流单据和验收单据入账、安排资金回款、提前确认收入等方式虚增营业收入、利润。2017年至2019年上半年，*ST紫晶虚增利润合计8599万元。上市后，*ST紫晶继续通过前述财务造假方式虚增营业收入、利润。在其披露的2020~2021年年度报告中存在虚假记载、重大遗漏的行为。2020年，虚增利润1.69亿元。

（2）*ST泽达

*ST泽达深耕医药健康全产业链信息化，发行价为19.49元/股，上市首日大涨317.14%。经查实，*ST泽达在《招股说明书》、定期报告中未按规定如实披露关联交易、未按规定如实披露股权代持情况。2016~2019年，*ST泽达累计虚增营业收入3.42亿元，虚增利润1.87亿元。上市后，*ST泽达继续通过财务造假虚增营业收入，在2020~2021年年度报告中，通过签订虚假合同、开展虚假业务，累计虚增营业收入2.23亿元，虚增利润1.09亿元。

根据《上海证券交易所科创板股票上市规则》第12.2.1条第（一）项规定：上市公司存在欺诈发行、重大信息披露违法或者其他严重损害证券市场秩序的重大违法行为，且严重影响上市地位，其股票应当被终止上市的情形。*ST紫晶和*ST泽达均出现了欺诈发行、信息披露违法违规的行为，被终止上市。

3. 公司和相关人员的处罚

（1）*ST紫晶

中国证监会决定对*ST紫晶责令改正，给予警告，并处以3668.52万元罚款；对时任公司实际控制人之一、董事长郑穆给予警告，并处以2164.26万元罚款；对时任公司董事罗铁威给予警告，并处以1803.55万元罚款；对时任公司董事、总经理钟国裕，时任公司董事、财务总监李燕霞等多名高管给予警告，并分别处以罚款50万元至220万元不等。对郑穆采取终身市场禁入措施；对罗铁威采取10年市场禁入措施；对钟国裕、李燕霞分别采取5年市场禁入措施。

（2）*ST泽达

中国证监会决定对*ST泽达责令改正，给予警告，并处以8600.04万元罚款；对时任公司董事长、总经理林应给予警告，并处以3800万元罚款；对时任泽达易盛董事、副总经理、财务总监、董事会秘书应岚等多名高管给予警告，并处以罚款250万元至1300万元不等。对林应、应岚分别采取终身证券市场禁入措施。

4. 中介机构反应

2023 年 4 月 21 日，作为 *ST 紫晶申请首次公开发行股票的保荐机构和主承销商，中信建投（601066.SH）发布公告称，正在与其他中介机构主动筹备投资者赔偿事宜，拟共同出资 10 亿元设立先行赔付专项基金用于先行赔付适格投资者的投资损失。

东兴证券发布关于涉及 *ST 泽达相关事项投资者诉讼的公告。东兴证券在公告中指出，其对该事件造成的负面影响向社会公众及投资者深表歉意。公司将积极配合监管部门及司法机关的相关工作，切实维护投资者的合法权益，严格履行信息披露义务。

要求：

1. 结合表 9-9 内容，分析科创板上市注册阶段常见的终止注册原因是什么。

2. 结合资料（一）中的科创板上市条件等，思考科创板 IPO 中信息披露的重点是什么。

3. 对比资料（一）（二）在信息披露方面的异同，讨论科创板（拟）上市公司应如何提高信息披露质量。

小　结

信息披露是公众公司与投资者和社会大众进行全面信息沟通的桥梁。投资者关系管理是企业与广大投资者沟通互动，加强投资者对企业认识了解的重要工作。企业信息披露工作必须坚持基本原则，在法律规定的范围内披露公司的财务信息和非财务信息，减少违规信息披露的行为。同时，企业还需要重视投资者管理工作，和投资者保持良好的关系有助于企业进行对外融资，树立良好形象，实现长久稳定发展。

关键词

信息披露　违规信息披露　财务造假　投资者关系管理

思考题

1. 上市公司信息披露的类型有哪些？

2. 注册制的实施对于上市公司的信息披露有哪些影响？

3. 常见的违规信息披露的类型有哪些？请举例说明。

4. 上市公司投资者关系管理工作的内容有哪些？

第十章　企业集团财务与内部资本市场

学习目标

1. 了解企业集团财务管理的相关理论。
2. 熟悉企业集团财务管理的模式。
3. 理解建立企业内部资本市场的动因与条件。
4. 掌握企业集团资金集中管理与内部资本市场相关理论。

课程思政融入点

1. 通过"理论先行—案例支持—辩论反思—思政升华"的行动学习，提高学生对资金集中管理的认识，形成财务规划与管理的思维，提升财务素养。

2. 理解企业集团内部各组织之间形成内部资本融通的重要性，使学生认识到社会经济运行中，企业不仅受到外部环境的影响，其内部组织架构的设计同样影响企业的运行效率，万事万物之间存在着普遍联系。

3. 培养学生具有高度的社会责任感。企业集团资金集中管理可以避免资金的闲置，提高资源的有效配置，作为财务工作人员要有高度的职业道德和社会责任感。

4. 通过本章内容的讲解，引导学生认识和思考中国企业在集团化管理过程中的资金管理方式与效果，基于中国资本市场特点，不同所有制企业如何"因地制宜"选择合理的资金管理方式，并在资金集中管理模式上不断创新。

引　例　　传音控股：全国首家跨国公司本外币一体化资金池试点的企业

2021年3月16日，深圳传音控股股份有限公司（简称"传音控股"）获得批复，成为全国首家开展跨国公司本外币一体化资金池试点的企业。

中国证券报记者向国家外汇管理局深圳市分局相关业务负责人了解到，该项试点是深圳综合改革试点首批授权事项之一，获得试点资格的大型实体跨国公司将享受更优的跨境资金管理政策组合：一是整合升级了现有各类本外币资金池政策，实现了跨国公司集团内跨境本外币资金一体化管理；二是适度调整外债和境外放款额度，扩大企业跨境双向融资空间；三是进一步便利跨国公司境内成员企业之间资金调拨，提升集团内部资金管理效率；四是在结汇便利化基础上实现一定额度内意愿购汇，赋予企业更多资金汇兑自主选择权。

传音控股财务总监肖永辉介绍，传音控股被誉为"非洲手机之王"，已在全球70多个国家和地区开展业务，业务范围覆盖非洲、南亚、东盟等众多共建"一带一路"国家。2020年跨境结算量超过400亿元人民币，其中约有1/4是通过跨境人民币结算。本次获批试点，将大大提高企业资金周转效率，节约财务运行成本：一是通过政策和账户整合升级，集团内各家企业无须开设不同的账户，境内资金划转无须通过委托贷款框架，进一步便利了资金归集和调拨；二是境外放款系数上调，有助于企业进一步整合国内外资源，完善后疫情时代的现金管理体系；三是在结汇便利化基础上推出一定额度意愿购汇，企业可以根据实际需求和市场情况，灵活规划，自主选择购汇时机，有助于降低汇兑成本。

资料来源：邱清月《传音控股全国首家》，《深圳商报》2021年3月17日，第A01版。

第一节　企业集团财务管理的基本原理

一　企业集团财务管理概述

企业集团（Enterprise Group）是企业通过横向联合，形成一种以母子公司为主体形式，以产权联系与生产经营协作为运营方式，众多企事业法人组织共同组成的高级经济联合体。与单一企业相比，企业集团作为非法律主体和特殊会计主体，其财务管理具有特殊性。

（一）企业集团财务管理的内涵

1. 企业集团财务管理的概念

企业集团财务管理是根据财经法规制度，按照财务管理的原则，组织企业集团财务活动，处理企业集团财务关系的一项经济管理工作。企业集团通过资金纽带将集团的成员企业有机联系在一起，呈现出产权关系复杂化、财务主体多元化、财务决策多层次化、投资领域多元化、母公司职能双重化以及关联交易经常化等特征[①]，对企业集团的财务管理提出更高要求。企业集团财务管理既包括集团总部本身的财

---

① 胡元林：《企业集团财务管理研究》，硕士学位论文，昆明理工大学，2000。

务管理，又包括企业集团或母公司作为管理总部对其子公司及其他形式成员企业进行的财务管理。

2. 企业集团财务管理的特点

（1）财务主体多元化

不同于单个大企业和一般经济联合体，企业集团具有复杂的组织结构，它是若干具有相对独立经济利益的内部单位构成的总体，从而表明企业集团主体构成上具有多元化特征。

（2）财务决策战略性

企业集团财务管理主要是通过价值形式，把集团的一切物质条件、经营过程和经营结果合理地加以规划和控制，实现集团价值最大化目标。因而企业集团财务管理需要对集团的主要经营目标、经营方向、重大经营方针和实施步骤进行长远、系统的规划，财务决策具有一定的战略性。

（3）内部财务关系复杂性

通常，企业集团内部各成员企业均会通过资金的使用与财务部门发生联系，每一个成员企业也在合理使用资金、节约资金支出等方面接受财务部门的指导，并受到财务制度的约束，以此来保证集团经济效益的提高。企业集团由于存在复杂的持股关系，组织结构复杂，内部财务关系也十分复杂。

（4）财务监控多层次性

在现代企业制度下，集团母公司与子公司的关系是资产纽带关系，母公司作为投资者，对子公司享有股东权益，如选择经营者、决定重大决策、获取资产收益的权利等。从资财关系上分析，母公司对子公司管理的主要内容是资金、财务活动的监控。但子公司也是独立法人，具有自主经营、自负盈亏的法律主体地位，财务活动既要服务于本企业管理活动，接受本企业监管部门的监督，又要接受母公司的财务调控，企业集团的财务监控具有多层次性。

（二）企业集团财务管理的目标

企业集团财务管理的目标和集团的整体目标是否能保持一致，是否能实现集团财富最大化，是企业集团财务管理首要考虑的问题。因此，企业集团的总体财务目标为集团整体利润最大化。具体可以拆分为以下方面。

1. 获得规模经济效益

在市场竞争的条件下，较大的固定成本需要较大的产量分摊，否则就无法形成竞争优势，所以，企业集团财务管理首先要追求规模经济效益这个目标。具体来说，企业集团母公司可以从战略角度出发，合理调配集团内部各项资源，达到资源配置最优化；利用强大的技术力量进行科研开发，提高市场竞争力；等等。

2. 获得管理协同效益

企业集团成员企业的数量越多，企业间的经营状况、管理能力和技术水平等差异就越大，其通过结构优化等获得的管理协同效益也就越大。企业集团可以通过对这些企业的产品、技术、管理、市场、资金、人才等的一体化整合，在完善的组织机构和管理制度的配合下，充分利用资源，形成资源整合优势和管理协同优势。

3. 节约交易成本

企业集团是企业对市场交易费用和内部管理费用进行权衡的结果。只要节约的交易费用大于增加的管理费用，企业集团就会获得净效益。企业集团通过收购、兼并或新建其他企业或部门，将外部交易内部化，利用组织内部调配或制定内部转移价格实现交易，节约交易费用。

（三）企业集团财务管理的传统模式

企业集团财务管理模式是指在企业集团内部整体管理框架内，按照母子公司之间重大财务决策权的划分，为实现总体经营战略而设计的管理模式、管理机构及组织分工等要素的有机结合。按照财务权利在企业集团内部成员之间的划分，形成了三种不同的财务管理模式。

1. 集权型财务管理模式

集权型财务管理模式是指财务决策的权力集中于企业集团的核心——母公司，由母公司对各成员单位采取全方位、全过程的严格管理和控制。母公司一旦做出某项财务决策，各成员单位就必须加以执行。

集权型财务管理模式的优势在于有利于母公司实现财务协同控制，可以对公司内部资源进行有效配置；利用企业集团的整体优势增强融资能力，降低融资费用。其劣势是高度集中的财务决策权制约了成员单位在财务管理上的积极性、自主性和创造性；同时，信息传递成本较高，难以及时应对复杂的竞争环境，降低了整体的决策效率和抗风险的能力。因此，集权型财务管理模式适用于处于初创期的企业集团。

事例 10-1

内蒙古国电能源投资有限公司财务集权管理体制

内蒙古国电能源投资有限公司财务产权部内设置会计核算与管理岗位、预算管理岗位、资金核算与管理岗位、资产与产权管理岗位、综合管理岗位，主要负责公司财务预决算的编制与分析、会计核算、资金管理、纳税筹划、电价、财务信息化建设、财会人员继续教育，以及二级单位财务部长管理与考核；负责远光 ERP 项目实施、推进与后期维护工作。内蒙古国电能源投资有限公司财务集权管理主要表现在以下几个方面。

一是融资管理和资本运营集权。公司有效发挥集中融资平台的作用，通过银行贷款、债券融资、融资租赁、信用担保、票据贴现等进行项目投资和资本运营。所有重大投融资项目管理集中在公司总部，子公司发起的项目贷款也须经集团总部参与，未经许可不得擅自从银行直接融资。

二是资金结算集权。公司财务产权部是资金管理的归口部门，统筹规划公司的资金运作和资金资源的整合。财务产权部统一办理融资手续，融资成本由各单位负担，负责对各项收入资金实行收支两条线管理。

三是财务预算控制集权。公司财务产权部根据公司整体资产经营目标及公司资产经营发展规划，确定公司的年度经营目标及滚动预算目标，并将全年指标分解至各分子公司，对各项经营活动进行监督、控制。

四是会计核算办法和管理集权。公司的火电、风电、煤炭等会计核算办法都由公司参照中国国电集团公司统一制定。公司负责组织会计核算工作，负责指导、检查、考核所属单位会计核算及会计工作，整个集团内执行一个统一标准。

资料来源：陈奇斌《内蒙古国电能源投资有限公司集权财务管理模式研究》，《内蒙古科技与经济》2013 年第 16 期，第 43~44 页。

2. 分权型财务管理模式

分权型财务管理模式中，集团母公司把控整体的战略性和方向性问题，通过控股关系对成员企业实现控制，把大部分的财务决策权下放给子公司，是一种以间接管理为主的管理模式。母公司承担投资中心的功能，子公司承担利润中心的功能。子公司在财务管理上具有充分的独立性和灵活性，能够根据经营、政策、市场变化情况及时做出调整，但子公司必须遵守母公司制定的基本财务决策。

这种模式的优势在于提高成员企业的积极性和创造性，减少决策环节，提高决策效率，对于分散在不同地域的子公司而言，可以根据地区特点进行风险的分散。其缺陷在于不容易协调财务管理目标，仅靠统一的财务政策有时候会造成各成员企业在财务管理上出现较大的差异，同时在资金管理、内部资源配置方面难以发挥企业集团的规模效应。因此，分权型财务管理模式适用于规模较大的企业集团，母公司需要具备较强的财务管理能力，在资本运作方面有足够的经验，各成员企业的公司治理均需比较规范。

3. 混合型财务管理模式

混合型财务管理模式融合了集权型与分权型财务管理模式的不同特点，它既不是把全部的财务决策权都收归母公司，也不是把财务决策权完全下放给子公司，而是采用分级核算、相对管理的方式实现财务管理。

这种财务管理模式既保证了子公司在财务决策上具有一定的独立性、积极性，又不会使母公司丧失对子公司的控制。如果能够根据企业集团的实际情况，比如业务特点、子公司的地域分散情况、经营规模、内部管理要求等，设计合适的财务管理权限，并进行适当的授权，这种财务管理模式就可以适用于各类企业集团。

（四）企业集团财务管理的创新模式：财务共享服务

财务共享服务是依托信息技术，以财务业务流程处理为基础，以优化组织结构、规范流程、提升流程效率、降低运营成本或创造价值为目的，以市场视角为内外部客户提供专业化生产服务的分布式管理模式。财务共享服务通过转变企业的管理模式，推动企业财务由核算型向管理型转变，实现资源的优化配置。它用信息系统代替人工劳动，释放出大量的人力资源，降低公司的用工成本；它会完善业务活动的规程，助力公司提高运营效率，实现增加企业价值的终极管理目标。同时，财务共享服务中心也将成为公司的财务数据中心，能够及时、准确地向总部传递和反馈"物资流、资金流和信息流"等，为集团战略决策提供更有价值的参考依据，提升企业的创造能力。

事例 10-2

山东鲁花集团的财务共享实践

山东鲁花集团有限公司（简称"鲁花集团"）于 1983 年在山东省莱阳市成立，1993 年与新加坡益海、中粮合资，是农业产业化国家重点龙头企业。鲁花集团根据职责和管理需要将业务单元划分为市场营销、生产采购、财务、人力资源四个管理中心，分别对总裁委员会负责，重大事项由总裁委员会向董事会报告。

自 2015 年起，鲁花集团与中兴财务共享服务中心合作，结合鲁花集团发展状况及发展战略，建设财务共享服务中心，提升企业财务管理附加值。目前，鲁花集团共实施了 20 个大类 135 个小类的财务共享业务。

财务共享服务的主要优势体现在以下 4 个方面。第一，引入"大市场"的理念，克服内部信息的局限性。利用财务共享系统扩展公司交易信息的宽度，采集275 个集团成员和 5 万多条下游企业信息，准确判定公司市场地位，实现了集团目标统一，企业价值最大化。第二，应收账款的标准化集中管理，运用客户关系管理（CRM）资料加强预测控制。实现集团风险管控、降低坏账损失，同时也保证了营销政策的机动灵活。第三，集中货币资金，将各单位资金集中在"资金池"，由集团统筹资金流向和额度，根据需要进行内部调拨、拆借、理财，对外支付等业务，减少集团流动资金占用量，实现资金效用最大化。第四，发票信息管理，引入"爬虫技术"获取指定类型发票的号码、项目、金额等信息，进行发票查重验真，防止重复报销发票、变造发票、大票拆小票等异常情况发生。

资料来源：朱卫东、李守柱《财务战略视角下财务共享服务模式的价值分析——以山东鲁花集团为例》，《会计之友》2018 年第 17 期，第 117~120 页。

二　企业集团财务管理理论

（一）委托代理理论

在企业集团中，存在两层出资人和法人：一是母公司的股东是母公司的出资人，母公司既是独立法人又是子公司的出资人；二是子公司还可以以控股形式形成自己的子公司，从而形成母公司角度的子公司。企业集团中存在着出资人系列和法人系列，在这个多层级的出资人和法人系列中存在一组契约关系，这些契约围绕权责利而缔结，形成了多层委托代理关系以及信息不对称。

对于企业集团来说，作为代理人的成员公司对资金的用途、安全性和收益性等方面拥有更多信息，而作为委托人的母公司对资金的筹集、分配方面拥有更多信息。集团公司和成员单位之间信息不对称会造成资金使用的不安全和效率低下，进行资金集中管理，将投资决策权、筹资决策权、收益分配权集中到公司总部，同时对集团成员企业的现金流转进行监控，是解决信息不对称问题的有效办法。

由于信息不对称和委托代理问题的存在，企业集团投融资不足，企业集团母公司可以通过集团内部融资在子公司间配置稀缺资源，为子公司找到投资项目、弥补资金缺口、增加集团的整体价值，内部资本市场相较于外部资本市场是一种较优的资本配置机制。

（二）交易费用理论

科斯（Coase）的交易费用理论为企业集团内部化市场奠定了理论基础。根据制度经济学的理论，企业和市场是两种资源配置机制。通过市场配置资源要付出交易成本，包括搜寻交易对手的费用、获取信息以避免信息不对称带来的道德风险和逆向选择的费用、监督履行合约的费用；通过企业配置资源需要付出管理成本，包括代理成本、组织间管理协调成本等。当市场交易成本过高（市场失效）时，人们倾向于将交易内部化，即用企业代替市场来配置资源；当企业规模过大时，管理协调成本过高（组织失效），企业会将部分业务分离出去，通过市场交易来购买而不是自己生产。

企业集团是在市场环境中生存、发展的，当市场交易活动的成本过高或难以衡量时，公司可能将市场交易活动放到组织内部进行，通过管理权力对资源进行有目的的配置、协调，以减少交易活动成本，即内部化。企业集团实施资金集中管理就是内部化的表现之一，通过组织内部资金的统一运作，可以在整体上降低资金的使用成本，节省交易费用。

第二节　企业集团的资金集中管理

一　企业集团资金管理的目标

资金作为企业从事生产经营活动的基本要素，贯穿于企业运营管理的全过程，是企业得以正常运作和持续发展的根本保证，被看作企业的血脉。资金的重要地位和作用对于规模更大、结构更加复杂的企业集团影响更大，因而设计一套高效、系统的资金管理机制使得企业集团内部纵横交错的资金网络能够顺畅运行就成为企业集团资金管理的首要核心任务。

与单一企业相比，由于企业集团在组织体制和经营管理方面的特点，其在资金管理方面的目标也就更加侧重于集团整体价值的最大化。企业集团资金管理的目标就是要实现资金流动的均衡性和有效性。资金流动的均衡性是指资金的流入和流出在时间和空间上的均衡。当企业集团需要资金流出时，要有足够的资金流入与之相匹配，否则就会造成资金周转困难；当企业集团产生资金流入时，除了维持集团各成员单位日常经营所需的最低资金占用外，剩余资金必须及时找到有利的投资机会，减少资金闲置。资金流动的有效性则是指资金在其运动过程中，通过加强资金的管理与控制，减少资金在集团内部的层级沉淀，使资金在可控范围内快速流动，节约资金的使用成本。由此实现企业集团内部资金的有效配置，最大限度地提高资金的使用效率。

新技术的不断出现、经济环境的变动、最佳实践的不断更新以及市场全球化进程等因素都是企业集团资金管理职能不断变化的重要驱动力，其转变具体如表 10-1 所示。近些年，国外企业集团通过借助先进的信息技术、通信手段和金融体系，不断加强资金的管理，广泛采用了资金、债务、投资等高度统一的集中管理模式。

表 10-1　企业集团资金管理职能的转变

传统角色	转变方向
确保业务的现金需求得到满足	管理整个集团的经营现金流
预测未来现金流的时点和数量	以全球视野实时监控整个集团的资金流
集团资产和负债的管家	管理银行关系、制定长期融资决策
关注短期流动性管理和风险管理	从财务风险和运营风险层面更宏观地进行风险管理
提供后台支持	支持价值增值，职责更具战略性，为 CFO、董事会提交经营建议

二 企业集团实施资金集中管理的意义

（一） 提升管理水平，降低融资成本

资金集中管理代表着企业集团资金管理的发展趋势，通过构建资金集中管理机制，对企业集团资金实行精细化运营，实现管理模式从粗放型到集约型的转变，使管理层对资金的时间价值和融资成本有了更深刻的认识，提升了企业的管理水平和盈利能力。企业集团规模的不断扩张，对于资金的需求也逐年扩大，如果企业集团不能构建相应的集中管理机制充分对资金进行集中调配，则自有资金势必不能满足企业集团成员企业的经营需求，从而使得企业集团成员企业需要从各种渠道进行融资，产生规模可观的融资费用，对项目资金进行集中管理能有效解决企业集团整体存贷双高的问题，减少利息支出，降低财务费用。

（二） 发挥规模效益，优化资源配置

通过资金的集聚能够将分散在企业集团内部各成员企业的闲置资金统一上划，化零为整，在总部形成巨大的"资金池"，以更好地发挥资金集聚的规模效益，同时将资金集聚由集团统一开户，深化与金融机构的战略合作关系，增加同金融机构进行贷款融资谈判的筹码，从而获得银行更大的融资支持力度，如利率的优惠及借款授信额度的增加等。企业集团通过构建资金集中管理机制来实现资源的优化配置，盘活企业集团自身存量资金，实现资金在不同成员企业之间的高效顺畅运转，实现资金的动态平衡，满足企业集团各成员企业对资金的使用需求，从而最大限度地提高资金的使用效率。

（三） 防范和控制企业集团资金风险

只有对企业集团资金实行集中管理，完善企业集团资金风险的管控制度，才能够评估、预防以及控制企业集团在不确定的内外部环境中所面临和产生的资金风险，从而在竞争日趋激烈的市场中把握风险与收益的平衡。

三 企业集团资金集中管理的基本模式

资金集中管理模式是指将先进的管理思想同信息技术、管理方法有机结合，对企业整体的资金资源进行有效的配置、管理、控制和优化，从而实现企业集团价值最大化的一种财务管理模式。其核心职能是确保资金的流动性，识别和管理金融风险。常见的资金集中管理模式有四类。

（一） 高度集权的统收统支模式

该模式是指企业集团总部资金管理部门集中所有下属单位资金的收支结算业务，实行全面彻底的统一收付，将资金的决策使用权都掌握在总部层面，杜绝企业内部

各成员单位的资金沉淀与滞留，最大限度地掌握集团内部各成员单位资金的流向，很好地控制了企业集团整体的现金流。然而，这种相对极端的集权方式却在很大程度上抑制了下属单位的经营灵活性和自主性，同时也给总部资金管理部门的工作造成了较大的压力，容易造成总部管理与下属单位经营相脱节的被动局面。

（二）拨付备用金模式

拨付备用金模式是指企业集团总部按照一定的期间统拨给集团所属成员单位一定数额的生产经营资金供其使用的资金集中管理模式。下属各单位发生现金支出后，持相关凭证到集团公司财务部报销以补足备用金。这种模式相对于统收统支模式来说，集团所属各子公司或分支机构有了一定的资金经营权，能够在集团规定的资金支出标准之内，对拨付的备用金行使决策权。

（三）预算驱动拨款模式

预算驱动拨款模式是基于企业集团内部的预算机制来管控资金的使用和流向的资金集中管理模式。各成员单位在申请使用资金时需要依据企业集团统一制定的预算类别和项目填报资金的需求数额及用途明细，集团资金管理部门采用定额或者总量管理的方式执行审批、拨款的职能。下属单位在资金预算计划内自行安排资金的运营和使用。这种模式将资金预算和资金拨付使用有机结合在一起，通过预算这一手段实现了对资金总量与流向的有效监控。

（四）现金池模式

现金池模式是通过企业集团构建一组具有"母子"联动关系的银行账户并在此基础上制定一系列资金收、付、转的规则，实现成员单位账户余额上划、成员单位日常经营透支、主动拨付与收款、成员单位之间委托借贷以及成员单位向集团总部的上存、下借分别计息等功能。这种最早由跨国公司的财务公司与国际银行联手开发的资金管理模式，最大限度地减少了企业集团内部持有的资金，充分调剂使用各成员单位的沉淀资金，能够在满足企业集团生产经营所需资金的前提下充分实现企业集团资金的集中管理。

四　企业集团资金集中管理的组织平台

（一）资金结算中心

资金结算中心通常是在企业集团内部设立的，办理企业集团内部相关成员现金收付、往来结算以及存贷款业务管理的专业职能机构。资金结算中心不具备独立法人资格，也不是一个独立核算、自负盈亏的经济实体。从本质上讲，它是集团的一个为下属各成员单位、经济实体提供资金管理服务的职能部门，其主要作用是强化企业集团的资金优势、发挥企业集团资金规模效益、提升企业集团资金周转效率、降低企业集团资金使用成本、防范企业集团资金风险。企业集团总部核心公司在资金结算中心设置一级账号，其他各成员单位都在资金结算中心开立独立的二级账号并进行独立核算，企业集团内各成员单位尽管将资金纳入资金结算中心这一体系中管理，但依然拥有现金的经营权和决策权，资金的所有权不变、存款有息、用款付息是资金结算中心的基本原则。

1. 基本职能

第一，集中管理集团各成员企业的现金收入，当各成员企业收到现金收入时，都必须存入资金结算中心在银行开立的账户，下属成员企业不得擅自挪用。

第二，统一管理企业集团内部成员企业的银行账户，集团下属公司的银行账号都必须纳入资金结算中心的管理范围内，由资金结算中心统一代为管理，同时下属单位需要在资金结算中心开立内部结算账号，并通过内部账号开展其经营结算业务。

第三，办理集团成员企业之间的往来结算，计算各下属公司在资金结算中心的现金流入净额和相应的利息成本或利息收入。

第四，资金结算中心统一向各金融机构进行融资，集团内部成员单位根据各自资金状况向资金结算中心申请内部借款，其内部融资额度由资金结算中心根据初期预算详情以及实际经营情况予以确定。集团下属各企业仍保持其在当地商业银行的授信额度，如由于生产经营原因确需向当地银行筹资，则首先要征得资金结算中心的同意。

第五，核定集团各成员公司日常备用的现金余额，统一拨付各成员公司因业务需要而必备的货币资金，实现资金的合理调剂与统筹安排以满足企业集团的发展需求。

第六，资金监控功能。集团通过资金结算中心这一窗口，实现对整个集团的监控管理，并通过资金统一结算，掌控下属公司的经济行为，使得企业集团的管理部门可以实时掌握各成员单位的资金运营状况，并通过分析资金运行情况为集团决策提供依据。

2. 管理方式

目前，资金结算中心管理集团公司资金有以下四种方式。

（1）全面管理型

全面管理型主要指集团对资金的运用进行全面统筹管理，从收到支全面系统介入，有效监督资金的使用情况，并对资金的支配有较大的决定权。目前运用效果较好的是"收支两条线管理"方式。

（2）监控管理型

监控管理型主要指通过制定一系列管理制度，该制度一般不涉及具体的资金收支业务，而是重点关注资金运用的总量及构成，在一定程度上发挥各经济主体的主观能动性，资金的有效活动由各单位自行安排，但必须赋予资金结算中心一定的否决权和较大的调查权。

（3）局部管理型

局部管理型主要指根据企业的需要，着重对资金运用的某一方面进行管理，起到抓薄弱环节的作用，主要有总量管理、收入管理、支出管理以及专项管理等。

（4）复合管理型

复合管理型主要指结合集团公司的实际管理需要，对下属不同类型的企业采取两种以上不同的资金管理模式，以达到综合管理的目的。

（二）财务公司

财务公司是以加强企业集团资金集中管理和提高企业集团资金使用效率为目的，依托集团、服务集团，为企业集团成员单位提供金融服务的非银行金融机构。[①] 企业集团财务公司的基本定位是依托集团、服务集团，作为企业集团的子公司而设立的独立法人实体，是产业资本和金融资本在企业集团内相结合的一种有效途径，其主要宗旨是为所在企业集团提供资金服务。同时财务中心作为一种特殊的金融形式，属于特定的接受存款机构，可以吸收成员单位的存款，在为企业集团生产经营服务的同时，自身也谋求在行业领域内的不断发展，本质上是企业集团的利润和资金服务中心。

1. 基本特征

第一，不同于资金结算中心的职能部门定位，财务公司是一个独立的法人企业，是要在独立核算、自负盈亏的基础之上进行自主经营的经济实体，是企业集团内部的一个利益中心。

第二，从表面上看，财务公司与企业集团其他成员之间的关系是一种等价交换的市场关系，实际上企业集团设立财务公司是通过将一种完全市场化的企业与金融机构之间的关系引入企业集团的资金管理中以实现市场交易的内部化，从而节约资金使用成本。

第三，在职责功能方面，财务公司不仅承担着吸收企业集团各成员单位资金、通过内部融资以实现调剂资金余缺的功能，同时也负有将募集来的资金进行合理投资以实现保值增值的义务。

2. 基本职能

（1）内部结算功能

优化集团内资金配置，提高资金使用效率。

（2）筹资融资功能

作为集团的法定融资中介机构，财务公司利用集团内部的短期及长期资金聚集来培育集团内部的资本市场，利用票据承兑与贴现、资金拆借、向国内外银行贷款、

---

① 《企业集团财务公司管理办法》（中国银行保险监督管理委员会令 2002 年第 6 号），2022 年 10 月 13 日。

融资租赁、发行金融债券等金融手段和金融工具，扩大集团外部的融资渠道，满足集团多层次的资金需求。此外，财务公司还要为集团的产品销售提供配套的金融服务，如消费信贷等。

（3）投资管理功能

企业的暂时闲置资金通过投资金融产品和股权项目进入资金收益更高的产业与行业，办理融资租赁、有价证券投资、金融机构投资和集团成员单位股权投资等业务。除了集团以贷款形式在内部实现余缺调剂外，还可以通过财务公司运用投资管理功能进行资源配置，投资于各种金融品种或股权，有利于提高资金的流动性和收益性，使资金的效益达到最大化。财务公司还可以配合集团战略性扩张来收购或持有一些公司股权，发挥财务公司财务金融专家的核心作用。

（4）中介顾问功能

首先，财务公司为集团提供决策信息，为决策提供专业咨询意见，同时也为集团其他成员公司提供担保、资信调查、信息服务、投资咨询等服务；其次，根据情况的不同，充分考虑客户的利益，能够为筹融资的双方相机选择合适、合理的金融品种，同时起到风险顾问的作用，采用多种手段对企业面临的风险进行预警、评估、监控和化解。

（三）内部银行

内部银行即银行等金融机构持有工商企业的股份或者二者之间互相持有对方的股份以形成一个互相支持、彼此依赖的企业集团，内部银行是企业集团的重要核心，通常在企业集团中居于中心和领导地位，它通过持股集团内企业来对各成员单位实行资金集中监督与管理。内部银行一般不干涉集团内各企业的生产经营，而是以债权人和股东的双重身份对各成员单位的生产经营特别是资金的运作进行集中管控。如果企业经营良好，有闲置资金，就可以通过内部银行进行投资理财以分散经营风险和获得投资收益。如果企业经营不善陷入财务危机，内部银行利用自己金融机构的特有优势地位就能及时察觉并采取投入资金、派遣专业人员、重构资金计划等相应措施加以调控，有效避免企业资金链失控给自身带来的巨大损失以及在企业集团内所造成的连锁反应。

企业集团资金集中管理的组织平台对比如表10-2所示。

表 10-2　企业集团资金集中管理的组织平台对比

区别	资金结算中心	财务公司	内部银行
特点	各子公司财务独立,具有现金的经营权和决策权	由集团公司成员出资入股、金融机构参股的具有独立法人的金融类企业,主要为集团内部企业提供金融服务	建立集团内部银行化管理体制,各子公司财务独立,具有现金的经营权和决策权,实行有偿存贷制度

区别	资金结算中心	财务公司	内部银行
运作条件	在组织、制度及网络和管理软件支持下与外部有效衔接	必须经银监会批准，具有独立法人资格	一家银行提供电子银行服务；总公司的财务总监必须有权力监控并使用整个公司的所有账户；总公司的中央账户扮演企业内部银行的作用，下属分公司的支付只能来自总公司的汇款
对子公司的权利安排	集权与分权的结合	分权	集权与分权的结合
效果	有一定的灵活性，统筹安排资金，节约资金成本，加快资金周转	完全市场化管理，具有独立性；能够较好地为下属企业筹集资金；对资金的约束性较强	银行化管理可以较好地与计划经济体制相适应，提高资金使用效率
适用情况	地域跨度较大，具有多层级形式，成长速度比较快的大中型企业集团	企业总资产不低于 80 亿元人民币，所有者权益不低于 30 亿元人民币，总营业额连续三年不低于 60 亿元人民币，利润总额不低于 2 亿元人民币的大型成熟企业集团	地理位置比较集中或在生产经营上有较大差异且具有较多责任中心的企事业单位

资料来源：康剑桥《中国石油天然气集团公司资金集中管理的问题与对策研究》，硕士学位论文，哈尔滨工业大学，2010，第 17 页。

第三节　案例分析：徐工财务助力企业发展

一　案例概况

（一）公司简介

1. 徐工集团简介

徐工集团组建于 1989 年 3 月，当年 7 月 28 日挂牌成立，由当时的徐州重型机械厂、徐州工程机械制造厂、徐州装载机厂和徐州工程机械研究所"三厂一所"为核心基础，整合一批基础零部件厂组建而成。目前，徐工集团已经发展成为中国最大的工程机械开发、制造和出口企业。其核心成员单位为徐工集团工程机械股份有限公司（简称"徐工机械"，股票代码：000425.SZ）。2023 年，徐工集团工程机械股份有限公司行业排名为全球第 3 位、中国机械工业百强第 4 位、世界品牌 500 强第 386 位，是中国装备制造业的一张响亮的名片。

2. 徐工财务简介

徐工集团财务有限公司（简称"徐工财务"）于 2013 年 5 月 28 日获得中国银

行业监督管理委员会批准开业，是苏北地区和国内工程机械行业第一家财务公司。徐工财务的经营宗旨是"依托集团、服务集团"，战略目标是以高质量的金融服务助力集团高质量发展，稳步实现珠峰登顶，成为基业长青的世界级企业。战略方向是以徐工产业集群为核心，紧紧围绕全价值链的最大增值，通过比较全面彻底的混业经营，充分发挥实体经济与金融的协同效应，在全球范围内深耕产融结合。

徐工机械持有徐工财务100%的股权。徐工财务初始注册资本金5亿元，2014年5月26日注册资本金由5亿元增至10亿元；2017年4月18日注册资本金由10亿元增至20亿元。目前，徐工财务为徐工机械的全资子公司。2023年3月8日，徐工机械向徐工财务增资15亿元，注册资本金增至35亿元。2022年，徐工财务总资产突破370亿元，累计为客户提供融资支持逾1400亿元，全口径资金归集率稳定在80%以上。2021~2022年徐工财务的主要财务指标如表10-3所示。

表 10-3　2021~2022 年徐工财务的主要财务指标

单位：万元

指标	2022 年	2021 年
营业收入	77449	71012
利润总额	35392	29915
净利润	26929	22756
总资产	3744291	3129318
负债	3459048	2855005
净资产	285243	274313

资料来源：《徐工集团工程机械股份有限公司关于向徐工集团财务有限公司增资的公告》（公告编号：2023-15），2023 年 3 月 8 日。

（二）徐工财务的建设亮点

徐工财务自 2013 年 6 月开业以来立足集团战略，结合行业特点，提高集团全球资金集约效益，在供给侧结构性改革、知识产权融资等方面做出突出贡献。

1. 集团全球资金集中运营管理

2014 年 9 月 24 日，徐工财务成为苏北第一家具备开办外币资金池业务资格的企业，以实现外汇资金集中管控、有效规避汇率风险、提高资金管理和风险控制水平、实现集团资金效益最大化为目标。集团总部资金中心和管理中心的地位和功能更加突出。通过搭建"外汇资金池"和"人民币跨境双向资金池"，徐工财务打通了境内和境外的资金流通渠道，实现了境内外人民币、外汇资金的统一归集，大大降低了集团的跨国资金运营成本。同时，实现全球资金一体化调配运营，依托境内外账户间有限自由联通通道的设计，为集团利用境内外两个市场、两种资源提供有效手段。2014 年 11 月 14 日，徐工财务通过外币资金池通道向境外成员徐工欧洲采购中心成功办理了 2000 万欧元的对外放款业务，解决了境外企业海外金融机构贷款延期的燃眉之急，并且由于欧元汇率波动，及时购汇节省了人民币 126 万元的成本。

2020 年，国家外汇管理局江苏省分局依据新的《跨国公司跨境资金集中运营管理规定》，批复了徐工财务为主办企业开展集团本外币跨境资金集中运营的申请。资金池可集中调配外债额度扩大至 76.9 亿美元，境外放款额度扩大至 11.5 亿美元，调配功能得到显著增强。集团跨境资金池功能升级后，将进一步为集团充分利用国际国内两个市场、统筹资金使用、高效配置资源、有效防范外汇风险拓宽快捷高效的渠道。

问题一：请结合案例和公开资料，讨论徐工财务采取了哪些措施以助力"国际化"战略目标的落实。

2. 金融服务供给侧改革

在集团高质量发展目标的指引下，徐工财务用心用情推进金融服务供给侧改革，用劲用力开展金融创新，更加精准地匹配成员单位的金融需求。

（1）推出固定资产贷款业务

徐工财务既满足了成员单位多样化融资需求，又丰富了金融产品库，为集团各子公司在研发、生产等领域的重大项目提供有效、高效的金融支持，加快助力集团主业高质量发展向纵深推进。2019 年，经过前期坚持不懈地努力调研、设计优化，徐工财务成功办理了首笔固定资产贷款业务，向液压件公司技改项目——"高端液压油缸智能制造能力提升项目"提供资金支持 1.5 亿元，为核心零部件品质的高端化与智能制造注入充分的金融活力。

（2）推出"智融贷"质押融资模式

知识产权融资既是解决融资难的重要手段，也是促进其提升自主创新能力和科技成果转化的有效途径。徐工财务积极响应国家政策，引导成员单位办理知识产权质押融资，充分发挥了金融"活水"作用，将"无形资产"变为"有形资金"，有效地降低了成员单位的融资成本，增长了成员单位利用知识产权创新增效的信心。"智融贷"业务开办至今，徐工财务为 9 家成员单位累计办理业务金额共计 6.91 亿元，为成员单位申请到奖补资金 329.46 万元。仅 2020 年，徐工财务就为 8 家成员单位办理"智融贷"业务 9 笔共计 3.51 亿元，申请奖补资金 225 万元并获审批通过。

3. 数字化转型

2019 年以来，徐工财务通过私有云平台项目建设，将新一代核心业务系统、电票系统、电子合同系统、二代征信系统、银保监会开发的检查分析系统（EAST）、人行利率报备及基础数据报送系统、产业链移动端 App 系统、移动审批系统、智能风控系统、RPA 财务机器人、银企直连等业务系统迁移部署到该平台，保障了相关信息系统业务数据本地存放的安全性和业务的高可靠性。2022 年，公司建立智能风控防火墙，基于大数据金融、人工智能等金融技术，实现客户信息自动化收集、客户风险主动识别、客户风险评判等功能；按照公司业务发展和风险防控需要，建设了贷前智能风险决策模型，极大地增强了客户调查的穿透性，有效地提升了贷前调查质量，占用时间较以往单纯依靠人工减少约 60%，极大地提升了业务办理效率和风险控制能力，取得了良好的效果。

问题二：请结合案例和公开资料，总结徐工财务在金融创新服务方面取得的成绩。

4. 徐工财务取得的成绩

2022 年，徐工财务总资产超 370 亿元，同比增幅 19.65%，全年信贷投放超 310 亿元，金融支持主业高质量发展的根基更加雄厚，同时取得了一系列成绩。

第一，成功推动徐工机械首期资产支持票据（ABN）落地，代理徐工机械在银行间市场注册 200 亿元 ABN，全力推动完成 51.16 亿元大额首单发行，注册和单笔发行规模均为工程机械行业历史之最。

第二，助力徐工集团顺利完成整体上市。第一时间为 20 余家新纳入上市企业提供精益化、专业化的金融保障，信贷资源、担保主体、网银结算平台和资金集中管理实现平稳衔接。至 2022 年末，徐工财务为新上市单位提供各类信贷支持 45.88 亿元。

第三，打通徐工集团东南亚新设企业当地融资渠道。克服境外金融政策障碍和小币种融资难题，为徐工印度、徐工泰国、徐工马来西亚等公司开拓本土化融资渠道，储备充足金融资源，支持海外公司开拓国际市场，规避汇率风险。

第四，深入践行业财融合，重点走访了 26 家主要成员单位，有效解决了成员单位关心的 50 多项问题和需求，提升了财务公司依托主业、服务主业的综合能力。

第五，创新推动徐工集团首笔风险共担按揭业务落地。通过业务模式变革降低销售端融资风险，提高资产和经营质量，为实现徐工集团与合作金融机构的"利益共享、风险共担"开辟了新的路径。

2023 年 4 月 18 日，2022"中国金融机构金牌榜·金龙奖"揭晓，徐工财务荣获"年度最佳财务公司"奖项。

问题三：请结合案例和公开资料，讨论徐工财务在内部资本市场方面重点关注哪些内容。

二 案例分析

（一）问题一：请结合案例和公开资料，讨论徐工财务采取了哪些措施以助力"国际化"战略目标的落实

1. 外汇即期交易

徐工财务充分利用代理成员单位进行人民币外汇即期交易，为成员单位结售汇提供便捷的服务和具有竞争力的价格。在成员单位提出结售汇需求后，徐工财务直接通过中国外汇交易中心（CFETS）交易平台，与工商银行、中国银行、建设银行、交通银行等银行总行做市机构进行场内交易，交易币种包括美元、欧元、港币、日元，与成员单位在商业银行当地分行柜面办理结售汇相比，外汇即期交易最大限度地为成员单位节约汇兑成本及"脚底成本"，同时，徐工财务还为成员单位提供贸易项下付汇服务，进一步节省徐工集团整体汇兑成本，有力支撑进出口贸易。自业务开办以来，徐工财务已累计为成员单位办理即期结售汇 324 笔，金额达 5.1 亿美元，为成员单位节省汇兑费用近 450 万元。

2. 向金融机构低息贷款

徐工财务发挥金融桥梁的作用，积极拓展外部优质金融资源，为徐工巴西制造和进出口公司争取复工复产专项低息贷款 1.4 亿美元。首先，对接政策性银行争取低息资金支持，为徐工巴西制造落实三年期复工复产专项贷款 9000 万美元，年利率仅为 2%，并灵活设计资金运作方案，发挥跨境资金池通道优势，将资金快速汇至其当地账户。该笔贷款预计可为徐工巴西制造节省财务费用约 1700 万元。同时，支持了徐工巴西制造抢抓巴币兑美元贬值的时机，增加美元结汇收入，助力海外公司抗击新冠疫情、扩大海外销售。其次，徐工财务为徐工进出口公司落实了一年期复工复产专项贷款 5000 万美元，年利率仅 1.7%。

3. 融资当地化

为统筹全球金融资源，发挥规模及平台优势，畅通融资渠道，全力保障外币负债安全续接，徐工财务持续完善"四位一体"风险管理体系，坚持融资当地化，优化集团外币负债结构，压缩汇率风险敞口。2019 年第一季度，徐工财务广泛对接金融机构，积极储备海外授信资源，密切联系监管机构争取支持，为徐工（香港）国际发展有限公司（简称"香港发展公司"）、德国施维英集团有限公司（简称"德国施维英"）储备离岸融资、自贸区融资授信额度 1.2 亿美元。2019 年 3 月响应海外公司紧急用款需求，成功办理外管局备案登记以及自贸区 NRA 账户开立，协调合作银行离岸中心、自贸区分行，实现香港发展公司离岸融资首批提款 1560 万美元、自贸区融资首笔提款 2000 万欧元，打通离岸融资、自贸区融资渠道，丰富海外公司融资解决途径，有效缓解巴西投资、德国施维英等公司续接资源稀缺问题，在引导需求的业务创新方面再次取得突破。

（二）问题二：请结合案例和公开资料，总结徐工财务在金融创新服务方面取得的成绩

1. 促进徐工集团主业与上下游客户的合作共赢，促进全产业链的共赢发展

截至 2019 年底，徐工财务产业链金融业务累计发生额已突破 150 亿元，业务余额突破 40 亿元，其中为上游供应商提供融资 71.56 亿元，为下游经销商及终端

客户提供融资 84.03 亿元，对徐工集团超 400 亿元的产品供销提供信贷支持，服务产品涵盖起重机械、铲运机械、道路机械、随车起重机、基础设备、环卫设备等全部上市公司范围内主机设备，在全国 28 个省、自治区、直辖市为超过 400 家企业客户和近 200 名个体工商户提供了融资服务。徐工财务通过产业链金融服务了大量小微企业及民营企业，有效助力了徐工集团主业的发展，高效切入了实体经济，形成了覆盖全国的业务辐射网络，为提高徐工集团产品销售及原材料采购质量提供了重要的金融支持，同时切实解决了徐工集团产业链客户中小微企业的融资难题，以优质的信贷服务为集团工程机械产业生态圈注入了金融活力，促进了全产业链的共赢发展。

2. 满足成员单位多样化融资需求，促进徐工集团整体高端化和智能化发展

如前所述，通过提供固定资产贷款业务、"智融贷"等，鼓励成员单位重视研发、生产等领域的重大项目。

3. 降低徐工集团销售端融资风险，有效提高资产及经营质量

徐工财务始终致力于"引机构、扩渠道、降成本、控风险"，积极引入优质金融机构，助力扩充销售端金融产品渠道。2022 年 12 月 30 日，平安银行实现了徐工集团首笔风险共担类按揭业务放款，由徐工集团施维英提供 80% 差额担保，金融机构承担 20% 风险，实现了徐工集团与金融机构的"利益共享、风险共担"，通过合作模式的变革有效控制销售端融资风险，助力主业增加销售收入、降低应收账款风险。

（三）问题三：请结合案例和公开资料，讨论徐工财务在内部资本市场方面重点关注哪些内容

1. 增强抗风险能力

比如，2018 年上半年，金融去杠杆与强监管、融资成本整体上行、债券违约事件频发与联合授信试点等都为企业融资带来了不确定性。在此背景下，徐工财务以金融视角，审视企业营运能力，评估企业运营风险，形成专项分析报告，并牵头制定了重点成员单位年末融资预算方案。同时，徐工财务以信贷专管员制度为抓手，动态监控成员单位经营情况，严格按照融资预算方案进行月度融资计划及单笔融资业务的审批，引导成员单位优化融资结构、提高资金运营效益。

2. 提供特色化、差异化、多元化的金融服务，持续深化产业链金融服务能力

如前所述，徐工财务作为徐工集团产融结合的重要实施主体，全面把握工程机械产业链企业发展的新趋势、新需求，通过产业链金融业务的开展与创新，深度参与工程机械产业链企业的蓄势调整和强势复苏，精准施策徐工集团主业产供销的关键环节，以金融为载体，打造了徐工集团产业链合作的新亮点。通过不断丰富产品种类，创新业务模式，提高服务能力，徐工财务可以为徐工集团上下游客户提供低

成本、高效率、定制化的优质金融增值服务，从而促进徐工集团全产业链共赢发展。

3. 提升徐工财务资金集约化管理水平和盈利水平

徐工财务应通过其金融纽带，有效利用"外汇资金池"和"人民币跨境双向资金池"，加强徐工集团内各企业之间的联系，统一归集境内外人民币、外汇资金，在徐工集团内实现全球资金一体化调配运营；向各金融机构融通资金，解决资金短缺和专项资金不足、不及时等问题；通过奖补资金的分配和运用，引导企业资金投向，促进企业在产品、技术、资金、经营等生产要素方面的结合，提高企业集团内部凝聚力和盈利水平。

三　案例讨论

第一，结合本案例资料和公开资料，分析企业集团财务公司的主要功能是什么。

第二，请上网查找西门子现金池的案例资料，对比分析其与徐工财务资金池的异同。

第三，请结合本案例，思考集团战略与企业集团财务风险、财务公司之间是否存在关联。

四　案例拓展阅读

中核财务公司：开放式创新共享平台建设

（一）中核集团概况

1. 公司简介

中国核工业集团有限公司（简称"中核集团"）是经国务院批准组建、中央直接管理的国有重要骨干企业，是国家核科技工业的主体、核能发展与核电建设的中坚、核技术应用的骨干，拥有完整的核科技工业体系，肩负着国防建设和国民经济与社会发展的双重历史使命。

2018 年 1 月，中核集团和原中核建设集团合并重组。新的中核集团资产规模约 7000 亿元，职工队伍约 15 万人，整合形成 10 个专业化公司和 13 家直属单位，各级各类企事业成员单位约 800 家，建立起先进核能利用、天然铀、核燃料、核技术应用、工程建设、核环保、装备制造、金融投资等核心产业以及核产业服务、新能源、贸易、健康医疗等市场化新兴产业，形成更高水平的核工业创新链和产业链，显著提升了我国核工业的资源整合利用水平和整体国际竞争实力。

2. 成员单位

截至 2023 年底，中核集团有专业化公司 9 家，直属单位 14 家（见表 10-4）。其中，中核财务有限责任公司（简称"中核财务公司"）于 1997 年 7 月 21 日成立，是由中国核工业集团公司及其成员单位共计 25 家股东单位共同出资设立，经中国银行保险监督管理委员会核准的非银行金融机构，公司注册资本 43.86 亿元。

表 10-4　截至 2023 年底中核集团成员单位

专业化公司		
中国核能电力股份有限公司	中国原子能工业有限公司	中国铀业有限公司
中国核工业建设股份有限公司	中核环保有限公司	中国中原对外工程有限公司
上海中核浦原有限公司	中国宝原投资有限公司	中核资本控股有限公司
直属单位		
中国核动力研究设计院	中国核电工程有限公司	中国原子能科学研究院
中核战略规划研究总院有限公司	新华水力发电有限公司	核工业党校
核工业西南物理研究院	中核四〇四有限公司	中核工程咨询有限公司
中核（北京）传媒文化有限公司	中核能源科技有限公司	中核财务有限责任公司
核工业机关服务中心	核工业二二一离退休人员管理局	

资料来源：中核集团官网。

3. 中核财务公司简介

中核财务公司坚持"集团资金归集平台、集团资金结算平台、集团资金监控平台、集团金融服务平台"四个平台功能定位，以加强企业集团资金集中管理和提高企业集团资金使用效率为目的，促进集团优化资源配置，节约财务成本，保障资金安全，提升运行效率，为集团成员单位提供金融服务，履行集团总部辅助管理职能。中核财务公司坚持功能定位，坚持产业金融发展方向，立足于服务实体经济和产融结合，通过专业卓越的金融服务，为中核集团及成员单位发展提供强有力的金融支持与资金保障。

2023 年股东大会上，中核财务公司提出：一是未来要突出金融三性，聚焦财务公司新发展阶段职能定位，围绕"一个中心，两项职责"，保持经营指标稳定；二是突出功能定位，加快向司库型财务公司转型，建成先进的中核特色司库管理体系；三是突出稳健合规，积极开展新一轮国企改革，持续完善国有企业现代化治理结构。中核财务公司将紧密围绕集团公司"十四五"战略发展规划和"创新优化年"等专项工作部署，坚持打造综合贡献度较高的金融服务单位。目前，中核财务公司的组织结构如图 10-1 所示。

（二）中核财务公司的建设

1997 年 4 月，中核财务公司通过《中核财务有限责任公司章程》，选举产生公司第一届董事会、第一届监事会。同年 6 月 26 日，公司取得中国人民银行颁发的金融许可证。1998 年 4 月 29 日，经中国人民银行批复，公司获办理集团成员单位的委托投资业务资质。同年 7 月 6 日，经国家外汇管理局批复，公司获开办外汇业务

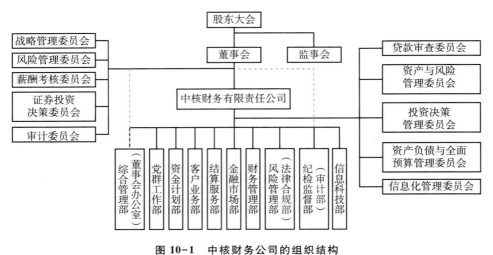

图 10-1　中核财务公司的组织结构

资料来源：中核财务公司官网。

资质。2020 年 3 月 25 日，公司注册资本从 40.19 亿元增资至 43.86 亿元。

1. 主要业务内容

按照中核财务公司官网披露，公司主营业务内容包括：存款业务、结算业务、国际业务、信贷业务、中间业务、同业业务、投资业务和投行业务。此外，中核财务公司作为资金集中管理平台，外汇业务是其重要内容。

目前，中核财务公司外汇业务有两类：一类是以国际结算业务平台为主的传统业务，即中核财务公司构建国际结算平台，统一到银行办理集团及其成员企业的汇出款、信用证开立及付款、托收、出口收汇、出国提现等国际结算业务，凭借规模效应获得银行的最优国际结算费率和服务；另一类是中核财务公司分别于 2009 年和 2010 年申请取得外汇资金集中管理及即期结售汇业务（包括自身结售汇业务和对成员单位的结售汇业务）资质和银行间外汇市场会员资格。这不仅进一步巩固了原有企业集团外汇业务的市场份额，而且进一步拓展了新的外汇业务客户，实现了中核财务公司国际结算平台在集团内部的全覆盖。2010 年 9 月，中核财务公司外汇业务系统正式上线运行。同年 12 月，公司成功开展首笔结汇和售汇业务。2012 年 8 月 7 日，经国家外汇管理局批准，公司正式取得购汇还贷业务资格，成为全国首家获得此资质的财务公司。2016 年 9 月 5 日，公司取得跨境外汇资金集中运营业务资格。同年 11 月 17 日和 21 日，公司分别完成首笔跨境资金池业务和首笔应收账款保理业务。

2. 新近重点建设内容

2021 年以来，中核财务公司主要建设内容为超级网银平台和司库管理中心。

（1）超级网银平台建设

2021 年 9 月 30 日，中核财务公司超级网银平台正式上线。该平台的上线是适应便捷支付发展的需要，将进一步拓宽财务公司支付结算渠道，为集团内部成员单位提供全天候的快速、实时跨行结算服务。超级网银平台可实现跨行实时转账、跨行账户管理、跨行资金归集等功能，同时通过介质与渠道集中有利于成员单位加强资金安全风险管控，方便集团内部单位资金集中管理。

（2）司库管理中心建设

中核集团司库管理中心于 2023 年 2 月 28 日揭牌成立，由中核财务公司承担建设、运营和管理的主责任务。中核集团司库管理中心借助大数据、云计算、人工智能等先进的科技手段，打造中核集团资金数字化管理的"小太阳"，构建以"资金数据"为核心的开放式创新共享平台，促进资金和产业发生核聚变式的反应，推动形成内外部金融资源的互联互通、协同共享和深度智能，赋能中核集团及其成员单位的高质量发展。

（三）中核财务公司的创新业务

中核财务公司不仅充分发挥了国际结算平台和跨境资金集中管理平台功能，而且取得了结售汇业务经营资格和银行间外汇市场会员资格。同时，作为一家创新型金融机构，中核财务公司在市场开拓和风险管理两方面也不断创新。

1. 产业链金融创新

中核财务公司围绕主业进行产业链金融创新，精准打通集团内外、上下游产业链，有效助力集团公司成为产业链供应链发展的引领者及产业能力整合发展的集聚者。2023 年推出"核财票"，面向集团成员单位及供应商提供标准化金融产品，包含票据承兑、票据贴现等，有效为供应商降低贴现成本。2023 年 7 月 20 日，中核财务公司为漳州核电开具财务公司承兑汇票 3 亿元，收票人为产业链上游中国铀业有限公司。票据开出后，收票人随即采用买方付息方式在外部银行办理贴现，所收取款项与接受现金支付无异。凭借中核财务公司的信用优势，漳州核电所支付贴现年化利率仅为 1.34%，明显低于传统流动资金贷款利率，为漳州核电节约融资成本近 400 万元，为集团公司大项目融资成本管控树立创新典范。

2. 服务集团公司绿色低碳产业发展

以绿色发展为立足点，服务实体产业，中核财务公司绿色信贷占比连续三年超过 70%，对集团公司产业资金保障力不断提升。2022 年，公司获得绿色企业最高等级"深绿 G-AAA"主体认证，是行业内首家获得认证的企业。2022 年 10 月 13 日，中核财务公司为中核玉门七墩滩风电有限公司成功承兑首笔绿色票据，标志着公司在绿色产业链金融实践中实现了新突破。

3. 关注风险防控风险，防控票据逾期风险

2023 年 7 月，中核集团司库系统资管平台将票交所信披平台公布的持续逾期名单中的客商维护至票据承兑人黑名单中，以此有效防范风险。此前，中核财务公司

已于 2022 年 8 月上线新一代票据业务系统，新系统增加企业信息认证，进一步保证企业开票的信息安全，大大提升了票据流转效率。成员单位可优先使用财务公司承兑汇票或使用财务公司票据系统开立或接受汇票，可有效管控成员单位票据风险，维护成员单位利益。

要求：

1. 请结合公司官网信息，讨论中核集团建设司库管理中心的必要性。

2. 结合案例和公开资料，思考国有企业的财务公司在产业链金融创新中的角色和作用。

3. 结合徐工集团案例和中核集团案例的共性，总结国有集团财务公司的建设和发展重点。

小　结

企业集团通过"交易内部化"的形式降低了企业的交易成本，由此也对企业集团在财务层面各结构之间的资金运转效率和财务管理协同性提出了更高要求。通过集权、分权以及集权与分权相结合的集团内部财务管理模式，建设内部资金市场，企业可以科学筹集、有效使用和合理分配资金，并基于财务控制、监管与评价实现资金高效配置。

关键词

企业集团　集团财务管理　资金集中管理　内部资本市场

思考题

1. 财务共享服务中心在企业集团财务管理运用中的利弊。

2. 常见的企业集团财务管理模式有哪几种？它们之间的区别是什么？试举例说明。

3. 如何有效推进集团化财务管理，解决资金分散、管理失控、资金利用效率低下等问题？

4. 如何理解企业内部资本市场对于集团公司资金保障能力、资金运作、市场化水平以及资金资源一体化运作方面带来的影响与挑战？

图书在版编目（CIP）数据

财务管理：理论与案例／胡艳，符蓉，吴萌主编
. --北京：社会科学文献出版社，2024.3
ISBN 978-7-5228-3183-1

Ⅰ.①财…　Ⅱ.①胡…②符…③吴…　Ⅲ.①财务管
理-研究　Ⅳ.①F275

中国国家版本馆 CIP 数据核字（2024）第 023661 号

财务管理：理论与案例

主　　编／胡　艳　符　蓉　吴　萌

出 版 人／冀祥德
责任编辑／高　雁
文稿编辑／王红平
责任印制／王京美

出　　版／社会科学文献出版社·经济与管理分社（010）59367226
　　　　　地址：北京市北三环中路甲 29 号院华龙大厦　邮编：100029
　　　　　网址：www.ssap.com.cn
发　　行／社会科学文献出版社（010）59367028
印　　装／三河市尚艺印装有限公司

规　　格／开　本：787mm×1092mm　1/16
　　　　　印　张：18.25　字　数：366 千字
版　　次／2024 年 3 月第 1 版　2024 年 3 月第 1 次印刷
书　　号／ISBN 978-7-5228-3183-1
定　　价／79.00 元

读者服务电话：4008918866

🏛 版权所有 翻印必究